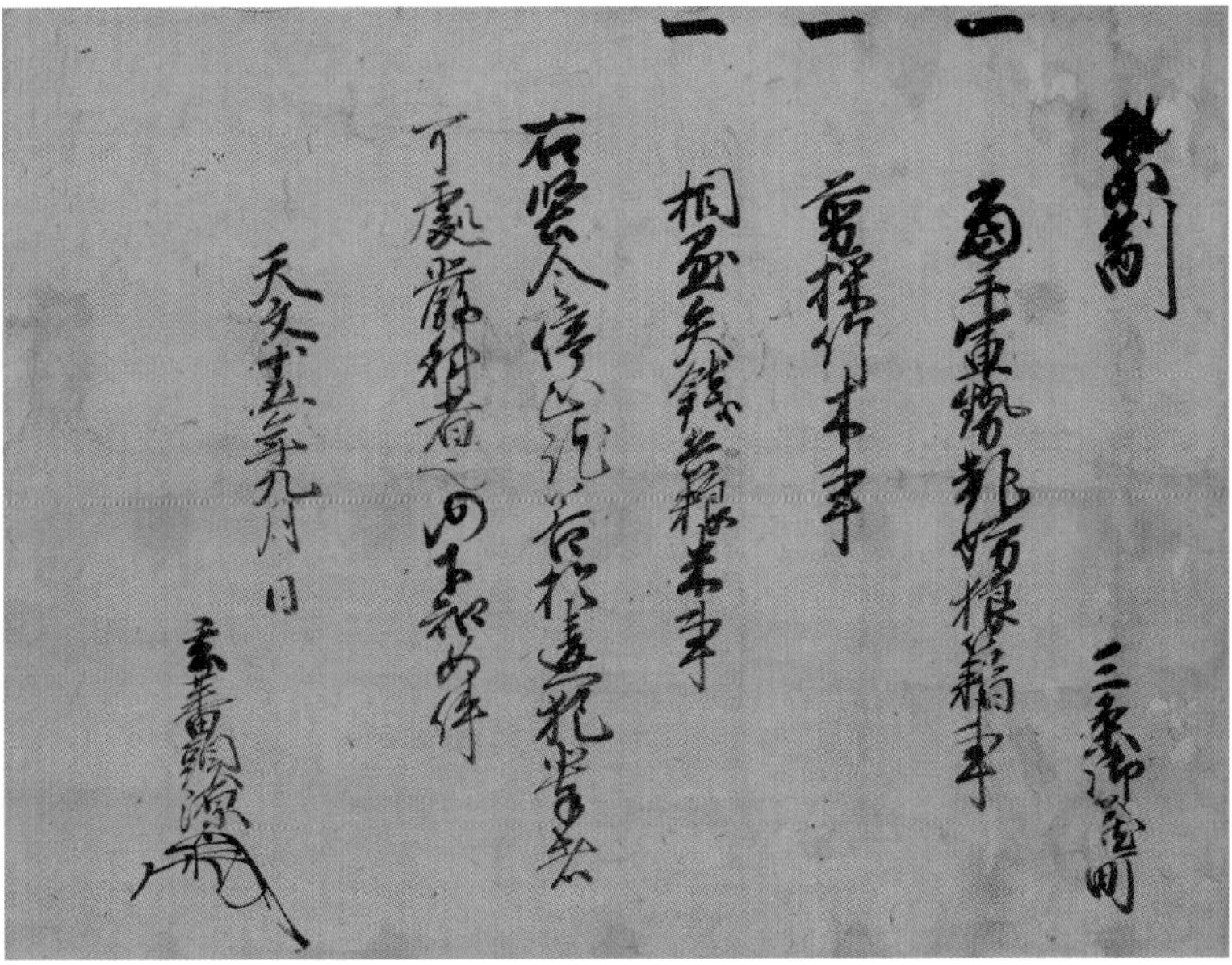

1　細川国慶禁制　大阪大谷大学博物館所蔵

鎌倉時代以来，寺社は軍事的緊張が高まると境内への軍勢侵入を防ぐため，武家権力と交渉して礼銭を支払い禁制を得ていた．天文15年（1546）9月付の細川国慶禁制は，寺社ではなく町共同体を対象とした禁制で，その初見事例にあたる．ここから，京都の町共同体がそれだけの交渉力を持ち始めたことや，国慶がそのような町共同体を基盤にした支配を試みていたこともわかる．

2　西洞院通沿いの櫓（「洛中洛外図屛風」）　米沢市上杉博物館所蔵

初期洛中洛外図の一つ上杉本の右隻（第四扇）に描かれた西洞院通沿いの櫓（矢倉）である．戦国時代の洛中洛外では，木戸門，土塀，堀，釘貫，櫓などの防御施設が築かれ，それらは構と呼ばれた．構のなかには個別町が設けたものがある．また上京・下京を守る構も存在した．

3　祇園会の山鉾・神輿と犬神人（「洛中洛外図屛風」）　米沢市上杉博物館所蔵
上杉本の右隻（第二扇・第三扇）に描かれた祇園会の様子である．山鉾と神輿，そして，神輿渡御に従う人々が描かれている．祇園会の行列に見える犬神人は，柿渋色の衣と白いかぶり物を着用し，神輿の渡御を先導する役目を担った．彼らは中世社会において強烈な差別を受けた人々でもあった．

4　大仏殿（「洛中洛外図屏風」）　東京国立博物館所蔵　Image：TNM Image Archives）

変型洛中洛外図の一つ舟木本の右隻（第一扇・第二扇）に描かれた大仏殿である．慶長（1596-1615）末年の様子を描いたとする見解が有力である．大仏殿の造営は，豊臣秀吉の聚楽第築城や徳川家康の二条城築城とともに，京都の景観を大きく変えた出来事であった．

京都の中世史 6

戦国乱世の都

尾下成敏
馬部隆弘
谷 徹也

吉川弘文館

刊行のことば

『京都の中世史』という新たな通史を刊行することとなった。

このタイトルには、二つの意味が込められている。一つは、いうまでもなく、中世において京都という都市がたどった歴史である。

対象とする時代は、摂関政治の全盛期から始まり、院政と荘園領主権門の勃興、公武政権の併存、南北朝動乱と室町幕府、そして天下人の時代に至る、およそ六百年間の歴史である。その間、京都は政治・経済・文化の中心として繁栄したが、一方で源平争乱、南北朝の動乱、そして応仁の乱と再三の戦乱を経験し、放火、略奪の惨禍を蒙ってきた。

為政者の変化と連動した都市構造の変容、文化の受容と発展、そして戦禍を乗り越え脱皮してゆく京都の姿を描いてゆく。また、中世考古学の成果を導入することが本シリーズの大きな特徴となる。これによって、斬新な中世都市京都の姿を明らかにするとともに、現代への影響にも言及することにしたい。

もう一つの意味は、中世日本の首都としての京都の歴史である。京都は中世を通して、つねに全国に対し政治・経済・文化の諸分野で大きな影響を与え、同時に地方の動きも京都に波及していた。京都と各地域の歴史とは、密接に連動するのである。

中世における京都の役割、地方との関係を検証することで、ややもすれば東国偏重、あるいは地域完結的な見方に陥りがちであった、従来の中世史研究を乗り越えたい。そして、日本全体を俯瞰する視点を確立することで、新たな日本中世史像の構築を目指している。

以上のように、このシリーズは、最新の成果に基づいて京都の歴史を描くとともに、京都を中心として、日本中世史を捉え直すことを企図するものである。

二〇二一年五月

元木泰雄

目次

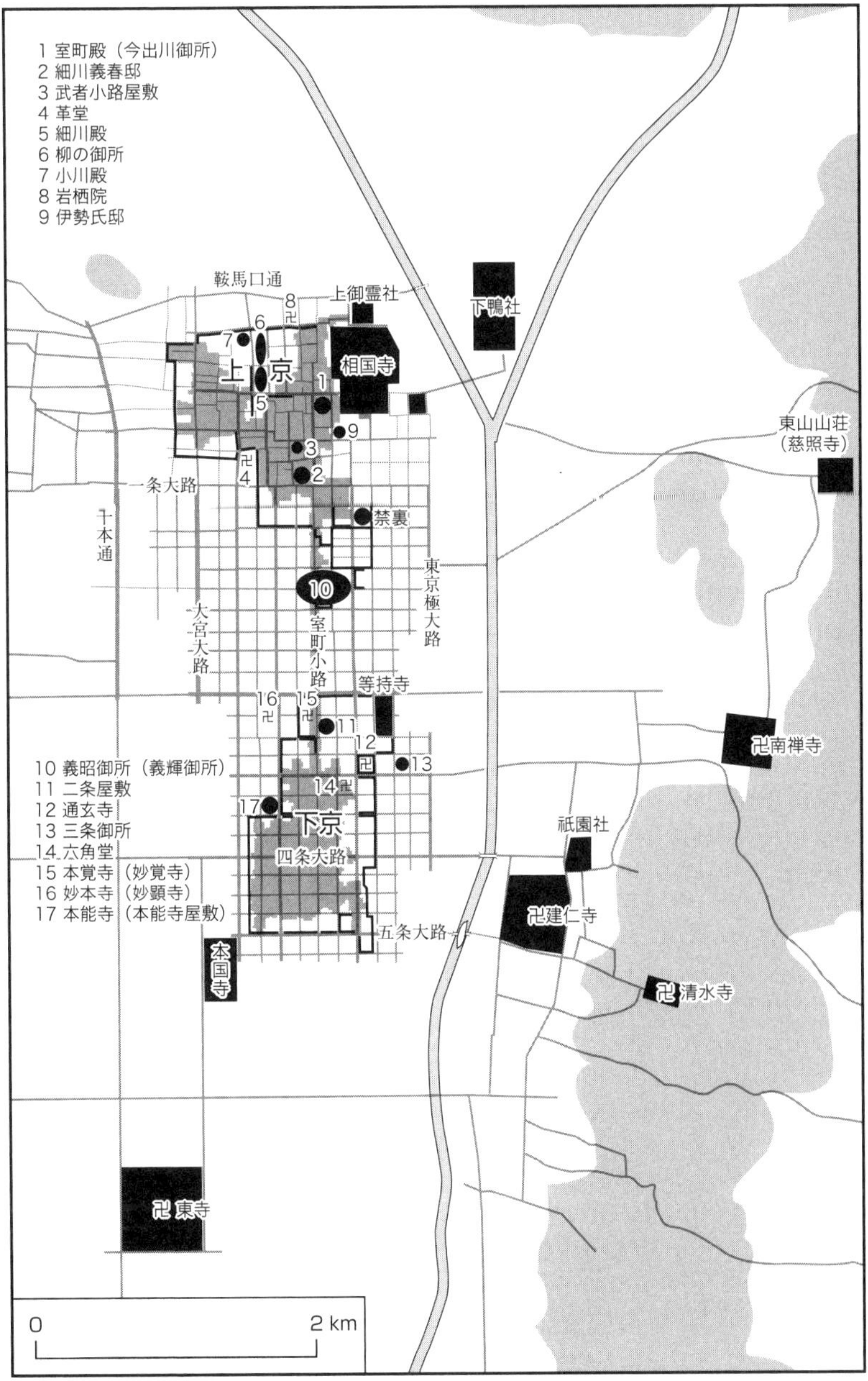
1 室町殿（今出川御所）
2 細川義春邸
3 武者小路屋敷
4 革堂
5 細川殿
6 柳の御所
7 小川殿
8 岩栖院
9 伊勢氏邸
鞍馬口通
上御霊社
下鴨社
相国寺
上京
東山山荘
（慈照寺）
一条大路
禁裏
千本通
東京極大路
大宮大路
室町小路
等持寺
南禅寺
10 義昭御所（義輝御所）
11 二条屋敷
12 通玄寺
13 三条御所
14 六角堂
15 本覚寺（妙覚寺）
16 妙本寺（妙顕寺）
17 本能寺（本能寺屋敷）
下京
祇園社
四条大路
建仁寺
五条大路
本国寺
清水寺
東寺
0
2 km

1　戦国時代の京都　山田邦和作成

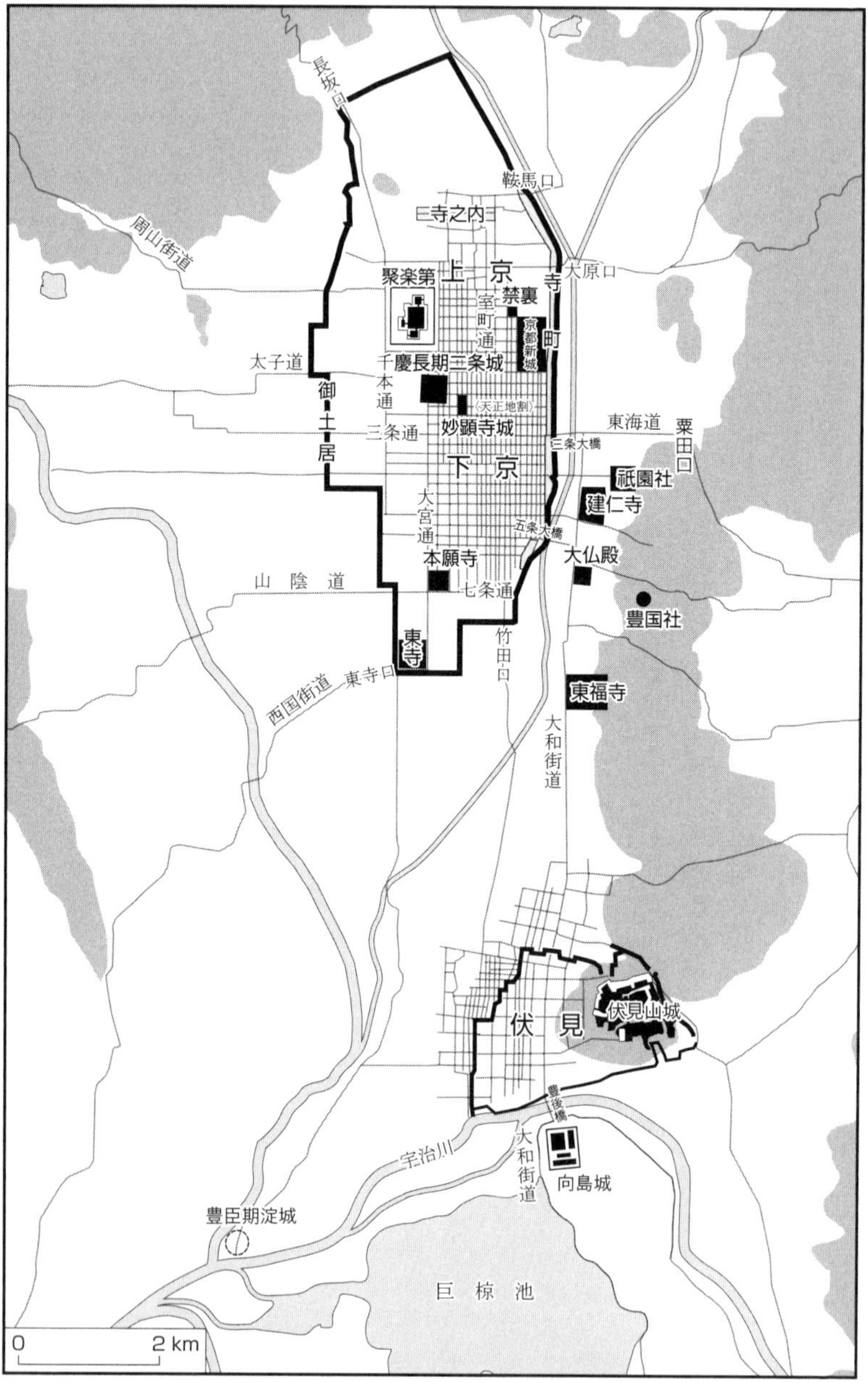

2　近世初期の京都・伏見　山田邦和作成

転換期の洛中洛外——プロローグ

大乱後の京都

本書がおもに扱うのは、十六世紀最初の年にあたる文亀元年（明応十年、一五〇一）ごろから、豊臣《とよとみ》（羽柴《はしば》）秀吉《ひでよし》の京都支配が始まる天正十年（一五八二）ごろまでの、およそ八〇年ほどの京都の歴史である。この時期の京都、つまり洛中洛外《らくちゅうらくがい》の歴史を見る際は、本来なら、さまざまな視座から眺める必要があるのだが、本書では、その視座をおもに都市京都の様相や、それと不可分の関係にある政治の諸相、そして、京都（都《みやこ》）と地方（鄙《ひな》）をつなぐ文芸（和歌・連歌《れんが》）に置くことにした。

叙述を始める前に、十五世紀後半の状況を見ておこう。まずは、応仁・文明の乱後の都市京都の様相に目を向ける。文明九年（一四七七）の大乱終結後、室町幕府は、公家や武士の邸宅の再建に着手したが、当時、公家・寺社・武士のような領主層や、農業や商工業にたずさわる被支配者層は、土一《つちいっ》揆《き》の蜂起や盗賊の出没に悩まされていた（秋山国三 一九八〇、高橋康夫 一九八三、村山修一 一九八四）。乱後は、火災や流行病も相次いだ。こうした状況は、結果として、上京と下京の周辺に存在した市街地を消滅させ、この二つの都市の間には広大な空地《くうち》が形成された（高橋康夫 一九八三、高橋昌明 二〇一四）。こうして、狭くなった市街地のなかで、京都の住人たちは高い密度での居住を余儀なくされ、宅地内の建物と建物の間に狭い通路、いわゆる辻子《ずし》を数多く設けたのであった（高橋康夫 一九八八）。このような状況は、土地・家屋をめぐる厳しい相互規制を、おもに被支配者層に対して強いたと見られる（仁木宏 二〇一〇）。

洛中の周縁部の洛外には、数多くの寺社が存在した。室町時代には、それらの境内・門前に家屋が建ち並び、独立した都市が形成されていた（脇田晴子 一九八一、山田邦和 二〇〇九）。たとえば「北野《きたの》」「北野境内」と呼ばれた北野社の境内には、明応三年（一四九四）の段階で二百五十九軒の家屋が存在し、都市的な景観を呈していた（三枝暁子 二〇〇八）。

このように、応仁・文明の乱後の京都は、洛中に上京と下京という二つの都市が存在し、また寺社を核とする都市が洛外に多数存在していた。

家持層と両側町の出現

都市の景観が大きく変化した一方で、室町時代の終わりごろには、家屋所有のあり方も大きく変化した。すなわち従来は、家屋についての権利さえ十分なものではなく、敷地の継続的利用も必ずしも保証されてはいなかった。しかし、一四七〇年代ごろには不動産としての家屋の所有が一般化し、敷地の用益権を排他的かつ永続的に確保するという動向が見られる。こうした事態は、地主に対して相対的に自立性を持つ家持層と、その収奪をうける借家人層という二つの階層を出現させたと考えられている（瀬田勝哉 一九六七）。

また十五世紀の終わりごろ、家屋が建ち並ぶ場では、住人たちによる新しい結合の形が目立つようになっていた。片側町《かたがわちょう》（四丁町《しちょうまち》）から両側町《りょうがわちょう》への変化である。

十四世紀の末に確立したとされる四丁町（四町町）は、街路で囲まれた方一町《ちょう》（約一〇九メートル）の区画の四つの頰《つら》が、それぞれに自立した片側町となっており、道路が町境を区切るものとして機能していた。一方、両側町は、道路を挟んで向かい合う片側町どうしで形成されたもので、十五世紀の末ごろに普遍化するという。この両側町は、今の京都市の基礎単位となるものであり（秋山国三 一九七五、図1参照）、片側町や両側町の「町」は、四丁町のように、「マチ」とは呼ばず「チョウ」と呼ぶ（仲村研 一九八八）。

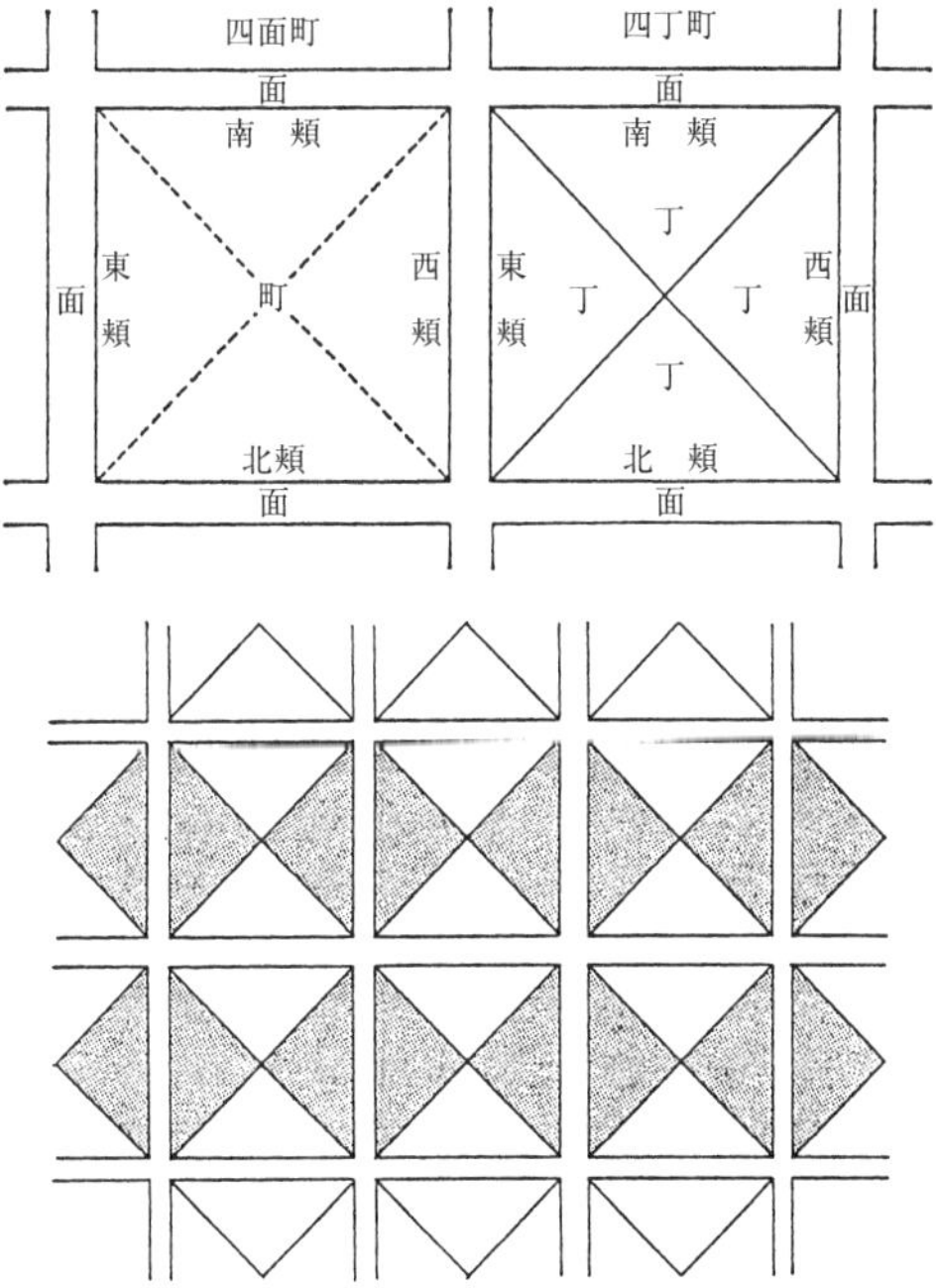

図1 片側町（上）と両側町 秋山国三・仲村研 1975 より

もちろん、十五世紀の終わりごろの段階で、すべての「町」が両側町に変化したわけではない。江戸時代に入っても、依然、片側町は存在するが、十五世紀の終わりごろまでに、今につながる住人結合の形が次々に現れた事実を見逃してはならないだろう。

将軍・前将軍の居所

「室町殿《むろまちどの》」と称された将軍や前将軍の居所にも目を向けておこう（巻頭地図1を参照）。彼らの邸宅として、まず思い浮かぶのは、やはり室町殿（花御所《はなのごしょ》）であろう。足利義政《あしかがよしまさ》の居た室町殿は、東西が四十丈、南北が六十丈と伝えられる（『大乗院寺社雑事記』）。一丈は約三メートルであるから、東西が約一二〇メートル、南北が約一八〇メートルとなる。当時、洛中洛外に存在した武家の邸宅のなかでは、かなりの規模を誇る邸宅であろう。

文明八年（一四七六）十一月、室町殿は火災により焼失した（『親長卿記』）。この後、前将軍の義政とその子将軍義尚《よしひさ》（義煕《よしひろ》）は、もともと故細川勝元《ほそかわかつもと》の「遊覧所」であった上京の小川殿《こかわどの》に入るが（『宣胤卿記』）、それから間もなく、義尚は室町殿跡近くの政所執事《まんどころしつじ》伊勢貞宗《いせさだむね》邸へ移っている（川上貢 二〇〇二、高橋康夫 二〇一五）。

文明十三年（一四八一）、義政は小川殿を出て、岩倉長谷《いわくらながたに》にあった聖護院門跡《しょうごいんもんぜき》の坊へ移り、その後、洛外の浄土寺《じょうどじ》に東山山荘《ひがしやまさんそう》を築いて、文明十五年にここへ移った。当時、義政は自身を「東山殿《ひがしやまどの》」、義尚を「室町殿」と称するよう諸臣に命じて（『親長卿記』）、幕政にも関与し、東山山荘は彼の執務の場となっていた（野田泰三 二〇一六）。今は銀閣《ぎんかく》として知られるこの山荘は、延徳二年（一四九〇）の義政死後に寺院となり（このときは「慈照院《じしょういん》」）、のち「慈照寺」と称した（『蔭涼軒日録』）。

一方、義尚のほうは、文明十四年に母日野《ひの》富子《とみこ》の居所小川殿へ移住したが、富子との不和により、翌十五年、伊勢貞宗邸へ移った。しかし、文明十六年には富子と和解し、伊勢邸から小川殿へ戻っている。その後、文明十八年、義尚は高倉御所の新造《しんぞう》に着手したが、長享三年（延徳元年、一四八九）の彼の早世により、この御所が完成することはなかった（川上貢 二〇〇二、高橋康夫 二〇一五）。

義尚の死により、その跡目《あとめ》を継ぐことになった従兄弟の足利義材《よしき》（義尹《よしただ》・義稙《よしたね》）は、長享三年、後見人である父義視《よしみ》とともに、下京にあった通玄寺《つうげんじ》（曇花院《どんけいん》）へ入っている。ここは義材の妹祝渓聖寿《しゅくけいしょうじゅ》が入寺していた寺院である。その後、義材は、一旦は富子のいた小川殿へ入り、同年の内に再び通玄寺へ戻った。なお、小川殿であるが、富子が、義尚・義材の従兄弟にあたる天龍寺香厳院《きょうごんいん》の清晃《せいこう》（足利政知《まさとも》の子、後の足利義澄《よしずみ》）に、小川殿を譲ろうとして義視の怒りをかい、彼の命により、延徳二年（一四九〇）に破却された。

その後の義材の居所を見ると、延徳二年、上京の小川にあった細川京兆家《けいちょうけ》当主の邸宅である細川殿を、将軍宣下のために一時御所として用いている。翌三年には、通玄寺から、上京にあった細川義春《よしはる》の邸宅へ移った。義春は政元《まさもと》の一族で阿波《あわ》細川家の当主である（山田康弘 二〇一六）。

明応二年（一四九三）、細川京兆家当主の政元が富子や伊勢貞宗らと結んで明応の政変を起こし、義材を失脚させると、清晃が還俗《げんぞく》して「義遐《よしとお》」となり、明応三年に将軍の座に就いた。後の義澄《よしずみ》（義高《よしたか》）である。彼は永正五年（一五〇八）に京都を退去するまでの間、政元の住む細川殿の一角を御所とした（高橋康夫 二〇一五）。義澄や明応の政変前の義材は、義政や義尚とは異なり、御所の新造に着手しなかった。

和歌と連歌

本シリーズで扱う中世という時代は、京都を中心に発達した和歌や連歌が、公家・僧侶・武士の別なく詠まれた時代である。また被支配者層の側でも上流に位置する人々の間では、こうした文芸が嗜《たしな》まれるようになった。

十五世紀後半までの和歌と連歌について、概略を述べておこう。和歌の典型は、五・七・五・七・七の五句三十一音からなる短歌であるが、その短歌は、伝統重視の温雅な歌風を特徴とする正統的な和歌や、卑俗な詞や滑稽《こっけい》を詠む狂歌、同じく卑俗で日常的な歌と言ってよい落首《らくしゅ》・教訓歌などに分けることができる。このうち、公武の人々や僧侶らが催した中世の歌会《うたかい》において、おもに詠まれたのが正統的な和歌であった。

和歌から派生した文芸が連歌である。個人的詠作を特徴とする和歌とは異なり、連歌は複数の連衆《れんじゅ》（作者）による共同詠作を原則とし、上の句（五・七・五）と下の句（七・七）を交互に連鎖させる文芸である。こうした連歌が、和歌を凌駕《りょうが》するほどの盛行を見せたのは、十四世紀以降のことだ。もちろん、常に盛行し続けたわけではなく、時期や地域によっては、停滞の動きも見られるが、連歌を詠む人々が多かったことは確かであろう。

ところで、幕府が京都に置かれたことで、公家だけでなく、将軍やその配下の武士たちの多くが京都に邸宅を構え、足利宗家《そうけ》の主導のもとで、文化の統合が行われることになった。もちろん、和歌・連歌もその例外ではない。十五世紀前半の足利義持《よしもち》の時代には、守護をはじめとする上級武士たちが和歌・連歌を盛んに詠み、彼らや公家・僧侶が同席する雅会《がかい》も行われるようになっていた。室町時代の京都は、古典を基盤とする文化の一大中心地であったのだ。

しかし、応仁・文明の乱や明応の政変などによって、守護在京原則が崩壊の道を歩んだことは、こうした室町時代の状況を大きく変えた。すなわち守護をはじめとする多くの武士たちが地方へ下り、和歌や連歌を嗜む者たちの多くが京都からいなくなったのだ（木藤才蔵 一九七一、同 一九七三、井上宗雄 一九七二、同 一九八四、末柄豊 二〇〇三）。

勅撰和歌集の終焉

古代・中世の正統的な和歌を象徴するのが、『古今和歌集《こきんわかしゅう》』（以下『古今集』）をはじめとする勅撰和歌集だ。そのなかでも、南北朝・室町時代に成った『新千《しんせん》載《ざい》和歌集』（以下『新千載集』）、『新拾遺《しんしゅうい》和歌集』（以下『新拾遺集』）、『新後拾遺《しんごしゅうい》和歌集』（以下『新後拾遺集』）、『新続《しんしょく》古今和歌集』（以下『新続古今集』）の四つの勅撰和歌集の撰集には、足利宗家が深く関わっていた。

すなわち、『新千載集』は足利尊氏《たかうじ》、『新拾遺集』は足利義詮《よしあきら》、『新後拾遺集』は足利義満《よしみつ》の執奏《しっそう》により、完成に至ったものである。また『新続古今集』の編纂《へんさん》は、足利義教《よしのり》が撰集についての指示を出したことから始まる（末柄豊 二〇〇三）。

足利義政・義尚父子の和歌事蹟も重要である。『新続古今集』完成後、後花園《ごはなぞの》上皇の命によって、寛正六年（一四六五）に勅撰和歌集の撰集が始まったが、それは義政の執奏によるものと見られる。また義尚主導による打聞《うちぎき》（私撰の歌集）の撰集は、応仁・文明の乱終結後の文明十五年（一四八三）に開始されたもので、勅撰和歌集を意識したものと見られる。しかし、勅撰和歌集の撰集は、応仁・文明の乱の勃発によって中止のやむなきに至り、以後、撰集が行われることは二度となかった。また打聞の撰集は、義尚の早世により未完のまま終わった（岩橋小弥太 一九二六、末柄豊 二〇〇三、山本啓介 二〇一一）。

こうした勅撰和歌集や打聞の撰集に代表される事蹟を見るかぎり、義尚までの将軍たちは、文化面において求心力を持ち、南北朝・室町時代の和歌文化を支える存在であったと見てよいだろう。しかし、応仁・文明の乱を契機とした幕府の財政的な弱体化や、明応の政変後における将軍の権威・権力自体の衰えにより、このような文化的な指導力を発揮する将軍は、十六世紀には現れなくなる（末柄豊 二〇〇三）。

本書の視座

永禄十一年（一五六八）九月、東海地方の大名織田信長《おだのぶなが》は、三河《みかわ》の徳川家康《とくがわいえやす》、同国の水野信元《みずののぶもと》、近江《おうみ》の浅井長政《あさいながまさ》、そして、畿内《きない》に勢力を有する三好義継《みよしよしつぐ》、松永久秀《まつながひさひで》らと連携し、足利義昭《よしあき》を奉じて京都侵攻を開始した。織田勢を主力とする連合軍は、瞬く間に京都やその周辺地域を制圧し、この年の十月、義昭を将軍の座に就けた。

この信長入京と呼ばれる出来事は、京都の歴史のなかでも非常に有名な出来事と言ってよいが、これ以前の中世末期の京都をとりまく政治史、なかでも、その基礎となる応仁・文明の乱後の政治過程は、知られていないことが多い。そこで本書では、永正元年（文亀四年、一五〇四）九月の薬師寺元一《やくしじもとかず》の乱の前後から信長入京までの、京都をとりまく政治過程を叙述の対象とした。やや先走って言えば、幕府や細川京兆家は、政治的には不安定な存在であり、また畿内近国の大半を制圧した三好権力も、安定した権力とは言い難い存在であった。そして、そうした不安定な政治状況から、京都近郊の山城《やましろ》が将軍の居所となったり、新しいタイプの将軍御所が京都に築かれたりした。

つぎに目を向けたいのは、十六世紀における文芸史の展開である。応仁・文明の乱後、和歌や連歌を嗜む多くの武士たちが京都（都）から地方（鄙）へ移動し、また後述するように、こうした文化の主たる担い手である公家衆のなかにも、地方に在国して鄙の文化を担う者が現れるようになった。それゆえ、十六世紀の京都の文芸史を見る際は、都の文壇だけでなく、鄙の文壇にも目を向けねばならない。都鄙《とひ》双方の展開を見ながら、文芸の世界における都の位置を見極めることが必要ではないだろうか。

都市共同体の形成や都市景観の変遷、そして、今日まで残る差別といった、おもに都市史で扱われる問題も、京都の歴史を語る際には見逃せない事柄である。本書では、こうした都市の様相にも焦点を合わせたい。文亀元年（一五〇一）ごろから天正十年（一五八二）ごろまでの洛中洛外の状況を若干述べると、「町《ちょう》」と呼ばれる近世につながる都市共同体が姿を現し、その町が「構《かまえ》」と呼ばれる防御施設を築いて、洛中洛外の各所に防御施設が見られる状況になっていた。このように、都市としての洛中洛外は、室町時代とは異なる時代に突入している。

朝廷や天皇の住む禁裏《きんり》（内裏《だいり》）も、京都の様相を見る際に留意する必要があろう。戦国時代には、京都やその周辺の住人たちが禁裏を警固し、また強烈な差別を受けた被差別民のなかには、天皇・朝廷に奉仕する者たちがいた。京都の歴史を描く際、こうした点にも目を向けたほうが良いだろう。

以上のように、本書では、京都をとりまく政治の諸相や、都鄙の文芸史、都市京都の様相などに目を向け、十六世紀初めから一五八〇年代初めまでの間、つまりは戦国時代に叙述の多くを割《さ》いた。タイトルを「戦国乱世の都」としたのは、そのためである。

ところで、都市の様相を扱う場合は、長いスパンを取って見る必要がある。そのため、本書では、秀吉の京都改造にも注目することにした。京都改造とは、一五八〇年代以降、豊臣政権が洛中洛外で断行した都市改造政策のことである。この政策によって、京都の巨大都市化に拍車がかかり、また短期間ではあったが、豊臣政権が行った諸大名の京都集住政策によって、京都は近世武家国家の首都となった。そして、京都改造終了の後も、巨大都市化の動きは続くことになる。

このように、京都改造にも目を向けるため、都市京都の様相については、戦国時代だけでなく、一五八〇年代の半ばから大坂《おおさか》冬の陣《じん》が起こった慶長十九年（一六一四）ごろまでの時期も叙述の対象とした。それは戦国時代の洛中洛外が、京都改造によりどう変わったのかを描くためにほかならない。なお、叙述の範囲をこのように設定すれば、秀吉の晩年に新たな武家国家の首都となった、伏見《ふしみ》の形成・展開の過程も見たほうがよい。この過程は、京都の巨大都市化と何らかの関わりを有すると予想されるからである。

本書の構成

本書の構成は以下のようになる。

十六世紀初めから一五八〇年代初めまでの政治史は、第一章「細川高国《たかくに》と細川澄元《すみもと》の対立」、第二章「細川晴元《はるもと》の畿内進出」、第三章「三好長慶《ながよし》の台頭」、第四章「将軍と信長の城館」、第六章「乱世のなかの朝廷・公家」で扱う。第一章と第二章では、畿内近国の戦国争乱に大きな影響を及ぼした細川京兆家をめぐる動向を中心に据え、京都やその周辺の政治過程や政治構造を叙述する。

第一章では、おもに文亀・永正年間（一五〇一―二一）が対象となり、第二章では、永正の末年から天文十六年（一五四七）までが対象となる。また第三章では、畿内近国の戦国争乱の主役である三好氏の動向を中心に、おもに天文十七年（一五四八）から信長入京直前までの政治史を扱う。

第四章では、洛中洛外とその周辺に築かれた将軍と信長の城館を扱う。将軍の御所や、彼らが京都近郊に築いた山城、信長の京都宿所を中心に叙述する。

順番が逆になるが、第六章では、朝廷や京都の公家社会の様相についてふれる。

つぎに第五章「乱世の都とその住人たち」では、京都改造前の洛中洛外の都市史を扱う。この章では、都市共同体の形成や差別の諸相を中心に、有名な洛中洛外図や都市景観、日蓮宗（法華宗《ほっけしゅう》）や延暦寺《えんりゃくじ》などの宗教勢力の動向について可能な限りふれることにする。また洛中洛外の都市史は、第六章においても扱う。ここでは、禁裏の警固や被差別民の動向などを通して、朝廷と京都の住人たちとの関係を見ることにする。

つづいて、第七章「乱世のなかの文芸」では、和歌史と連歌史を中心に据え、十六世紀における鄙と都の文壇の展開を叙述する。

第八章「京都改造の時代」では、豊臣政権による京都改造と、改造後の洛中洛外を扱う。第九章「首都としての伏見」では、武家国家の首都となる伏見の形成・展開過程を叙述する。この二つの章では、十六世紀後半から十七世紀前半までの京都・伏見の都市史や、聚楽第《じゅらくだい》・二条城《にじょうじょう》・指月《しげつ》伏見城・伏見山城といった大規模城館や御土居《おどい》がおもに扱われることになる。

本書の最後に配置した「中世京都から近世京都へ―エピローグ」では、中世京都から近世京都への移行について言及する。

このほか、各章の間にはコラムを設けた。すなわち「将軍御所を室町殿の跡地に！」、「公家に仕えた武士」、「元就・信長と文芸」、「氏真と都の寺社」、「豊国社《とよくにしゃ》と大仏殿《だいぶつでん》のゆくえ」、「高札・触口・ふれながし」、「伏見における交流の諸相」である。これらは、十六世紀と十七世紀前半に関する知識を補い、京都の歴史像を豊かにするためのものである。

一　細川高国と細川澄元の対立

1　細川政元権力の特質

戦国後期の京都をみる視点

戦国後期の足利《あしかが》将軍家は形骸化し、管領《かんれい》の細川京兆家《けいちょうけ》（京兆とは細川家当主が用いた右京大夫《うきょうのだいぶ》の唐名《とうみょう》）が室町幕府の実権を握るようになったとかつては考えられていた。ところが実際は、将軍家が管領政治から距離を置いて自らの意を反映しやすい親政にシフトしていった結果、従来の上意下達回路が希薄化しただけで、必ずしも将軍権力が形骸化したわけではなかった。他方、管領の業務縮小に伴い、京兆家も幕府の職制から次第に距離を置くが、それと同時に、京兆家も独自の支配体制を整備する必要に迫られることとなった。それは次のような事情による。

中世の裁判は、訴える側が訴える先を選択するのが常であった。たとえば、将軍家の裁定では悪い結果が出ると予想された場合、他の選択肢を選ぶこととなる。京兆家は京都近辺の摂津《せっつ》・丹波《たんば》にて守《しゅ》護職《ごしき》を持っていたことや、最後まで在京を原則とし幕府の軍事で重きをなしたことなどから、将軍家に代わる訴訟先として選ばれることが増加していった。それに伴って、従来の守護支配体制を改変しながら官僚を充実化させていくとともに、権限も拡大していく。それでいて幕府の枠組みは厳然として残るがゆえに、将軍家と京兆家は単純な上下関係でもなく、また完全な別組織でもなく、付かず離れずの関係となるのである。

戦国期の畿内《きない》政治史が混迷を極める要因の一つは、右の一例からもわかるように、政治主体が複雑化していることに求められる。しかも、幕政に参与する大名は京兆家以外にもいる。さらに京兆家の内衆《うちしゅ》も重層的で、当初は守護代をはじめとした年寄衆《としよりしゅう》が発言力を持つが、三好家のように近習《きんじゅ》層から次第に台頭していく家もある。したがって、京兆家も一枚岩ではなく、複雑な政治主体の集合体とみるべきである。加えて畿内では、一揆《いっき》や町村などの共同体も大きな発言力を持っており、これも一つの政治主体に位置づけなければならない。また、京都周辺においては、寺社や公家などの荘園領主もなお実効支配している。いうまでもなく、これらは相互に関係しあっている。

このように、政治主体の複雑な関係こそが畿内政治史の特質なので、それを単純化し過ぎては正しく理解できない。その一方で、際限なく広がるその関係性を網羅するのも不可能である。そこで有効となるのが、細川政元《まさもと》暗殺後の京兆家の家督《かとく》を巡る争いに軸を据えて把握するという方法である。京兆家は、幕府の軍事力において重きを占めるため、京都をめぐる戦争の中核にいることは動かないし、それぞれの政治主体もこの争いと何らかの関係を有しているからである。

右の方法そのものは古典的だが、従来は複雑な政治史を単純化するために、二つに分裂した京兆家

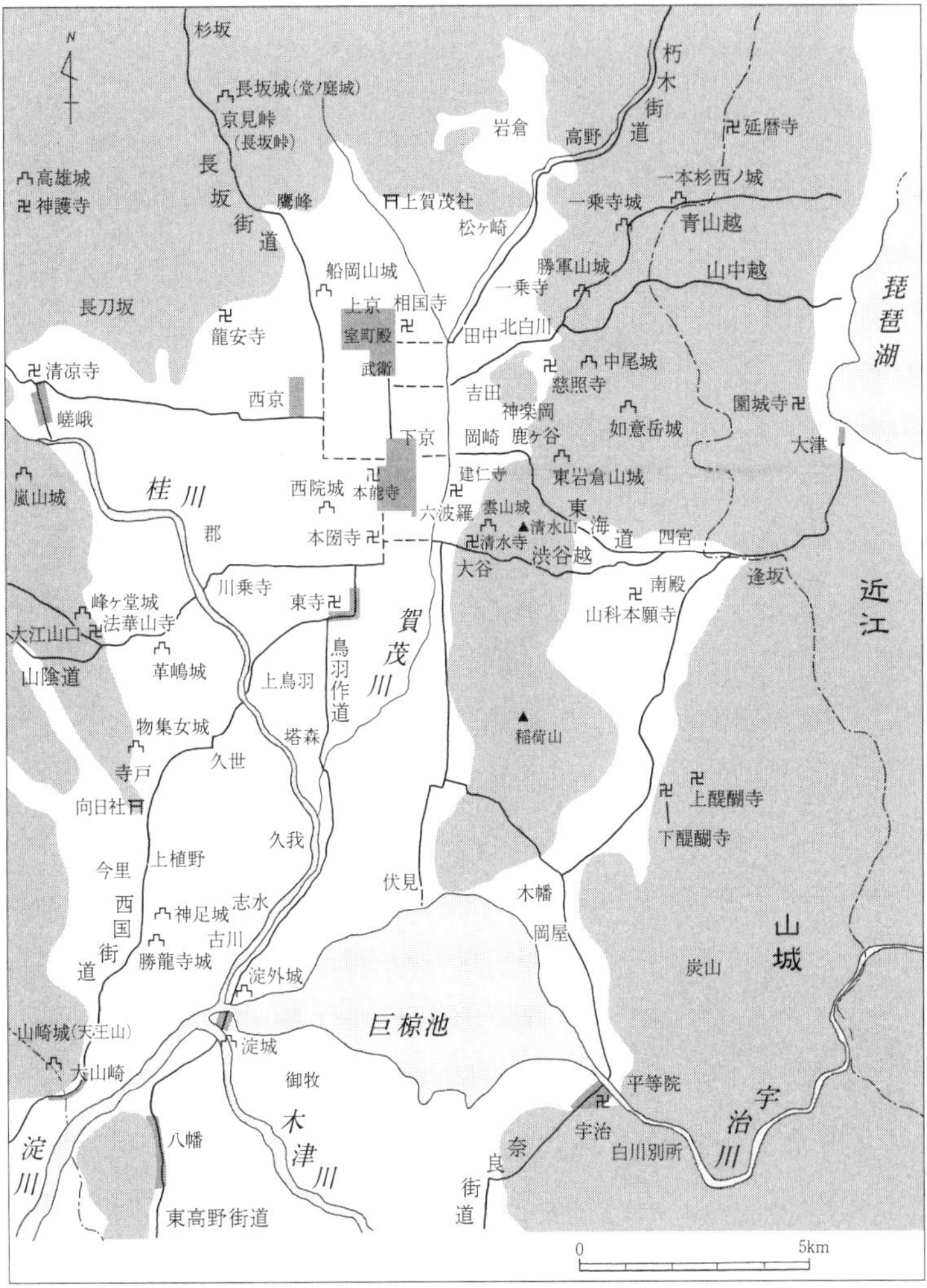

図2　京都周辺図　福島克彦『畿内・近国の戦国合戦』より，一部改変

のうち、京都の覇権を握っている側を時系列でつなぐ見方が主流であった。しかし、京都を窺《うかが》う側の視点も組み込まねば、二つの京兆家がそれぞれに築きあげていた政治的関係や戦争の質などを正しく理解できないだろう。以上の点を心がけながら、京都の政治史をみていくこととする（第一章から第三章は、特に断らない限り、馬部隆弘 二〇一八による）。

京兆家被官の守護代寄子化

京兆家分国では、守護たる京兆家と守護代の間において、管国《かんこく》内における人材掌握をめぐる競合が生じていた。それを回避する策として、守護代が寄親《よりおや》となって京兆家被官《ひかん》を寄子《よりこ》として編成する方法が、政元段階には積極的にとられるようになる。すなわち、寄子の視点からみれば、京兆家との主従関係を維持したまま、守護代の軍事指揮下に入るわけである。京兆家と守護代の人材共有による連携の姿をここにみてとることができる。

しかも守護代は、自らの息が掛かった被官をさほど重用せず、寄子で要職を占めるような体制をとっていた。その理由はいくつか考えられるが、そもそもの淵源《えんげん》は、守護代が比較的頻繁に交代していたことに求められる。守護代が交代するその都度、文筆官僚などの特殊技能者を含めた寄子が、京兆家からの派遣によって補われていたのであろう。

戦国期になると、京兆家の守護代は世襲化するが、配下には変わることなく寄子が配属されていた。その理由は、厳しい身分社会が残る畿内で守護代の配下が政治的な活動をするには、相応の家格《かかく》を要したからだと思われる。典型例は使者で、派遣した先で主人に対面できるか否かは身分によって決まる。そのため、京兆家被官の家格を持つ寄子は有用であった。もちろん、従属する者も、守護代よりも家格の高い京兆家の被官を望んだに違いない。

たとえば、守護代薬師《やくし》寺《じ》氏は、管国である摂津にて荘官クラスの在地土豪を京兆家被官に推挙し、それを寄子として編成していた。この方策によって、在地掌握を進めたことは間違いあるまい。また、文筆官僚として斎藤宗甫《さいとうそうほ》や藤岡秀友《ふじおかひでとも》などが確認できる。そのほか、応仁《おうにん》の乱《らん》を契機として京都南西郊の西岡国人《にしのおかこくじん》の京兆家被官化が進むが、彼らのうち神足《こうたり》氏や物集女《もずめ》氏など比較的有力な家は、薬師寺氏の寄子として編成されていた。京都での戦乱に対応するために、摂津から京都までを一元的に軍事掌握するのが当初の目的であろう。

寄子化の動きは西岡に限らず、淀《よど》の藤岡氏や南山城《みなみやましろ》の狛《こま》氏にも拡大している。さらには、九条家《くじょうけ》の家司《けいし》出身である石井《いしい》雅治《まさはる》まで薬師寺氏の寄子として配属されていた。流通に少なからず関与する京郊の領主たちにとって、京都・摂津間の通行手形発給を掌《つかさど》るなど主要な動脈を掌握する薬師寺氏は、接近して損のない存在であったに違いない。あらゆる候補がいるなかで、薬師寺氏を寄親として選ぶ者が京郊に多い理由は、この点に求められよう。

寄親寄子制の弊害

寄親寄子制は京兆家と守護代の間で人材を共有するという合理的な側面もあったが、京兆家被官としての本分を忘れ、寄親に傾倒していくという課題も内包していた。細川政元はこのことを問題視しており、文亀三年（一五〇三）八月には東讃岐《ひがしさぬき》守護代安富《やすとみ》元家《もといえ》の寄子である高橋光正《たかはしみつまさ》を自害させている。また、文亀三年二月には、幕府が催した猿楽《さるがく》にて粗相《そそう》をした薬師寺氏寄子の富松《とまつ》氏が誅殺されている。

このように寄子への個別的な制裁はできても、寄子編成を完全に否定することは不可能であったはずである。京兆家が守護代単位で出陣の命を出していることからも明らかなように、守護代のもとに編成された寄子なくして戦争を遂行できないからである。

このような政元が抱える矛盾は、自らの料所《りょうしょ》支配にもみてとることができる。政元は、摂津吹田《すいたの》荘《しょう》を自らの料所としたうえで、同荘の攻略に功のあった薬師寺元長《もとなが》に預けた。その支配を奉行として担当したのは、寄子の四宮長能《しのみやながよし》である。そののち文明十四年（一四八二）に、政元が吹田荘のうち成《なり》枝名《えだみょう》を茨木《いばらき》氏に与えようとしたところ、長能は吹田荘は自身が一円《いちえん》に支配していると反論し、成枝名を渡さなかった。政元の料所支配が、守護代の支配機構なくして成立しないことを知ったうえで、このような反論に出たのであろう。守護代の支配機構が自らの被官で構成されながら、政元の思うようにならないという矛盾がここにも表れている。

薬師寺元一の乱

薬師寺元長の跡を継いだ薬師寺元一《もとかず》は、細川政元の後嗣《こうし》として細川澄元《すみもと》を推していた。澄元は、細川讃州家《さんしゅうけ》（阿波《あわ》守護家）の当主である成之《しげゆき》の孫にあたる。文亀三年（一五〇三）五月には、元一自身が阿波へ下向《げこう》して成之と交渉している。

それに対して政元は、内衆の統制を打ち出してくる。まず八月に安富元家を失脚に追い込むと、九月には元一を牽制《けんせい》し後嗣問題の主導権を握るため、自ら淡路《あわじ》まで赴き成之と交渉している。

そして永正元年（一五〇四）閏《うるう》三月、政元はついに元一を摂津守護代から罷免《ひめん》しようとする。元一の改易は将軍足利義澄《よしずみ》のとりなしで免れたが、このような政元による圧迫に元一も危機意識を高めていたに違いない。当然、その寄子たちも身の危険を感じていたであろうが、自らの身を守るためには、なおさら守護代との結束を固めざるを得ない。これらの諸要因が重なって、元一は謀叛《むほん》を決意する。

永正元年九月三日の夜、寺町又三郎《てらまちまたさぶろう》の京都退去によって、薬師寺元一の謀叛が露見し、それとともに元一は淀へと入った。寺町又三郎は元一の実弟で、そのほか元一の寄子である四宮長能・額田《ぬかた》宗朝《むねとも》らが摂津の茨木から西岡にある神足氏の居城に入った。神足氏は西岡国人で、薬師寺氏の寄子である。六日以降は、京都から派遣されてきた政元勢を迎え撃ち、神足氏と立場を同じくする中小路《なかこうじ》氏もここで奮戦するが、結果的には淀の藤岡氏の居城に退いた。謀叛に荷担した人物たちからは、守護代と寄子の結束の固さや、分国の摂津を離れた京都南郊にもその人脈が拡がっていたことを改めて確認できる。

図3　細川家系図

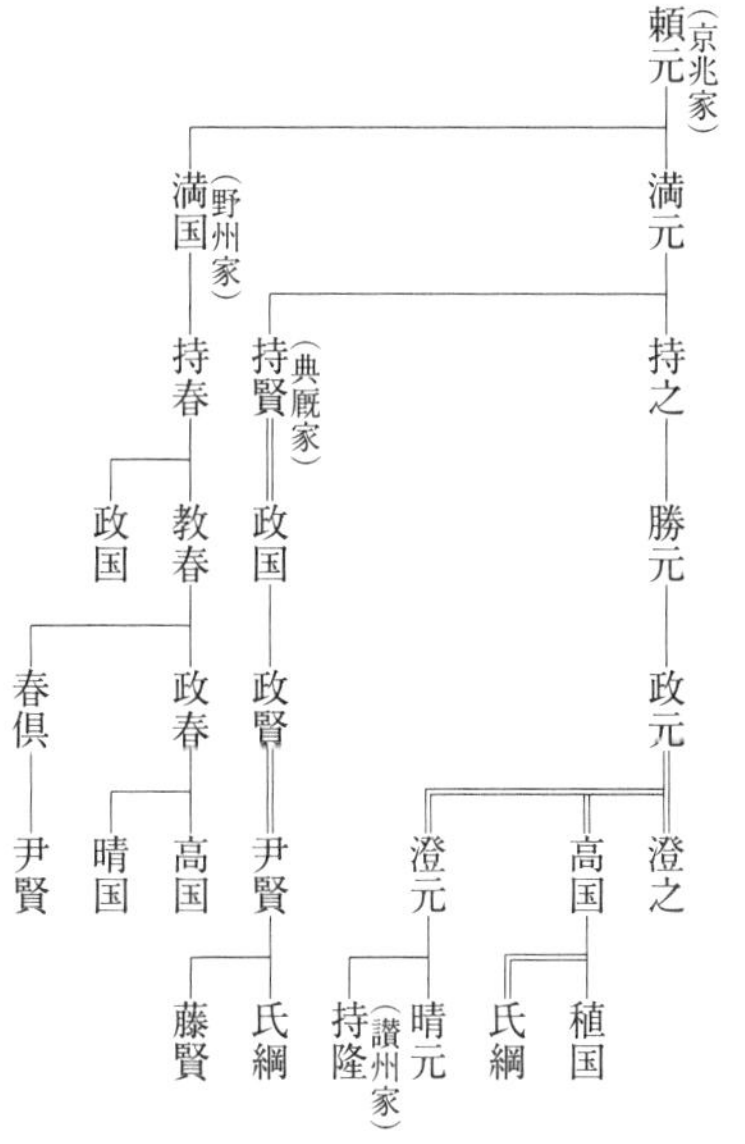

当時の淀城は、島之内と呼ばれる川中島にある藤岡氏の居城と、そこから橋を渡った北側の納所《のうそ》郷《ごう》にある外城《とじょう》の二重構造をとっていた。九月十八日には外城で京都から進軍してきた政元勢を迎撃したが、それも叶わず、ほかに逃げる道もないので藤岡氏の居城に入った。そして翌

十九日にはそれも落城して元一は捕らえられ、京都に送られて自害する（馬部隆弘 二〇一六）。

元一は、紀伊《きい》の畠山尚順《はたけやまひさのぶ》および阿波の細川成之と裏で手を結んでいたが、結果として援軍が届くまで持ちこたえることができなかった。彼らは、最終的に周防《すおう》の大内義興《おおうちよしおき》のもとに身を寄せていた足利義稙《よしたね》を旗頭《はたがしら》とし、政元を倒して澄元を擁立することを目的としていたが、足並みが揃わなかったようである。

2 細川高国権力の特質

永正の錯乱と細川高国の台頭

細川政元には実子がいなかったため、養子をとっている。最初に取り沙汰されたのは延徳二年（一四九〇）二月で、細川野州家《やしゅうけ》（京兆家・典厩家《てんきゅうけ》に次ぐ分家）から政春の嫡子である高国《たかくに》を迎えようとする（『大乗院寺社雑事記』）。高国は当時七歳であったが、元服するまでに野州家の次期当主の座に戻っている。高国を政元の養子とするのはあくまでも契約に留まっており、早々に解消されたようである。その要因は、ちょうど一年後の延徳三年二月に、九条政基《くじょうまさもと》の息子である澄之《すみゆき》を新たに養子としたことにある（『蔭凉軒日録』）。

先述のように、政元は薬師寺元一の交渉に委ねるのではなく、自らが主導権を握るかたちで澄元を養子として迎えようとした。讃州家を懐柔することで、元一の背後に形成されつつあった包囲網を突き崩すのが狙いであろう。薬師寺元一の乱が失敗に終わったことから、それはある程度成功したとみられる。結果、澄元の上洛はやや遅れて、永正三年（一五〇六）五月となった。

こうなると、澄之は次期家督としての立場を失ってしまう。そのため、澄之派の内衆である香西元長《こうざいもとなが》らは、永正四年六月に政元と澄元の殺害を謀《はか》る。このとき、政元は湯殿にて竹田孫七《たけだまごしち》に暗殺されるが、澄元は自邸を澄之勢に襲われたものの、三好之長《みよしゆきなが》らとともに近江甲賀《おうみこうか》に逃れた。

そして、細川高国の協力を得た澄元は、永正四年八月に澄之を討ち京都に帰還する。ところが、今度は澄元と高国の間に確執が生じ、永正五年三月に高国は京都を離れる。まもなく高国が軍勢を率いて再上洛を図ると、澄元は四月にやむなく京都を退去する。

以上のように、京兆家の家督争いは、澄之・澄元・高国らによる京都争奪戦の様相を呈した。そのため、京都の治安維持が将軍家から家督争いの勝者に委ねられるようになる。実際、これを契機として、京兆家は洛中において裁定の結果を示した奉行人奉書《ぶぎょうにんほうしょ》を発給し始める。

図４　細川高国像　衡梅院所蔵

高国の内衆構成

京兆家と被官関係を結んだ者のうち、京兆家の庶政に関わる者は内衆と呼ばれる。内衆は関東を出自とする南北朝期以来仕える年寄衆と、守護分国から抜擢《ばってき》された馬廻衆《うままわりしゅう》の二階層に分かれる。年寄衆のなかでも、守護代に抜擢される人物は格上に位置づけられる。一方、当主の近くには、馬廻衆と同じ近習層の文筆官僚として奉行人もい

図5　高野山西院来迎堂勧進帳にみえる守護代四人の署判（「高野山文書」より）　東京大学史料編纂所所蔵影写本

る。

京兆家の奉行人は、幕府奉行人の一族から選ばれるのが原則であったが、将軍家から一定程度自立した支配体制を整え始めた細川勝元《かつもと》段階には、独自の奉行人を次々と抜擢しているように、政治志向も少なからず反映する。高国の場合は、石田《いしだ》国実《くにざね》ら野州家独自の奉行人を当初は抱えていたが、永正五年（一五〇八）に京兆家家督を継承すると同時に、飯尾《いのお》秀兼《ひでかね》・斎藤《さいとう》貞船《さだふね》・飯尾元兼《もとかね》・中沢《なかざわ》秀綱《ひでつな》といった幕府奉行人一族で固められる。このように、高国の人事には復古的な側面が見受けられる。

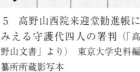

先述のように、政元期の守護代は世襲化しつつあった。その結果、東讃岐の安富家、西讃岐の香川《かがわ》家、摂津の薬師寺家、丹波の内藤《ないとう》家、これら四家が京兆家内衆を代表する守護代家として固定化していた。

高国期に至ると、阿波にいた澄元が讃岐へ影響力を及ぼしていたこともあって、讃岐の支配は放棄せざるを得なくなる。それでも高国は、東讃岐守護代の安富元成《もとなり》を筆頭として、西讃岐の香川元綱《もとつな》、丹波の内藤国貞《くにさだ》、摂津の薬師寺国長《くになが》で構成される守護代四人体制を復活させた。しかし、領国を持たないながらも守護代筆頭とされた安富元成は、永正十一年までに遁世《とんせい》してしまう。それに伴い、同じく領国を持たない香川元綱が筆頭となり、新たに摂津下郡《しもごおり》守護代の薬師寺国盛《くにもり》が末端に加わり、守護代四人体制の維持が図られた。このように形骸しつつも復古的な体制をとったのは、高国が権力の早期安定化を目指していたからであろう。

馬廻衆には、野州家の分国であった備中《びっちゅう》出身者もみられるものの、摂津や丹波などの京兆家分国から抜擢される人物が多く見受けられるように、やはり京兆家の伝統に従っていた。京兆家と守護代家をつなぐ守護代庶流出身者を抜擢している点も、高国の近習層の特徴である。このように、政元の失敗を目の当たりにしていた高国は、守護代家との関係維持にも配慮していた。

高国権力の矛盾

前近代の家政機構は、安定を図るために伝統的な秩序や序列を重んじるのが常である。譜代《ふだい》家臣や宿老《しゅくろう》の地位は、その秩序のうえで確保されるため、彼らは伝統を維持する主体的な役割を担うこととなる。したがって、ときとして伝統から逸脱しようとする当主の行動に規制をかけることもあった。家権力は、右のような家政機構の上に成り立つため、当主はその維持を図る義務を有した。結果として、当主個人の権力は家権力のなかに埋没しかねない状態となり、当主は自己矛盾を抱えることとなる。

そこで当主は、伝統的な秩序に束縛されない新参者や新興勢力を近習として抜擢し、譜代家臣や宿老を介さず直接指示を下すことで個人の権力を行使しようともする。いわば前近代の家政機構は、秩序の維持と破壊という二つの相反する運動方向を包含していたのである。当然、それを両立させるのは困難で、当主と結びついた近習層と、それに対する宿老層という構図の抗争は、時代や地域を問わ

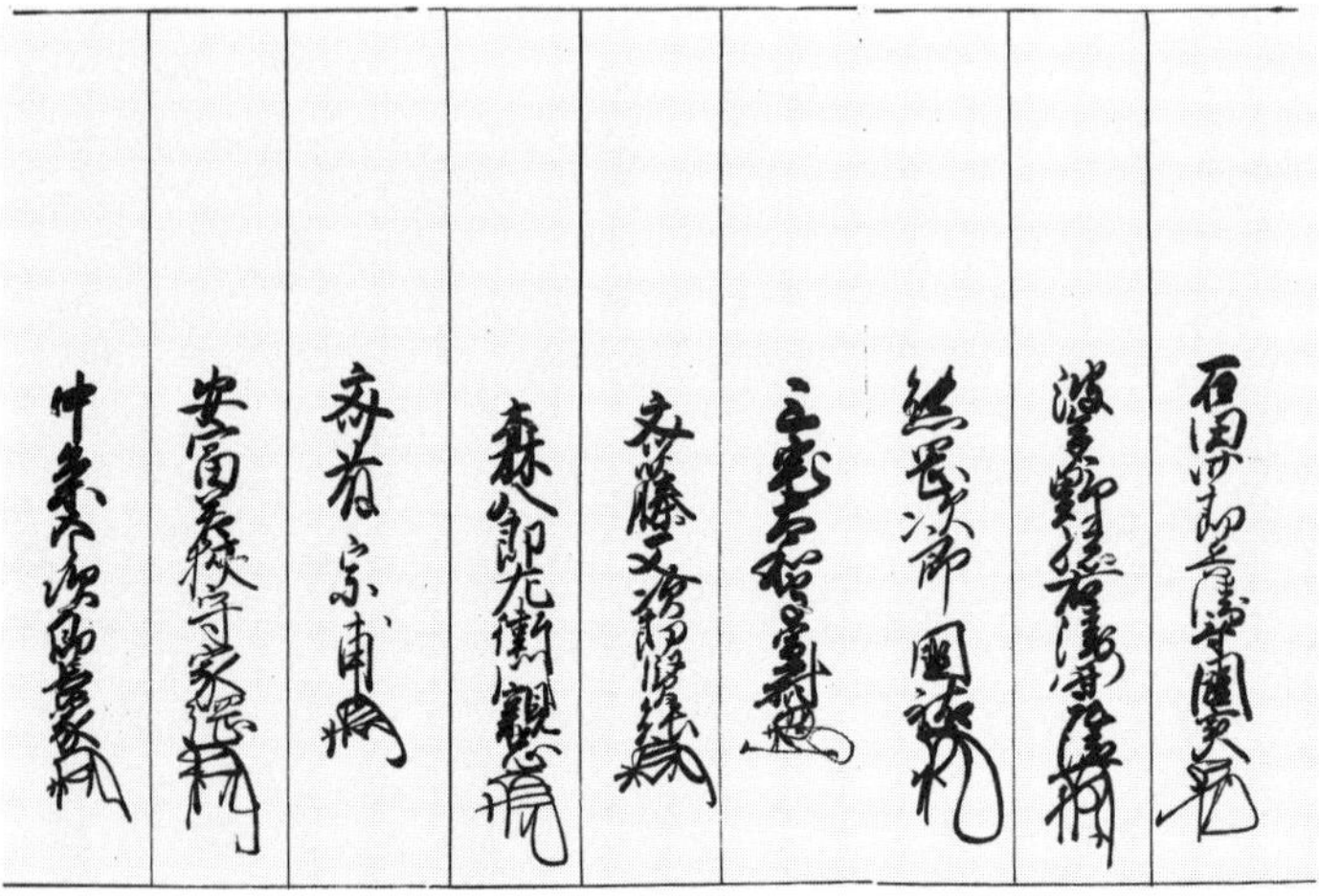

図6 十念寺念仏講衆にみえる近習の署判（「十念寺文書」より） 東京大学史料編纂所所蔵影写本

ず数多く発生した。

京兆家も例外ではなく、先述のように有力内衆である守護代とその管下の国人から細川政元に抜擢された近習との間で、対立が生じていた。これは、視角を変えれば、国人の掌握をめぐる京兆家と守護代の対立ともいえる。ところが、政元の跡を受け継いだ高国権力は、近習である波多野元《はたのもと》清《きよ》・柳本賢治《やなぎもとかたはる》の離反を一つの契機として崩壊に向かった。つまり、政元段階における京兆家当主・近習と守護代のせめぎ合いは、当主対近習へと対立構図を変えて結末を迎えたのである。

高国は守護代の維持に努めていたが、その一方で自らの意に従う近習も多用していた。そのバランスを崩さないように、特定個人に強大な権限を与えず近習を複数名で協働させるなど、その権限を抑制する配慮も怠らなかった。香西元長《こうざいもとなが》・赤沢《あかざわ》朝経《ともつね》・上原元秀《うえはらもとひで》といった側近の増長が、政元権力崩壊の要因となったことを目の当たりにしていたからであろう。

しかし、形骸化しつつあった守護代の地位は相対的に低下する一方となる。守護代には、もはやその動きに抗《あらが》う余力もなく、守護代筆頭の安富元成ですら遁世するという道を選ぶ。かくして守護代層と近習層の間の垣根は低くなり、当主・近習と守護代の関係は対立の側面が薄くなっていく。むしろ、後退する守護代勢力の欠を近習によって補う関係といったほうが適切かもしれない。

その結果、時期がくだるにつれ、一部の近習が年寄衆に抜擢されるようになり、とりわけ高国による波多野一族への肩入れが目立つようになる。それとともに波多野一族の発言力は一際増すこととなり、その動きを警戒する古参の細川尹賢《ただかた》との間に確執を生むようになった。高国の従順な近習という枠から逸脱しつつあった波多野一族の矛先は、やがて尹賢の背後にいる高国へも向かうようになる。そして離反すると、やがてその延長線上で、波多野氏は丹波守護代の地位を狙うようになる。

当主・近習対守護代の対立から当主対近習の対立へと転換していく過程を整理すると以上のようになるが、高国権力が自壊ともいえる過程を辿ることとなった直接的な転機は、高国から家督を継承したばかりの嫡子稙国《たねくに》が、大永五年（一五二五）に没してしまったことに求められる。近習を多用する権力は、中枢部に伝統的な秩序性が乏しいがために、安定的な世襲に困難が伴うことを高国権力の崩壊過程は如実に示している。高国自身、それを最大かつ避けることのできない課題と自覚していたからこそ、四十二歳という若さで稙国に家督を譲ったのであろう。京兆家としての伝統的な秩序体系を調えるうえで、高国が最も気にかけていた守護代安富家を、稙国付きとして復活させていることからもその点は裏づけられる。

3 細川澄元の上洛戦

第一次上洛戦 永正五年(一五〇八)四月に細川高国に追われて没落した細川澄元は、以後、三度にわたって京都への上洛戦を実行に移す。しかし、最後まで成功することはなかった。

澄元が京都から没落したのち、最初に軍事行動に出たのは、摂津国人の池田《いけだ》貞正《さだまさ》であった。五月には池田城で高国勢を迎え撃つが、貞正は戦没してしまう。さらに同年七月には、澄元配下の赤沢長経《ながつね》が大和《やまと》に侵攻しているが、生け捕られて八月には処刑される。

そのころから、近江に逃れていた澄元は上洛する意志を示していたが、永正六年になると五月十一日という期日を定めて上洛する旨を各方面に喧伝《けんでん》する。実際には大幅に遅れて、六月十六日に琵琶湖《びわこ》を渡って翌十七日に三好之長を主力とする軍勢が如意《によい》ヶ《が》嶽《たけ》に着陣《ちゃくじん》し、京都を窺うが、その動きを把握していた高国勢の攻撃を受け、即日退去している。澄元勢が上洛戦を早くから公言していたのは、播《はり》磨《ま》・摂津勢や阿波勢と京都を挟撃しようと目論んでいたからにほかならない。ところが、援軍は現れることなく、むしろ高国方に迎撃の準備をさせる結果となってしまった。そのため、澄元勢は籠城《ろうじょう》を続けることなく即座に退却したのである。

澄元が西方からの援軍を広く求めていたことは、たとえば如意ヶ嶽に入る直前の六月十六日に至っても、播磨の赤松《あかまつ》氏と連絡をとっていることから明らかである。赤松家当主である義村《よしむら》の姉が、澄元の兄である之持《ゆきもち》の妻なので、援軍を期待していたのであろう。

澄元の祖父である阿波の細川成之が出陣しなかったのは、阿波で騒動が起こった直後であったためと考えられる。永正五年の京都での政争と連動して、細川成之のほか讃岐の寒川《さんがわ》氏、そして阿波の篠《しの》原《はら》氏・海部《かいふ》氏などが中心となって、阿波・讃岐でも合戦が起こっていた。この時期には、澄元に従う

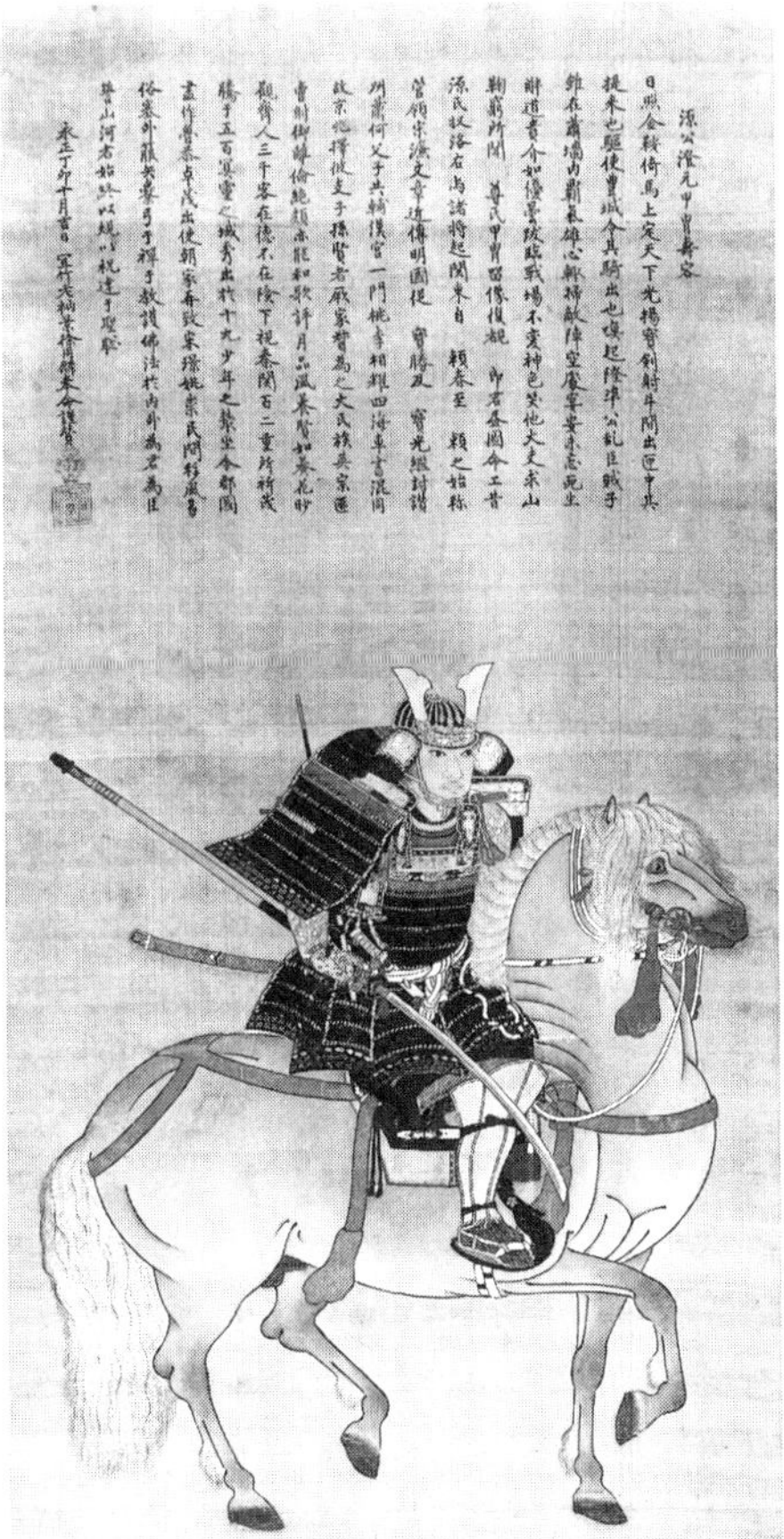

図7　細川澄元像　永青文庫所蔵

阿波勢が京兆家の立場で讃岐支配に介入するようになるので、それをよく思わない讃岐勢との間で対立が生じたのであろう。しかも、香西・安富・香川など讃岐勢の多くが澄之を支援していたので、澄之の死はその対立の火に油を注ぐこととなったはずである。のちに澄元と高国が対立すると、高国が裏で讃岐勢を支援した可能性も考えられよう。つまり、讃岐勢に留守を襲われる危険があるため、阿波勢は畿内に出陣することができなかったのである。第一次上洛戦失敗の背景は、このように想定できる。

第二次上洛戦

永正八年(一五一一)七月に本格的に始まる細川澄元方の第二次上洛戦は、吉野の畠山義英《はたけやまよしひで》から派遣された遊佐印叟《ゆざいんそう》(就盛《ひろもり》)と、四国から上陸してきた細川典厩家(京兆家に次ぐ分家、典厩は右馬頭《うまのかみ》の唐名)の細川政賢《まさかた》、和泉《いずみ》上守護家の細川元常《もとつね》を大将に、そして近江出身の山中為俊《やまなかためとし》を脇大将《わきだいしょう》として実行に移された。それに澄元の近習も加わっていた。まずは七月十三日の堺《さかい》近郊における緒戦《しょせん》にて、細川高国方を破っている。ここには摂津国人の瓦林《かわらばやし》氏も参戦している。

一方、七月二十六日からは、淡路守護家の細川尚春《ひさはる》が摂津鷹尾城《たかおじょう》を攻めており、澄元と姻戚《いんせき》関係のあった播磨の赤松勢もここに合流する。そして八月十日に鷹尾城を攻め落とすと、続けて伊丹城《いたみじょう》への攻撃を開始する。それを見計らって、遊佐印叟・細川政賢・細川元常らは京都へ進軍した。そこに、兼ねてから連絡を取り合っていた足利義澄の奉公衆も近江から合流する。

上洛戦が始まる前の永正八年二月には、すでに山城の西岡国人の取り込みが始まっていた。その調略《ちょうりゃく》の手は南山城の椿井《つばい》氏にも及んでいる。さらに、丹波荻野《おぎの》氏のもとへは、尚春を通じて、高畠長信《たかばたけながのぶ》が派遣されている。このような根回しもあって、京都へ進軍する澄元勢には、三宅出羽守《みやけでわのかみ》・入江九郎《いりえくろ》兵衛尉《べえのじょう》など摂津国人も合流した。摂津芥川《あくたがわ》氏の一族である中川原《なかかはら》氏のもとには、このときの澄元感状《かんじょう》も伝わっている。

高国勢は、攻撃を避けて丹波に退いていたため、澄元勢は難なく入京することができた。そこへ、高国勢が再び京都へ進出してきて衝突する。いわゆる八月二十四日の船岡山《ふなおかやま》合戦である。このとき、澄元勢の大将クラスである政賢・印叟、そして脇大将の為俊も戦死する。また、澄元の馬廻である井上孫次郎・与利四郎兵衛尉《よりしろべえのじょう》・保積八郎《ほづみはちろう》等も討死《うちじに》した。

赤沢孫次郎と荻野弥十郎は、生け捕りにされて自刃した。このうち孫次郎は、赤沢長経の子で、同時に与力《よりき》の籾井《もみい》氏も没している。澄元とともに四国に下向した段階では、赤沢家の当主は弥太郎であったので、孫次郎はその弟と考えられる。また、荻野弥十郎は、高畠長信が呼び出してきた丹波の荻野氏であろう。荻野弥十郎は、もともとは永正四年五月段階で赤沢朝経の与力となっていることから、赤沢家とはそれ以来の付き合いとみられる。そのほか、入江九郎兵衛尉の一族と考えられる入江十郎も戦没している。

澄元側近の高畠長信を除くと、今回もまた、阿波勢が一切動いていないことに注意したい。澄元自身は、永正七年のうちに第二次上洛戦を開始したいと考えていたが、手筈《てはず》がなかなか調わず、ひとまず先に阿波に退いていた細川政賢と細川元常が、永正八年三月十六日に淡路へ渡っている。そのころ澄元は、上洛したい旨を細川成之にたびたび伝えているが、成之からはひとまず延期するようにという回答を得ていた。成之にとっては三年前の阿波における騒動の記憶も新しく、阿波勢を上洛させるのは時期尚早と考えていたようである。澄元は当初八月中には成之も合力《ごうりき》するだろうと各方面に伝えていたが、結果澄元は、六月中に出陣する覚悟であることを近江の義澄方へ伝えているところをみると、成之の協力は見込めないと判断し、畿内勢だけでの上洛戦に踏み切ることとしたようである。あるいは、実際に上洛戦を始めると、阿波勢出陣の呼び水になると考えたのかもしれない。このように、阿波守護たる成之が軍勢催促権《ぐんぜいさいそくけん》を握っているので、阿波勢の動員は澄元の思うようにはならなかった。

そのころの澄元の動向について、畿内には次のような情報がもたらされていた。すなわち、六月二十日に讃岐へ向かう船中で澄元が殺害されたという噂が畿内に伝わってきたが、それは誤りで、澄元は単身小舟で阿波を退去し、東讃《とうさん》の富田に入城したという。そこに国衆《くにしゅう》が攻撃をかけるという話もあるらしい。そして、高国方讃岐守護代の香川元綱・安富元成が七月二日に現地へ赴くとのことである。

実際、七月二十一日に高国方讃岐守護代の軍勢を西讃《せいさん》の櫛梨山《くしなしやま》で迎え討つと、直後の二十四日付で合戦で功のあった秋山氏に対して感状を送っている。このことから、讃岐国人の動員を図って、澄元が讃岐に入国したことは事実とみられる。澄元は、成之の反対を押し切る形で、第二次上洛戦を実行に移したのである。

一方、香川元綱は、七月十八日付の書状で阿波三好郡《みよしぐん》の阿佐《あさ》氏らに対し、讃岐に下ってすでに合戦に及んでいる旨を伝えている。そして、それ以前から高国方に味方していた三好郡の大西氏が出陣してこないことを言語道断だと指弾する。注目すべきは、書状の末尾で、詳しいことは三好之長が伝達するということである。三好之長は、澄元の第二次上洛戦に同意しないどころか、高国方と結んでいたのである。

ただし、澄元にとって、阿波勢の出陣を避けることには利点もあった。之長とたびたび衝突を繰り返す細川尚春の協力を得ることができたのである。一方の之長は、第二次上洛戦の際には、混乱に乗じて讃州家の知行があった備前児島《びぜんこじま》方面に進軍しており、あくまでも讃州家の論理で動いている。第一次上洛戦後の之長は、澄元の書状を取り次ぐことがなくなることから、讃州家内衆としての立場を貫いていたようである。このように、第二次上洛戦は讃州家に頼ることなく、澄元が独自に各方面と連携を結んで実行に移したのであった。

第三次上洛戦

船岡山合戦に大敗した直後の永正八年（一五一一）九月に、細川澄元を後見してきた細川成之が没する。その跡を継いだ澄元の兄である細川之持も永正九年正月に没する。之持と澄元は、ともにまだ子息を設けていなかったことから、細川讃州家は断絶の危機に晒《さら》されるのである。澄元にしてみれば、上洛戦どころではなくなったであろう。

幸い、永正十一年には澄元長子の晴元《はるもと》が、そして永正十三年から十四年ごろに次子の持隆《もちたか》が生まれた。これによって京兆家の晴元と讃州家の持隆という後継者を確保できた。また、之持没後、阿波国内では宿老が反乱を起こすなど混乱が生じるが、讃州家当主不在のなか、澄元はその鎮圧に努める。これに成功することによって、澄元ははじめて阿波に支配権を及ぼすことができるようになった。それと同時に、三好之長が澄元の書状を取り次いでいるように、一旦距離を置いていた之長とも再び近づく。

　阿波勢が澄元に従うようになった要因は、第二次上洛戦後の細川尚春の動向にも求められる。永正八年九月十七日付の足利義稙御内書《ごないしょ》によって、尚春の息子である細川彦四郎《ひこしろう》に対して、讃州家の家督が与えられるのである。このように、澄元方にいた尚春は、第二次上洛戦の直後に細川高国方の先鋒へと立場を変えた。高国が独自の阿波守護を擁立したことによって、全面衝突を避け続けてきた讃州家および阿波勢も、高国との対決から逃げるわけにはいかなくなる。その結果として、永正十四年には、

図８　三好之長像　見性寺所蔵

之長率いる阿讃衆が淡路に侵攻している。

　永正十六年九月、第三次上洛戦にあたって、澄元勢を乗せた船は摂津兵庫へ向かっていた。三好之長も九月二十八日に淡路北端の岩屋に到着する予定であった。今回は之長をはじめとした阿波勢も参陣しており、早い段階から淡路に集結しつつあった。

　第三次上洛戦は、第一次上洛戦の前哨戦で戦没した池田貞正の子三郎五郎《さぶろうごろう》が、まずは先陣を切っている。十月に西摂の田中城にて、細川高国方の摂津国人を迎撃し破るのである。そして十一月に入ると、澄元勢が兵庫に上陸し、瓦林氏の拠る越水城《こしみずじょう》を攻め始める。そこでの澄元勢が、三好・海部・久

米・河村という阿波の有力国人と、香川・安富という讃岐守護代家で構成されている点は注目される。京都では先述した高国方の讃岐守護代が立てられているので、澄元も独自に讃岐守護代を擁立したのであろう。さらには、澄元勢に畿内出身者が見当たらず、四国出身者で占められていることも、これまでの上洛戦と異なる点として指摘しうる。

高国勢は十一月に京都を発ち、十二月に池田城に着陣して、越水城を後巻《うしろまき》する体制を固める。両者は一歩も譲らなかったが、二月に越水城が開城すると、高国方の陣《じん》は崩れ始め、勢いに乗った三好之長率いる軍勢は、澄元自身を伊丹城に残して上洛する。

第二次上洛戦では赤松氏が澄元方に付いたため、将軍足利義稙はあらかじめ赤松氏の動きを再三制止していた。それでも、永正十六年九月の書状で上洛については赤松氏と相談して進発すると澄元が述べていることから、水面下では赤松氏と交渉を持っていたようである。さらには、之長の上洛に先立って、澄元が将軍義稙の側近畠山順光《のぶみつ》に宛てて送った書状から、赤松氏を通じて義稙とも気脈を通じていることが判明する。このように、第三次上洛戦では、義稙と高国を反目させ、義稙を取り込むことにも成功する。そして、永正十七年五月一日に、ついに澄元は京兆家の家督に認定された。

澄元方に靡《なび》いたのは義稙だけでなく、大山崎《おおやまざき》の惣中《そうちゅう》や祇園社《ぎおんしゃ》・多田院《ただいん》・多武峰《とうのみね》といった有力寺社も、澄元のもとに使者を送っている。一連の事例から、第三次上洛戦は他者の目からみても、これまでになくきわめて順調なものであったと評価できる。

一方、高国方は之長の上洛に先立って一旦近江に退いていたが、六角《ろっかく》氏の援軍を従えて五月三日に京都の東山《ひがしやま》に陣取る。兵の数において不利を悟った澄元方の諸勢は、早くも五月四日の夜にその多くが高国方に降参してしまう。なお、海部氏と篠原氏は之長とともに公方屋敷の北側に同陣していた。彼らは五日に高国方と合戦に及ぶが、海部氏がここから脱落して京都から落ち延びる。そして、取り残された三好之長と子の三好長光《ながみつ》・芥川長則《ながのり》、そして甥の三好長久《ながひさ》は滅ぶこととなる。

二　細川晴元の畿内進出

1　「堺公方」の成立と崩壊

桂川合戦と細川晴元の台頭

細川澄元《すみもと》は、永正十七年（一五二〇）の第三次上洛戦に失敗すると、同年六月に没してしまう。京兆家《けいちょうけ》としてのその跡は嫡子《ちゃくし》の晴元《はるもと》が継承した。澄元亡きあとの混乱を収拾するためにも、晴元陣営は所領安堵《しょりょうあんど》などの必要に迫られたと思われるが、このとき晴元はわずか七歳で文書も発給できなかった。そのためこの時期は、古津元幸《ふるつもとゆき》・湯浅国氏《ゆあさくにうじ》・篠原之良《しのはらゆきよし》・瓦林在時《かわらばやしありとき》ら澄元に添えられた側近たちによる連署《れんしょ》書状にて、晴元の意志を代弁していた。

幼少の晴元やその弟で讃州家を継いだ持隆《もちたか》を支えるのは、彼らのみではなかった。澄元を補佐していた光勝院周適《こうしょういんしゅうてき》という僧が、引き続き持隆の補佐をつとめるのである。そして、周適と同じく讃州家《さんしゅうけ》一族と思われる可竹軒周聡《かちくけんしゅうそう》が、晴元の補佐をつとめた。周適は三好《みよし》家とも関係が深かったため、三好之長《ゆきなが》の孫で後継者の元長と晴元の間も取り持っていた。これによって、第三次上洛戦にて実現した京兆家と阿波《あわ》勢の連合は継続していたのである。

さらには、第三次上洛戦における足利義稙《よしたね》の離反行動は細川高国《たかくに》との不和を生み、義稙は大永元年（一五二一）に晴元方へ走ることとなる。義稙はまもなく没するが、その養嗣子《ようしし》足利義維《よしつな》は、次期将軍候補という晴元方にとっての切り札となった。以上のように、晴元自身はまだ幼かったが、澄元が残した遺産の存在は大きく、機会さえあれば再度上落戦に踏み切ることもできる状態にあった。

晴元方にとっての好機は、大永六年に訪れる。この年、細川高国の内衆《うちしゅ》であった香西元盛《こうざいもともり》が高国に誅殺《ちゅうさつ》されると、元盛の兄波多野元清《はたのもときよ》と弟柳本賢治《やなぎもとかたはる》は、四国の晴元方に転じ、丹波《たんば》で挙兵するのである。

それに対して高国方は、元清らの後背を突くため、但馬《たじま》守護の山名誠豊《やまなのぶとよ》を丹波奥郡《おくぐん》に乱入させるという一計を案じた。ところが、誠豊配下の守護代垣屋続成《かきやつぐなり》らが元清らと申し合わせて離反したため、誠豊は没落する。しかも、その隙を突いて、因幡《いなば》守護の山名豊治《とよはる》が但馬になだれ込んだ。これは、晴元方の計略によるものと思われる。対して高国方は、宇野《うの》氏らを援軍として丹波に送り込むが柳本賢治に敗北してしまう。

伊勢《いせ》国司北畠晴具《きたばたけはるとも》の妻は、高国の娘である。その縁で高国方は伊勢衆の合力《ごうりき》を要請し、晴具もそれに応じようとしたが、対抗して国衆たちは高国不支持の立場を申し合わせたという。その情報が、晴具と不仲の長野《ながの》氏からもたらされているように、晴元方は伊勢国内の反高国・晴具勢力とも連絡をとっていた。

近江《おうみ》の六角《ろっかく》氏も、高国権力を支える有力者だが、その裏で晴元との縁談も進められていた。桂川合戦に参陣しつつも、高国に非協力的であったように、六角氏は高国と晴元を両天秤に懸けていたようである。

以上のように、晴元方は、但馬山名氏・伊勢北畠氏・近江六角氏という高国方守護層の動きを周到に封じ込めていた。そのうえで晴元方は、義維の上洛を画策する。そして、翌大永七年正月に山城西岡《やましろにしのおか》へと進出し、二月五日に山城・摂津《せっつ》国境の山崎《やまざき》へ入ってここで四国勢と合流した。その勢いを駆って、二月十三日の桂川合戦で勝利し、義稙に代わって将軍となっていた足利義晴《よしはる》と高国を近江の朽木《くつき》へ追いやることに成功する。かくして、翌三月に義維が堺《さかい》に上陸してから天文元年（一五三二）に阿波へ退去するまで、畿内では義晴と義維の二つの将軍権力が並立することとなる。

桂川合戦後の混乱

足利義維が堺に滞在した時期の京都の支配体制は、目まぐるしく変化するが、とりわけ当初は不安定であった。

桂川合戦前後の柳本賢治は、入京することもあったが、基本的には山崎の実相庵《じっそうあん》に在陣していたようである。賢治は、このころから京都において文書を発給し始める。大永七年（一五二七）四月になると京都を離れ、畠山義堯《はたけやまよしたか》による河内高屋城《かわちたかやじょう》攻めを支援していたようであるが、六月には再び入京する。九月には、遅れて四国から上陸してきた三好元長《もとなが》とともに摂津の伊丹城《いたみじょう》を攻めるが、十月に入ると留守にしていた京都に細川高国勢が戻ってきたため、伊丹の兵を解き京都へ上ってたびたび合戦に及んでいる。

年が明け享禄元年（一五二八）になると、一転して元長が高国との和談を進めたため、それに反対する賢治は京都を去っている。元長は、細川晴元を説得するため堺へ下向するが、晴元は高国との和《わ》睦《ぼく》をよしとせず、手詰まりとなった元長も逐電《ちくでん》する。和平の話が綻《ほころ》びるとともに将兵も四散し、孤立してしまった高国は、やむなく五月には京都から近江へ再び没落してしまう。

この状況下で賢治は京都に復帰し、晴元上洛までの暫定的支配を開始する。一方で、元長も同時期に賀茂社《かもしや》へ禁制《きんぜい》を発給していることから、両者は再び対峙したようである。以上のように、当初は晴元が賢治と元長に明確な立場を与えなかったため、京都支配をめぐる主導権争いが続いていた。

下山城守護代としての三好元長

享禄元年（一五二八）七月に入ると、突如として三好元長が下山城五郡の守護代に任命される。柳本賢治は、七月十四日までは地子銭《じしせん》の支払い命令をするなど、暫定支配を続けているが、ほどなくして髻《もとどり》を切り京都をあとにする。結果、京都における主導権は、元長が握ることとなった。ただし、賢治が元長を陥れようと堺にいる細川晴元に何かと讒言《ざんげん》するので、弁明のため元長も享禄元年のうちに堺へ下っている。

元長は、十二月に入ると、自らの息がかかった阿波国人《こくじん》を各郡の郡代に任じた。その面々を列挙すると、葛野《かどの》郡代《ぐんだい》は市原胤吉《いちはらたねよし》、乙訓《おとくに》郡代は三好家長《いえなが》、愛宕《おたぎ》郡代は塩田胤光《しおたたねみつ》、紀伊《きい》郡代は森長秀、宇治《うじ》郡代は逸見《へんみ》政盛《まさもり》となる。

元長方の郡代は、単なる支配機構ではなく、それぞれが部将として独自の軍事力を備えている点に特徴があった。たとえば、享禄元年末に山崎から京都への侵攻を図った柳本賢治は、山崎を管下に収める乙訓郡代の三好家長らに撃退されているが、このことは軍事的にも方面担当の任を負っていることを示している。元長の守護代就任当初にはまだ成立していなかったことを踏まえると、郡代制は元長の堺下向によって生じるであろう混乱に対処するため、新たに整備された軍事的統治機構ということができる。

ところが、この体制は少なからぬ課題も持ち合わせていた。郡代制が発足して半年以上が経過しても、上から設定された管轄区分は浸透せず、下からの訴訟は人的な繋がりや先例を重視する形で行われ続けたのである。政治的権限と軍事的権限を郡単位で郡代に委任する体制は一見合理的だが、利権関係が複雑に錯綜する畿内の在地状況には適していなかったといえよう。

結果的に、元長のこの体制も長くは続かなかった。晴元が賢治の肩を持つようになったため、享禄二年八月に元長と郡代たちは阿波へ帰国してしまうからである。

図9　三好元長像　見性寺所蔵

柳本賢治と松井宗信の連立体制

三好元長が下山城守護代に任じられると、以後の柳本賢治は、めまぐるしく各地を転戦している。享禄元年（一五二八）閏《うるう》九月には大和《やまと》に進攻し、さらにその足で十月ごろから畠山義堯とともに再び高屋城を攻め、開城させた。そして十二月には、山崎復帰を図るも元長勢に撃退されて、枚方寺《ひらかたじ》内町《ないまち》に逃げ込んでいる。一時は興正寺《こうしょうじ》の寺侍《てらざむらい》であったように、賢治は本願《ほんがん》

図10　松井雲江（宗信）像　龍潭寺所蔵・亀岡市文化資料館保管

寺《じ》と親しい関係にあったようである。ほどなくして享禄二年三月には、いったん京都に近づいており、柳本方の軍勢が川勝寺《せんしょうじ》に陣取っているが、四月には再び大和へ進攻した。

六月に入ると、賢治は松井宗信《まついむねのぶ》と協働して新たな動きを始める。堺の細川晴元のもとで、将軍として足利義晴を擁立する話をまとめ、翌七月に上洛してくるのである。その結果、足利義維を推していた元長は居場所がなくなり、四国へ帰還してしまう。従来は、義維と晴元を「堺公方《さかいくぼう》」府として一体の権力とみていたため、賢治と元長の対立はその内部における内輪もめと理解されてきた。しかし、実際は図11に示したように、将軍を義維とし晴元と高国を和睦させて京兆家の統一を図る元長と、義晴のもとに義維を吸収し、その体制下で京兆家の晴元を確立させようとする賢治との間での、統一構想を争点とした対立だったのである。義晴と晴元は常に敵対関係にあると理解されてきたが、当該期

図11　晴元方内部における統一構想をめぐる対立

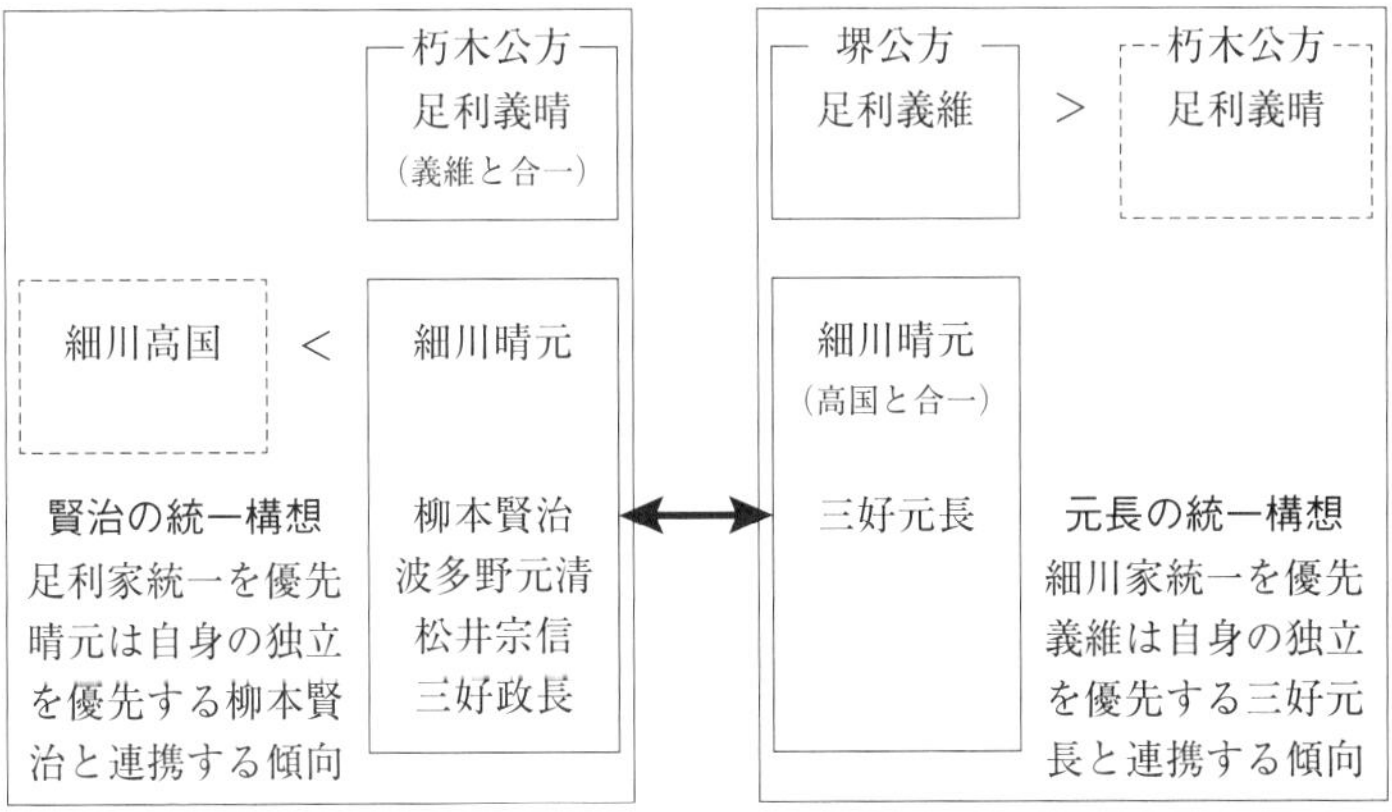

に特徴的にみられる賢治と宗信の連署状は、義晴の命をうけた晴元の折紙《おりがみ》に従って発給されている。

賢治による京都支配の特徴は、彼の手足となって働く有力配下である柳本春重《はるしげ》・柳本治頼《はるより》・柳本治安《はるやす》・柳本吉《よし》久《ひさ》などの出自からも読み取ることができる。すなわち、彼らの本来の名字は、それぞれ鴨野《かもの》・能勢《のせ》・中井・富森であった。賢治は、明確な地盤を持たない京兆家の近習《きんじゅ》出身ということもあって、その配下も京都近郊の土豪《どごう》や商人など雑多な者で構成されていた。彼らを京都支配に参画させるためには、相応の身分を要するため、自らの柳本名字を付与することで擬制的な一族とするのである。これは、下位身分の者が支配者側に参画する契機として注目に値する。

賢治は、享禄二年八月から十二月にかけて再度伊丹城を攻めるが、そこには多くの寺社等が陣中見舞いの使者を送っている。このように賢治らの支配は多くの支持を集め、順調に進むかにみえた。ところが、義晴の上洛について晴元の側近である可竹軒周聡の同意を得ることができず、享禄三年五月に躓《つまず》いてしまう。面目を失った賢治と宗信は、出家することで周聡に対して抗議し、なおも意欲を示していたが、直後の六月に実施された播磨《はりま》出兵で賢治が暗殺されてしまう。それとともに、晴元は義晴との連携破棄を宣言し、賢治と宗信の連立体制は潰《つい》えてしまった。

三好元長の復帰

柳本賢治が暗殺されると、細川高国勢が盛り返してくる。そのため、細川晴元は阿波の三好元長の力を頼らざるを得なくなる。晴元と和した元長は、享禄三年(一五三〇)冬に九歳の嫡男千熊《せんくま》(のちの三好長慶《ながよし》)を一足先に堺へ送っている。そして享禄四年二月には堺に復帰し、同年六月に高国を自刃に追い込んだ。それからほどなくして、元長方の下山城郡代が活動を再開する。

一方、賢治の跡は、まだ幼少であった賢治息に代わって柳本甚次郎《じんじろう》が継承する。勢いを増す高国は、弟の晴国を頭目として京都への進出も図ったが、甚次郎は木沢長政《きざわながまさ》とともにそれと対峙し、京都での暫定支配を担った。しかし、あえなく享禄四年三月に没落する。一転、高国が没すると同時に晴国も解兵するため、甚次郎が京都支配に復帰する余地が生じた。その結果として、京都の荘園領主たちは、利権の保護を甚次郎と元長の双方に求めるようになる。つまり、二重行政に陥るのである(馬部隆弘二〇一九a)。

それを解消すべく、元長は、天文元年(一五三二)正月に甚次郎や配下の木島正家《このしままさいえ》・中井《なかい》彦七《ひこしち》らを討つが、この行動が晴元の意に反したため、元長勢も京都から退去するに至った。晴元と元長を和解させるため、細川持隆《もちたか》は晴元を説得したが聞き入れなかったため義絶《ぎぜつ》し、阿波へ下向してしまう。そして、同年六月に元長自身も堺にて木沢長政や一向一揆に討たれてしまい、居場所がなくなった足利義維も四国へ帰還した。

2 細川晴元権力の特質

細川晴元の成長に伴う変化

天文二年（一五三三）二月に一向一揆に襲われ、細川晴元も淡路《あわじ》に退く。晴元は、幼くして当主となったため、彼の表向きの意思は側近の可竹軒周聡が大きく左右していたが、このときの戦闘で周聡は没してしまう。窮地に追い込まれた晴元を救ったのは、光勝院周適であった。いったんは晴元と義絶した細川持隆や、晴元が死に追いやったといっても過言ではない三好元長の嫡子長慶《ながよし》を晴元と結びつけ、天文二年四月に摂津へと再上陸を果たすのである。

このころから、晴元は本格的に文書を発給するようになる。また、天文三年になると自ら花押《かおう》を改める。このように周聡が姿を消すと、晴元は次第に主体的な意思を表立って発するようになる。

桂川合戦以前は、晴元の側近が彼の意を奉じる形で文書を発給していた。晴元が堺にいるころには、可竹軒周聡・木沢長政・三好政長《まさなが》といった大身《たいしん》がその役を担うようになる。当主が未熟の間は、代理人による発言の保証力がなおさら重要となる。そのため、畿内進出にあたって諸権門《けんもん》との交渉の必要に迫られると、側近は文書発給から退き、大身がそれに代わったようである。

しかし、畿内に進出して晴元から離れての活動が多くなるにつれ、大身にとって、晴元へ披露することや連署状を発給し続けることは困難となっていく。そこで、晴元が当主としての発言力を付けるのをまって、側近による取次を制度として再整備し、重要案件のみ大身が取次を担い、それ以外の取次行為を側近に委ねるようになった。側近の文書発給が再開されるのは天文三年からだが、実際晴元が本格的に文書を発給したり、主体的な意思を示したりするようになるのも、ほぼ同じころである。晴元権力における、大身と側近による複線的な取次の交渉ルートは、以上のような過程で形成された。

側近取次が定着すると、京都においては、晴元へ直接的に交渉できる側近取次への期待が高まるとともに、その権限も強まった。それに伴って、晴元個人の意向がどうであるか以前に、側近取次が披露するか否かが、晴元方としての意志決定を大きく左右するようになる。

ゆえに、京都の住人が訴訟をするにあたっては、晴元自身の判断に対する期待よりも、側近に対して影響力のある大身への期待のほうが、相対的に高まっていく。大身の木沢長政・三好長慶・三好政長らが主導権争いを繰り広げ、最終的に晴元を抑えて長慶が台頭していく要因は、かかる取次体制から生じる権力への期待のあり方にも読み取ることができる。

木沢長政の台頭

木沢長政は、もともと畠山家の内衆であったが、細川高国に仕えたのちに細川晴元方に転じる。長政が特徴的なのは、晴元の内衆となっても、畠山家との関係を取り結んだままであったことにある。

一般的に、二君に仕えることは不義とされるが、このようなことが可能となった要因は細川澄元・晴元権力の成立過程に見出すことができる。すなわち、澄元が京兆家の養子となった際に、讃州家の内衆である三好之長や高畠長信《たかばたけながのぶ》が澄元に添えられた。彼らは、京兆家と讃州家に両属する内衆なのである。しかも、長信が澄元の近くに仕える側近で、之長が各地を転戦する大身という関係にあった。また、讃州家の細川成之《しげゆき》の近くに仕える側近の篠原氏と之長も同様の関係にあった。このような側近と大身の関係を媒介とすることで、之長は京兆家・讃州家という二つの主家と不即不離の関係で仕えることができたのである。三好家が成長する背景はここにあったといってよい。木沢長政も同様で、晴元との間は古津元幸・湯浅国氏、畠山在氏《ありうじ》との間は窪田《くぼた》家利《いえとし》を介して繋がっていた。

京兆家の内訌《ないこう》が深化するにつれ、京兆家と組み合わせるべき将軍を足利義晴と足利義維のいずれにするかという点も争点となる。その過程で、長政《ながまさ》は義晴と直接的な関係を結ぶ。一方で、そこには京兆家を牽制《けんせい》しようとする義晴の意図も働いたであろう。従来の研究では、守護層との関係に目を奪われていたため、長政は主君を頻繁に替えたと理解されていたが、義晴への忠誠は一貫しており、それに応えて義晴も長政に守護並の権限を与えた。幕府の家《か》格《かく》秩序を維持するために守護への補任《ぶにん》はしなかったが、

図12　伝木沢長政の墓　安堂太平寺共同墓地（大阪府柏原市）

守護並の権限行使をいわば黙認したのである。そして、この権限を背景として、長政は一族に守護代並の権限と拠点城郭を分与し、河内《かわち》半国・上山城《かみやましろ》・大和《やまと》という複数の分国支配を実現させようとした。

長政に与えられた守護並の権限は、のちに丹波の波多野秀忠《ひでただ》にも与えられた。天文四年（一五三五）に、秀忠は細川晴国《はるくに》のもとを離れ晴元方へ帰参するが、その際に息子を幕府に出仕させている。おそらく、晴元との間を仲介した義晴に、帰参の条件として長政並の権限を要求して認められたようである。このように長政を嚆矢《こうし》として、義晴と直接的に結ぶことで、京兆家内衆ながら守護と黙認される道が開かれる。

細川晴元の内衆構成

細川高国期までの京兆家は、守護代層をはじめとした譜代の年寄と、国人から抜擢《ばってき》された馬廻《うままわり》などの近習の間で、家格秩序が厳然としており、それによって安定的な体制の維持が図られていた。ところが細川澄元は、養父政元から年寄《としより》を継承することないまま、京都を離れることとなる。しかも、上洛戦を進めるにあたっては、軍事・政治の両面において有用な人物を、家格に関係なく次々と抜擢せざるを得なかった。たとえば、京兆家が幕府へ出仕するときには、年寄のうち守護代層が騎馬に乗って従うのが本来の姿であったが、細川晴元段階には近習層がその役をつとめるようになるのである。

秩序なき晴元内衆には、必然的に内部対立が目立つようになる。この対立は、これまで阿波出身者と畿内出身者の対立として説明されてきたが、厳密には出身地に基づくものではなかった。澄元擁立以来の実績に対する自負が強い古参と、晴元との絆が強い新参の出頭人《しゅつとうにん》との対立が基軸になっていたのである。このように、次から次へと新参が中枢部に食い込んでいくという家格秩序の欠落した体質が、晴元内衆の内部対立の要因でもあった。天文年間中ごろになってくると、高国方の残党である細川氏綱《うじつな》勢の動きも活発になってくるので、晴元方にとっては内部対立の解消が大きな課題となってくる。

天文十年（一五四一）に、木沢長政は晴元に対して反乱を起こす。この乱は、長政が自発的に起こしたわけではない点に注意が必要である。同年七月には、それまで対立していた三好長慶と三好政長が申し合わせて、摂津国人上田《うえだ》氏を殺害してその城を略取し、さらに九月には塩川氏を攻撃する。そこで塩川氏は長政に援軍を要請した。それに応じた長政が長慶・政長と敵対するという構図になったところ、長政に味方するものが誰一人いなくなって反乱分子として扱われ、翌十一年三月に長政は討《う》ち死《じに》する。一連の動向から、長政は長慶・政長による計略に落ちたとしか思えないのである。政長が長政の死を悼んでいることからも、より大きな目的のもとに長政を討たざるを得なかったことが読み取れる。

その目的とは、新参の急先鋒ともいえる長政を排除することで、澄元段階の家格秩序へと戻し、これによって内部対立の芽を摘み取るというものではなかろうか。しかし、もはやこの段階で新参を排除しても手遅れであった。長慶と政長の晴元内衆の内部対立そのものは解消されていないからである。

以上のように、晴元権力は京兆家内衆の伝統的な秩序を伴わない点で、それ以前の細川権力とは決定的な差異があった。この環境こそが、三好権力を培養する格好の土壌になったといえよう。また、秩序の欠落ゆえに、内衆の対立関係は容易に解消しなかった。その対立関係を整理する過程で、長慶は生き残りに成功したのである。

3　高国残党の蜂起

細川晴国の蜂起

大永七年（一五二七）二月の桂川合戦に敗れた細川高国は、足利義晴を擁して近江坂本《さかもと》に逃れた。同年十月には、越前朝倉《えちぜんあさくら》氏などの支援を得て、義晴と高国は一時上洛を果たすが、翌年には再び近江に退く。その後、高国は伊賀仁木《いがにっき》氏・伊勢北畠氏・越前朝倉氏・出雲尼子《いずもあまご》氏などを頼って各地を転々とするが、享禄三年（一五三〇）に柳本賢治が暗殺されると、浦上村宗《うらがみむらむね》と連携して播磨から摂津へ向けて進軍する。摂津守護代家の薬師寺国盛《やくしじくにもり》や丹波国人の片山氏もそうであったように、細川晴元方から合戦を有利に進め始めた高国方へ転じる者はこの時期少なくなかったようである（馬部隆弘 二〇一九b）。

高国方が勢いを増していたことは、摂津の本隊とは別の高国勢が十一月三日に洛東《らくとう》の如意ヶ嶽《にょいがたけ》に着陣《ちゃくじん》し、翌日には勝軍山城《しょうぐんやまじょう》に陣取っていることからもみてとれる。この一団は、丹波勢を中心としており、高国の弟で当時十五歳の晴国を名目上の大将としていた。晴国勢に対する晴元方の反応はしばらくみられないが、十二月十二日になると木沢長政と柳本甚次郎が勝軍山城への攻撃を始めた。それからしばらくは小競り合いを続けるが、三月八日に木沢・柳本勢は京都から没落する。

このように高国方は合戦を有利に進めていたが、晴元方の三好元長が戦線に復帰したことで反撃を蒙《こうむ》る。六月には赤松《あかまつ》氏の裏切りによって総崩れとなり、高国は尼崎《あまがさき》で自害に追い込まれてしまった。それに伴って晴国勢も丹波へと退いたようである。

ほどなくして、晴国は若狭《わかさ》に落ち延びた。そして、天文元年（一五三二）には内藤《ないとう》氏と波多野氏に二分していた丹波勢を一つにまとめ、翌年までには本願寺と同盟を結び、摂津国人も糾合するなど、一時は壊滅状態となった高国残党は、大幅に回復していた。

そして、天文二年五月には、大坂の本願寺を攻撃している晴元方の後背を突いて、細川玄蕃頭《げんばのかみ》家の細川国慶《くによし》を中心とした丹波勢が京都へ本格的に進出し、翌月には京都の留守を預かる薬師寺国長《くになが》を討った。晴国方はさらに摂津方面へも進出する予定であったが、同じく六月に晴元方と本願寺が和睦してしまうと勢いを失う。これを機に、晴国を支えてきた内藤国貞《くにさだ》は晴元方に転じてしまう。

新たな動きは、河内守護の畠山稙長《たねなが》と守護代の遊佐長教《ゆざながのり》の対立に始まる。晴元と結ぶ長教に対抗して、稙長が本願寺と歩調を合わせ始め、天文三年正月に軍事的対立へと発展すると、本願寺内部でもそれに対応した動きが起こる。天文三年三月に、下間頼盛《しもつまらいせい》が法主《ほっす》の証如《しょうにょ》を人質にとるという事件が発生し、これを契機に方針を変更した本願寺は、五月末に晴元との和睦を破棄し、再戦に及ぶのである。

それと連動して、晴国勢も山城に再び進出し、京都を視野に収める「谷の城」に籠もる。さらには、晴元方で三好長慶の両腕である三好連盛《つらもり》・三好長逸《ながやす》も味方につける。それまで、必ずしも一体の動きをみせていなかった連盛らと本願寺・晴国・稙長ら諸勢力が連合したのは、ちょうどそのころ、木沢長政が進めていた足利義晴の上洛を阻止したいという点で利害が一致したためであった。連盛・長逸とその背後にいる阿波勢は、将軍として足利義維を擁立しようとしていた三好元長の遺志を継いでいたようである。

結果的に「谷の城」は木沢長政らに落とされ、義晴は無事上洛してくる。「谷の城」は長政に与えられ、「峯城《みねじょう》」(峰ヶ堂城)と改称された。抗えないことを悟った連盛・長逸も、長政の仲介で晴元方に帰参する。また、長教が畠山長経《ながつね》を守護に擁立すると、居場所のなくなった稙長もほどなくして紀州に退去する。この状況下で晴元方による総攻撃が始まり、天文四年六月に本願寺が敗北を喫すると、九月には本願寺と晴元の間で二度目の和睦手続きが始まる。これによって、晴国は改めて孤立することとなる。また、この和睦を前にして、晴国方の残る支柱でもあった波多野秀忠も晴元方に帰参してしまう。

このように、本願寺が一貫した動きをとらず、二度にわたって晴元方と和睦を結んだため、それに翻弄されて晴国方丹波勢は内部崩壊を繰り返した。そして、最後まで晴国に従った摂津国人の三宅国村も、天文五年八月に堺へ落ち延びると称して晴国を誘い出し、天王寺《てんのうじ》にて自害に追い込む。国村の裏では本願寺が糸を引いていたようである。

細川氏綱の蜂起

天文五年(一五三六)に細川晴国が没するも、細川国慶は再起を図っていた。天文七年には、細川晴元方に転じていた内藤国貞と示し合わせて蜂起する。国貞は、十月十七日以前に丹波八木城《やぎじょう》へ籠城《ろうじょう》しているが、晴元方の攻撃を受けて、早くも十一月十日には没落している。一方の国慶は、十月十二日に丹波口から京都をうかがい、十五日に京都北西の杉坂まで進軍するも晴元方に追い払われ山崎に逃げ、のちに宇治《うじ》まで退く。その後の行方はよくわからない。

結果からみると、二人の挙兵には勝算がないようにみえるが、紀伊《きい》の畠山稙長のもとに身を寄せていた細川氏綱《うじつな》との合流を目論んでいたようである。このときは、稙長自身も河内守護代の遊佐長教と対立して紀伊に下った状態にあることから、時期尚早と判断したのであろう。

天文十年に木沢長政と晴元が対立すると、長教と和解した稙長は長政を討つために河内の高屋城に入城する。そして、天文十一年三月に木沢長政は討たれる。その間氏綱は、長教の提案で和泉《いずみ》の槇尾《まきお》山《さん》まで進出し、ここで様子をうかがっていたようである。稙長が氏綱を伴わなかったのは、晴元との友好関係を保つためであったと思われる。

ところが、天文十二年に国慶が主導するかたちで、氏綱は勇み足気味に挙兵する。稙長はこれに応じることなく、氏綱の挙兵は失敗に終わり、姿をくらます。再起を図る氏綱は、出雲尼子氏・備中《びっちゅう》細川氏・土佐《とさ》香宗我部《こうそかべ》氏など、西国《さいごく》に広く支援を呼びかけている。

そして、天文十四年には再び挙兵する。四月に南山城に侵攻した国慶は、五月六日には井手城《いでじょう》を攻略し、十二日に宇治槇島《まきしま》まで進出した。一方、かねてからの盟友である内藤国貞も、三月十五日には丹波北西の佐治《さじ》から入国し、丹波を縦断して世木《せき》に入城した。ここに天文七年と同様の京都を挟み込む布陣が再現されるのである。今回も、稙長の合流を期待していたことは容易に想像がつく。

しかし、五月十五日に稙長が没してしまい、その目論見《もくろみ》も潰えてしまう。五月二十四日には晴元方から追討軍が派兵され、宇治田原まで退却した国慶勢は二十六日までに鎮圧されてしまう。国貞が拠る世木城も七月二十七日に落城した。

高国残党の再生産構造

京兆家の内訌が収束しない要因の一つは、ここまでみてきたようにいかに衰弱しようとも細川高国残党が再生産されていたことにある。たとえば波多野秀忠は、未熟な細川晴国勢力に寄生し高い地位を得たうえで、細川晴元方へと返り咲いた。それによって、晴国方筆頭の地位を占めることとなった三宅国村も、自らを最も高く売り込むタイミングを見計らい晴国を見限った。いずれも劣勢の側につくメリットを最大限に利用して、地位の向上を図っているのである。天文三年(一五三四)に晴国方へ寝返り、その年のうちに晴元方へ帰参することで長洲《ながすの》荘《しょう》代官職を得た、幼き三好長慶を擁する三好連盛もその延長線上に捉えられよう。そしてその究極の姿は、長じて晴元方から細川氏綱方へ鞍替えし、実権を握った長慶といえるのではなかろうか。このように京兆家の内訌は、その対立を利用する領主層の動きにも下支えされるものであった。

そのため、一方が劣勢になろうとも、幾度となく戦火は再燃するのである。晴元や本願寺が、最終的に解決策を晴国生害に求めたのも自然なりゆきであり、それを左右する立場にあったがゆえに、国村は晴元・本願寺・晴国の間を自由に往来できたのだと思われる。そして、晴国が没した結果、京兆家の家督争いは収まったと思いきや、大方の予想に反して氏綱が挙兵することになる。やはりここにも、京兆家の家督をめぐる論理だけでは説明できない領主層の動きが背景にあったと思われる。

また、晴国と氏綱の挙兵は一体のものではなく、それぞれが別個に起こした結果、断続的な戦乱をもたらした。その要因は、次のように説明できる。晴国と氏綱は、高国残党として括られがちだが、現実には高国後継者の座をめぐって両者の間には軋轢《あつれき》が生じていた。細川家の中枢には、京兆家・典《てん》厩家《きゅうけ》・野《や》州家《しゅうけ》という三家の序列が存在する。氏綱は、このうち第二位の典厩家当主の地位にあった。それに対して晴国は、第三位の野州家当主の地位にあるが、高国の実弟という点では血筋で勝っていた。このようにいずれにも高国後継者としての正当性があったため、自ずと対抗関係となり、両者が協力することはなかったのである。

細川国慶の京都支配

天文十五年（一五四六）に入ると、細川氏綱は、畠山稙長亡きあとの河内を実質的に支配する遊佐長教の支援を取り付けた。その情報を得た細川晴元は、三好長慶の軍勢を八月十六日に堺へ投入するが、機先を制して氏綱・長教連合軍が二十日に堺の長慶を攻撃する。堺の町人に仲介を依頼し、氏綱方の兵を解いた長慶は、すぐさま四国から援兵を呼び寄せたため、それからしばらく摂津・河内の各所で戦闘が繰り広げられることとなった。

その渦中、勝敗の行方もわからぬ八月二十九日に、氏綱方の細川国慶は堺を発って京都へ向かっている。摂津・河内に晴元勢を引き付けておいて、国慶率いる別動隊で京都制圧を果たすというのが、氏綱方の当初からの計画であったのであろう。

国慶は九月十三日に京都へ入り、翌十四日には嵯峨《さが》に逃れた晴元を追撃している。さらに十九日には丹波の合戦で晴元勢が敗北しており、二十五日に国慶が再度入洛しているので、この追撃も国慶が行ったのであろう。

この間、氏綱と国慶は、九月付で京都の寺社や町に多数の禁制を発給している。そして、再上洛した九月二十五日付で龍翔寺《りゅうしょうじ》への年貢諸公事の納所《なっしょ》を安井の百姓に命じたのを皮切りに、国慶は京都の支配に本格的に取りかかる。九月三十日には、勧修寺《かじゅうじ》西林院《さいりんいん》・密乗院《みつじょういん》の所領を安堵しているが、それを取り次いだのは津田経長《つだつねなが》であった。また、十月十日の松尾社領《まつのおしゃりょう》の安堵状《あんどじょう》は、今村慶満《いまむらよしみつ》が取り次いでいる。この両名は、天文初年の国慶上洛時にも京都で活動していることから、国慶による京都支配の中核にいたと見受けられる。

今村慶満や津田経長など国慶の内衆は、京都の口々における流通に基盤を置くという共通点を持っていた。西院《さい》の小泉秀清《こいずみひできよ》も、その範疇《はんちゅう》で捉えられよう。また、中河秀信《なかがわひでのぶ》・物集女慶照《もずめよしてる》といった与力も、同様の性格を有していたと考えられる。このような構成は、本来的には玄蕃頭家が独自の所領を持っていないことに起因するものであったが、その特質ゆえに京都の軍事的制圧に目的が一本化し、内衆編成もその目的に合わせて洗練されていったと推測される。

彼らのほとんどは、三好長慶によって抜擢されたという誤解を受けてきたが、国慶の内衆体制を長慶がそのまま踏襲したというのが事実である。このような誤解が生じた原因の一つは、国慶の京都支配がごく短期間のうちに終わり、天文十六年には早くも戦没してしまったことにある。加えて、国慶から与えられた今村慶満の「慶」の字を、長慶から付与されたものと錯覚したのであろう。

国慶による京都支配の特徴は、臨時の地子銭徴発に顕著に表れる。従来ならば、寺社や公家などの荘園領主が請求対象となっていたが、国慶の場合はそれに加えて実際に荘園領主に納付すべき銭《ぜに》を保持する都市共同体をもあわせた三者交渉に持ち込むのである。荘園領主は、基本的には地子銭の支払いには応じたくないが、応じざるを得ない場合は、地子銭支払いの先例ができるのを避けるために免除の礼銭《れいせん》という名目で支払うこととなる。一方、軍事的な混乱を避けたい都市共同体は、自らのもとにある荘園領主に支払うべき銭を礼銭として支払うことにむしろ積極的となる。

このようなかたちで礼銭を確保する方策は、慶満や経長のような都市社会の実態を知る者が担ったことによって実現したものと思われる。ただし、方法や体制において画期的ではあるものの、それによって実行された支配の内実ともなると、一貫して当座の軍事用途確保を主目的としており、後の統一政権にみられるような支配論理を有していたとは思えない。しかし、積極的に地下との交渉を持った点は、のちの権力も継承し、京都支配に大きな変化をもたらすこととなる。

禁制にみる京都支配の特質

室町幕府をはじめとする中世後期の武家権力は、公家や寺社などの荘園領主を介して京都の都市支配を行っていた。ところが、戦国期に上京・下京といった惣町《そうちょう》や個別の町などの都市共同体が成長して発言力を持つようになると、新たにその掌握が課題となってくる。

通常、禁制は軍勢が進出してきた際に、寺社等が境内における違乱《いらん》の禁止を求めて、礼銭と引き替えに得るものである。したがって、発給者には一定の権威が求められるため、京都においては幕府か守護あるいはその奉行人しか発給することがなかった。

それが崩れる第一段階は、大永七年（一五二七）に朽木と堺に二つの将軍権力が分裂したときで、

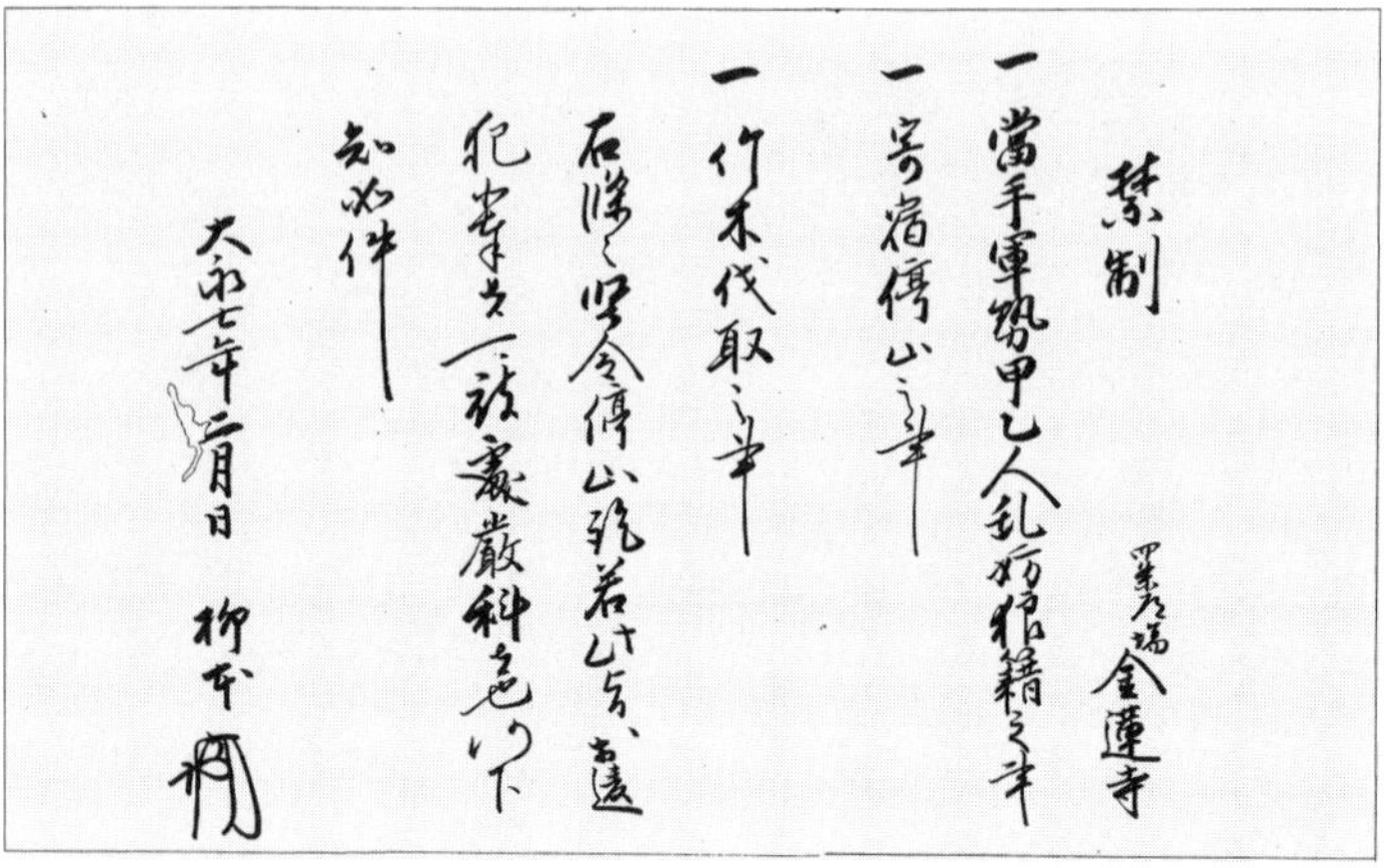
禁制　四条道場　金蓮寺
一　当手軍勢甲乙人乱妨狼藉之事
一　寄宿停止之事
一　竹木伐取之事
右條々堅令停止訖、若此旨於違犯之輩者、可被處厳科者也、仍下知如件
大永七年二月日　柳本（花押）

図 13　柳本賢治禁制　（「金蓮寺文書」より）　東京大学史料編纂所所蔵影写本
大永 7 年 2 月付

京兆家も不在のなか、その代理として京都を支配していた柳本賢治の禁制が端緒となっている。これは、荘園領主たちが既存の武家権力に限ることなく、京都を実効支配する者に期待を寄せ始めたことを意味している。細川国慶や三好長慶などの下位身分の者による京都支配は、その延長線上に位置づけられる。

続く第二段階には、発言力を増した都市共同体も自らの身を守るべく武家権力と交渉し始めるため、寺社の境内に限定されることなく、個別町宛ての禁制も登場するようになる。その端緒は、天文十五年（一五四六）九月付で三条御蔵町《さんじょうみくらちょう》（現在の京都市中京区三条通室町東入御倉町）に対して発給された細川国慶の禁制である。禁制の場合は、受益者と宛先が一致することから、都市共同体が主体的に交渉して入手したことは明白である（口絵1参照）。

天文十五年九月は、国慶が摂津方面から上洛して京都支配を開始した時期にあたる。よって、都市共同体と積極的に交渉を持つことをある種の既定路線に据えていたことが想定できる。それと関わって注目したいのは、都市共同体に宛てた武家文書が、これ以前はすべて奉行人奉書《ぶぎょうにんほうしょ》ということである。文筆官僚が発給する奉行人奉書は、身分の低い者にも対応しうる文書様式であった。それを用いることなく直接的に対応するようになった点も、都市共同体と対峙する姿勢を明示したものと捉えられる。国慶による支配の特質を踏まえると、新たに都市共同体から礼銭を収取することがその主たる狙いと思われる。そして、このような武家権力との直接交渉という経験を踏まえて、都市共同体は他の権力に対しても禁制を求めるようになっていく。

武家権力と都市共同体の直接交渉を重ねるなかで、三好長慶段階に至ると、支配者側も力を身につけた都市共同体を法令遵行の責任者として支配の一環に位置づけるようになっていく（仁木宏 二〇一〇）。このように、段階を経るごとに京都の都市支配論理は固められていった。それを支配者側で主導したのは、国慶段階から長慶段階に至るまで、一貫して京都支配の最前線に携わった今村慶満と考えられる。

三　三好長慶の台頭

1　江口合戦後の京都支配

細川氏綱の京都支配

細川国慶《くによし》が敗死した直後の細川氏綱《うじつな》は、遊佐長教《ゆざながのり》とともに河内《かわち》の高屋城《たかやじょう》にいた。ところが天文十七年（一五四八）に、長教は細川晴元《はるもと》と和睦を結ぶ。そのため、居場所のなくなった氏綱はしばらく動向が確認できなくなる。天文十七年のうちに三好長慶《みよしながよし》が晴元のもとを離れて長教と結び、氏綱を京兆家《けいちょうけ》の家督として戴く。その結果、天文十八年二月に氏綱は高屋城に再び入城した。そして同年六月に、摂津《せっつ》での江口《えぐち》合戦にて氏綱と長慶は晴元を破る。

氏綱方による京都周辺の支配は江口合戦前から試みられたようで、天文十七年には氏綱配下の芥川《あくたがわ》清正《きよまさ》が西岡《にしのおか》に段米《たんまい》の賦課《ふか》をしている。それは不調に終わったが、江口合戦ののち、天文十八年九月ごろまでには再度賦課を試みている。その催促を停止するよう、東寺《とうじ》は長慶方に依頼しているが、この段階には長慶が氏綱の支配に口を挟むことはなかった。

天文十九年には、氏綱配下の今村慶満《いまむらよしみつ》と多羅尾《たらお》綱知《つなとも》が段米賦課の業務を担った。前年と異なり、このときは西岡だけでなく京都も賦課対象となった。ただし、京都への段米賦課の真の狙いは、段米納入の先例ができてしまうのを回避したい荘園領主等から、免除と引き換えに礼銭《れいせん》を入手することにあった。つまり、国慶段階の地子銭《じしせん》賦課と狙いは同じであった。このように氏綱方の京都支配は、国慶のそれの延長線上に位置づけられる。

天文二十一年に氏綱・長慶と和解した足利義輝《あしかがよしてる》が上洛してくると、氏綱はようやく右京大夫《うきょうのだいぶ》に任じられ、正式に京兆家当主と認められる。それに伴い翌二十二年には、氏綱の守護分国である摂津一円に代替わりの棟別銭《むねべつせん》が賦課された。この棟別銭を賦課したのは長慶方の上使《じょうし》で、荘園領主から免除の申請がなされた場合、その可否を判断したのは氏綱方の奉行衆《ぶぎょうしゅう》であった。これが氏綱方と長慶方によ

図 14　三好長慶像　聚光院所蔵

る公事《くじ》賦課の分業の始まりであった。さらに天文二十二年十一月になると、再び京都周辺で段米が賦課された。このときの段米免除は氏綱方と長慶方の合わせて四人の奉行による連署状《れんしょじょう》でなされた。名実ともに、共同統治が図られるようになったといえるだろう。

天文二十一年に、氏綱・長慶と義輝が和睦すると、長慶は幕臣となり氏綱との家格差《かかく》を縮める。と同時に、氏綱が治安維持などの役割を全うできないことが露《あら》わになると、荘園領主等からその補完を期待された長慶は、次第に地位を上昇させていった。その結果、氏綱方と長慶方による共同統治の模索が始まったのである。

氏綱の後退

丹波《たんば》守護代の内藤《ないとう》家は、政元期以降その職を世襲するようになる。それとともに、在国する父と在京する子で守護代の業務を分担することで、安定的な家督継承を図っていた。氏綱のもとでも、挙兵時から細川氏綱を一貫して支えてきた内藤国貞《くにさだ》とその子永貞《ながさだ》が、守護代業務を分担していた。ところが、天文二十二年（一五五三）九月に、国貞・永貞父子は細川晴元方の攻撃を受けて戦没する（馬部隆弘 二〇一九b）。

国貞だけでなく、その後継者である永貞までも同時に失った氏綱の心中は察するに余りある。しかも、その直前に氏綱と長慶は、足利義輝とも反目していた。かくして畿内《きない》支配の危機が訪れると、氏綱は荘園領主等の期待を集める長慶に自らの権限を委ね、政治の第一線から姿を消した。松永久秀《まつながひさひで》の弟である松永長頼《ながより》は、国貞の娘を妻としていたため、まだ幼い長頼の息子が内藤家の家督に据えられた。

以上のように、少なくとも天文二十二年前後まで氏綱は主体性を維持しており、長慶もそれを尊重していた。長慶は、必ずしも常に権力の掌握を図っていたわけではなく、国貞父子の死没や義輝との反目などの偶発的要因もあり、それらの危機を氏綱に代わって乗り越えなければならないという側面があったことも見逃してはなるまい。長慶の権力拡大を当然の帰結とする見方は改めるべきであろう。また、天文二十二年以降の長慶の権力拡大は、氏綱の権限を吸収した結果でもあった。

では、長慶による権限の吸収を氏綱側はどのように捉えていたのだろうか。実権を握る者と傀儡《かいらい》の間には、得てして軋轢《あつれき》が生じやすいが、氏綱と長慶の間で意見が衝突した形跡は認められない。氏綱が松永長頼の要請に従って直状《じきじょう》を発給するなど、むしろ氏綱は長慶方に協力的であった。氏綱は、長慶方との協調を模索しており、そのために自発的に一線から退いたとしか思えないのである。

氏綱がその思惑を吐露した史料は残されていないので推測に留まるが、自らでは畿内の治安維持が不可能と察した氏綱は、その役割を長慶に委ねたのではなかろうか。あるいは、氏綱が後継者を立てた形跡がないことから、細川家の内訌《ないこう》を終息させるため、長慶のもとにいた細川昭元《あきもと》（晴元の子）に晴元派と高国《たかくに》派の融合を委ねたという見方もできる。従来は、長慶側からの視点に偏っていたため、自ずと将軍家や京兆家などの旧体制は克服すべき対象とされがちであったが、見直す必要があるだろう。

なお、氏綱は中央の庶政から身を引いたのちも、儀礼の場における活動は継続する。たとえば、永禄元年（一五五八）の義輝帰洛にあたって、氏綱は長慶とともに出仕している。また、永禄二年から永禄五年にかけて、氏綱は長慶とともに幕府への出仕を継続している。しかも、永禄四年は、供として内藤貞勝《さだかつ》・長塩盛俊《ながしおもりとし》・多羅尾綱知の三者を従えていることが確認できる。内藤貞勝は千勝《せんかつ》の成長した姿と思われることから、松永長頼とも良好な関係を維持していたものとみられる。永禄四年三月に実施された義輝の三好邸御成《みよしていおなり》にも、氏綱は供として池田勝正《いけだかつまさ》と多羅尾綱知を連れて参加している。

以上のように、氏綱は京兆家として儀礼上の役割を果たしており、長慶との関係も円満だった。したがって、長慶は氏綱の権力を奪ったのではなく、氏綱から委ねられてその権限を代行するに至ったとみるほうが、より実態に近いのではないかと思われる。

京都支配の担い手

京都近郊の土豪《どごう》は、その土地柄もあって、土地支配よりも流通支配に重きをおいている場合が多い。細川政元《まさもと》段階に京兆家が京都周辺で勢力を伸ばすと、先述のように、彼らは守護代の寄子《よりこ》となることで京兆家被官の地位を得るようになった。あるいは、香西《こうざい》氏のように台頭しつつある京兆家被官の配下となることで、自らの権益を守ろうとする柳原の今村氏の例もある。

かかる現象は、細川澄元《すみもと》や晴元たちが京都への進出を図る過程で、とりわけ西岡などの郊外側で加速した。京都に地盤を持たない彼らは、京都進出を目論む郊外の土豪を取り込むことによって、細川高国方の切り崩しを図ったのである。権益拡張の効果が明白になってくると、西岡国人たちも競うように晴元方と関係を取り結ぼうとする。それに対抗して、京都側の土豪は高国方との結束を固めることとなる。こうして京兆家の内訌は、京都の利権を巡る抗争とも密接な関係を持つようになる。

将軍家内訌の深化とともに京都の治安維持は京兆家に委ねられるようになり、さらに京兆家内訌が深化すると、京兆家内衆《うちしゅ》にその役割が任せられることとなる。そこで支配の末端を担うのが京都の実態をよく知る彼らであった。ここまでみてきたように、細川晴元方の柳本賢治《やなぎもとかたはる》や細川氏綱方の細川国慶による支配では、ともにその点が共通していた。

そして、国慶の内衆である今村慶満・津田《つだ》経長《つねなが》・小泉秀清《こいずみひできよ》らは、氏綱の内衆である多羅尾綱知とともに、氏綱のもとでも京都の都市支配にあたった。彼らは、氏綱が政治の表舞台から退いても、三好長慶のもとで同じ立場にあった。この体制によって、長慶は摂津の芥川山城や河内の飯盛山城《いいもりやまじょう》を居所としつつも、京都を間接的に掌握することができたのである。

2　足利義輝と三好長慶の和戦

足利義輝の上洛戦

天文十八年（一五四九）六月の江口合戦にて敗北すると、細川晴元は足利義《よし》晴《はる》・義輝（当時は義藤）を伴い、近江坂本《おうみさかもと》へ退く。しばらくはなりを潜めていたが、天文十九年二月ごろになると、義晴は東山《ひがしやま》の中尾城《なかおじょう》を修築し始める（『厳助往年記』）。

このころから、細川晴元と六角定頼《ろっかくさだより》の上洛戦が始まる。三月七日に、晴元勢は京都まで出張し、四《し》条《じょう》にて小泉秀清・今村慶満の兵と対峙した。以後の動向を踏まえると、小泉氏の拠点である四条の西《さい》院《い》が争点になったものと思われる。そして三月十三日には、晴元勢および定頼勢が、西院を焼いて

図15　足利義輝像　個人蔵

いる。御殿が四棟建つなど、北白川城《きたしらかわじょう》（勝軍山城《しょうぐんやまじょう》）の整備も大幅に進んでいた（『言継卿記』）。三月二十七日には義晴・義輝父子が東山に入城する予定となっていたが、晴元がこれに同意せず、いったん頓挫する（『厳助往年記』）。

晴元勢は、普段は山中に籠もっており、四月四日には大原辻《おおはら》、四月十七日には西院の小泉城《こいずみじょう》と、たびたび下山して軍事行動をしている。そうしたところ、五月七日に義晴が没したため、しばらく戦闘がなくなる。そして、七月八日には晴元の兵が、坂本より京都方面に出張してくる。対する長慶勢も七月十四日に京都へ入り、東山に陣取る晴元勢と戦った。晴元勢は、八月十八日にも竹田《たけだ》を攻めている（『言継卿記』）。

この小競り合いの最中に、前例に倣って義輝方と長慶方の双方が軍事用途として地子銭を確保しようとする。ところが、晴元の軍勢に対する京都の人々の評判が悪かったため、義輝方は寺社本所領《じしゃほんじょりょう》を差し押さえたけれども、地下人《じげにん》が応じなかったという（『言継卿記』）。このころになると、地下人の世論が京都支配の可否を左右するようになっていた。

なお、この間、晴元自身は義輝とともに坂本にいるが、八月二日に援軍を求めて越前《えちぜん》へ下向している。そのためしばらく小康状態となるが、十月二十日には長慶勢が晴元勢および六角勢と京都五条《ごじょう》で戦った。続けて十一月十九日には、三好勢が東山を焼く。そして、二十一日に東山の城は落ちて義輝が堅田《かただ》へ退却したため、二十三日には破城《はじょう》がなされた（『言継卿記』）。義輝は、六角勢の後巻《うしろまき》が叶わなかったため退却したという（『集古文書』）。さらに翌天文二十年正月三十日には、伊勢貞孝《いせさだたか》が三好長慶に通じ、義輝を奉じて堅田より帰洛しようとしたが、その目論見が露見したため長慶のもとへ走る（『言継卿記』）。

このように、義晴（義輝）・晴元・定頼は連合しつつも、足並みが完全に揃っているわけではなかった。そのため断続的な戦闘が以後も続くが、京都周辺に築城している事実を踏まえると、三者が仮に足並みを揃えたならば、氏綱・長慶にとって相当な驚異となったに違いない。

二月七日には、三好勢が近江志賀《しが》に入部し、六角勢と衝突する（『細川両家記』）。一方、義輝は二月十日に堅田より朽木《くつき》に移り、上洛戦からは一旦退いてしまう（『集古文書』）。二月二十四日には、三好勢が志賀を攻めたが、六角勢が迎撃した。そして二十七日に、三好勢が京都に退却してくると、六角勢が鹿ヶ谷《ししがたに》で追撃を加えた。二十八日にも、六角勢が鹿ヶ谷等を放火し、伊勢氏や今村慶満ら長慶勢と戦い、即日坂本に退却する（『言継卿記』）。以上のように、義輝は退くも、六角勢が主体となってなおも戦闘を継続していた。

三月七日には、伊勢貞孝が吉祥院《きっしょういん》の長慶を訪ねたところ、これを焼き打ちしようとする者が現れる。さらに三月十四日には、貞孝が宿所で長慶を饗応したところ、進士賢光《しんじかたみつ》が長慶の暗殺を図った。それと連動して、翌十五日には晴元勢が丹波から出陣してくるが、十六日までに追い払われている（『言継卿記』）。七月十四日にも、晴元勢が丹波から再度上洛してくるが敗走する（『厳助往年記』）。

十二月十九日には、細川晴元や三淵晴員《みつぶちはるかず》などの幕臣は堅田まで進出していた。このとき本願寺《ほんがんじ》の証如《しょうにょ》は、晴元に堺坊《さかいぼう》の諸公事免許を願い出ている（『天文日記』）。権利を保証してもらう対象として、晴元はなお期待されていたのである。

義輝・晴元・定頼の連携がうまくとれていないのは、氏綱・長慶方にとっては幸いだったが、天文二十一年正月に義輝が頼りにしていた定頼が没したことで、その連携の先行きはさらに危ぶまれることとなる。その結果として、正月二十八日に義輝は三好長慶と和し、細川晴元の子昭元（当時は聡明丸）とともに、堅田より帰洛した。そして、二月二十六日には氏綱と長慶が義輝のもとに出仕する。このとき長慶は、御供衆《おともしゅう》に列せられた（『言継卿記』）。

和睦の破綻

かくして畿内の統一が図られたと思いきや、各地には根強い細川晴元派が残っていた。まずは、八上城《やかみじょう》の波多野《はたの》氏を攻撃するため、三好長慶は天文二十一年（一五五二）四月二十五日に丹波へ出陣する。その最中に、長慶方の芥川孫十郎や池田《いけだ》氏が波多野氏と申し合わせ、長慶を討ち取る計画を立てる。それを事前に察知した長慶は、五月二十三日に有馬《ありま》へ退いた（『細川両家記』）。

足利義輝が長慶と和睦すると、晴元は三月十一日には若狭《わかさ》の神宮寺《じんぐうじ》に入ったようである。その後、さらに越前方面まで足を伸ばしたのち、七月ごろに再び若狭に戻り、高成寺《こうじょうじ》や神宮寺に逗留《とうりゅう》した（『羽賀寺年中行事』）。そして、八月までには近江の葛川《かつらがわ》へ向かい、八月二十六日ごろに丹波の小野《おの》、そして宇津《うつ》へと移動したようである（『言継卿記』）。

九月十二日には、晴元方の宇津氏と氏綱方の内藤氏が丹波で合戦している（『親俊日記』）。十月二十日には内藤国貞が敗北したため、長慶は二十五日に援軍を丹波に送り、二十八日に晴元方の河瀬城《かわせじょう》を攻めている。晴元勢は、京都をうかがう長坂まで出陣するが、義輝勢がこれを攻撃し、二十九日には船岡山《ふなおかやま》に陣取った。晴元勢は、船岡山近くの蓮台野《れんだいの》まで進出していたが退くこととなった（『言継卿記』）。

十一月二十七日には、晴元勢が再度進出してきて、西岡を焼いて嵯峨《さが》に陣取る。十一月に入ると義輝は東山に霊山城《りょうぜんじょう》を築いてここに移っていたが、晴元勢が進出してくると西院の小泉氏や郡《こおり》（西京極）の中路《なかじ》氏らは、居城を焼いて霊山城に入っている。それを追う晴元勢は、二十八日に霊山城を攻め、五条口を焼き、清水坂で戦った。ところが、三十日に河内の安見《やすみ》宗房《むねふさ》が率兵し入洛してくると、それに先んじて晴元勢は丹波に退いた（『言継卿記』）。こうして晴元勢の京都進出が失敗に終わると、十二月に芥川孫十郎は長慶へ詫び言をして氏綱方へ帰参する（『細川両家記』）。

かくして安定が訪れると思いきや、京都にはなお不穏な空気が漂っていた。まず、天文二十二年閏《うるう》正月八日には、義輝と対立した長慶が淀《よど》に退いている。同月十五日に両者は和しているが、義輝は二月九日までに霊山城の修築を再開している。そうしたところに、二月二十日から京都の北西にて晴元勢の攻撃が再び始まる。同月二十六日には山城鳴滝《なるたき》で、二十七日には高雄《たかお》で、長慶勢が晴元勢を破っている。その渦中の二十六日に、長慶は義輝に清水寺《きよみずでら》で面会し、長慶に異心ある奉公衆に人質を出させた。これを不服とする義輝は、長慶と縁を切り、三月八日に霊山城に入った（『言継卿記』）。

当然のことながら、ほどなくして義輝と晴元が連合を結ぶ。それに応じて摂津芥川山城の芥川孫十郎が再び離反したため、長慶勢が七月三日に芥川山城の東側にある帯仕山《おびしやま》に陣取った（『細川両家記』）。さらに連動して、十四日には、晴元勢が丹波より長坂や船岡山付近まで出陣してきた。対して、幕府奉公衆と安見宗房の河内勢がこれを防いだ（『言継卿記』）。奉公衆も義輝方と長慶方に分裂していたのである。

七月二十八日に内藤彦七・香西元成《こうざいもとなり》・柳本元俊《もととし》・三好政勝《まさかつ》・十河左介《そごうさすけ》・宇津秀信《ひでのぶ》ら晴元勢が再度長坂より出張してくると、義輝に従う奉公衆がそれを出迎えた。この日、晴元勢は西院を攻撃するが、小泉秀清が小泉城を堅固に抱えていた。三十日には義輝も出陣し、晴元勢が小泉城を攻める（『言継卿記』）。

すると、八月一日に河内・和泉《いずみ》・大和《やまと》・摂津・紀伊《きい》の長慶勢が反撃のため上洛してくる。義輝は船岡山に在陣していたため、今村慶満が留守の霊山城を攻撃し火が放たれた。義輝は二日に杉坂まで退き、五日に晴元とともに近江の龍華《りゅうげ》に至る。長慶は、義輝に従う者の所領を没収する姿勢を示したため、十三日に帰洛した高倉永家《たかくらながいえ》をはじめ、義輝のもとを離れる者も多かった（『言継卿記』）。

八月十八日には、晴元方の浪人衆が塩川国満《しおかわくにみつ》と謀り、摂津池田《いけだ》に出陣し芥川山城の救援を図るがうまくいかなかった（『細川両家記』）。そのため、二十二日に芥川孫十郎は降伏して城を明け渡す。そして二十五日に長慶が芥川山城に入ると、二十九日には晴元の子昭元を摂津の越水城《こしみずじょう》より迎え入れた（『言継卿記』）。形勢が変わらないと判断した義輝は、三十日に近江の朽木まで落ち延びている（『厳助往年記』）。

しかし、丹波にはなお晴元方の波多野氏が健在であった。そのため九月三日に、松永久秀《ひさひで》・長頼兄弟が丹波へ出兵し、波多野与兵衛の城を攻めている。それを後巻した三好政勝・香西元成ら晴元勢は、十八日に氏綱方の内藤国貞を討ち取る。内藤家の居城である八木城も危機に陥ったが、松永長頼が救援に成功する（『細川両家記』）。

以後も、晴元に味方する者をたびたび攻撃する。天文二十三年四月と六月に長慶勢が晴元方の波多野氏を攻撃するため、丹波へ短期間の出陣を繰り返している。また八月と十一月には、同じく晴元方の別所《べっしょ》氏・明石《あかし》氏を攻撃するため、播磨《はりま》へ出陣している。さらに弘治元年（一五五五）九月にも丹波へ出陣している（『細川両家記』）。重要なのは、いずれも敵対勢力を屈服させることができずに、和睦などによって帰陣していることである。勢力で圧倒しつつも、晴元方を根絶やしにできない矛盾をおそらく感じ始めていたのではなかろうか。

義輝と長慶の再和睦

弘治三年(一五五七)四月十七日に六角義賢《よしかた》は細川晴元の娘を猶子とし、本願寺の顕如《けんによ》に嫁がせた(『厳助往年記』)。こうして、三好包囲網は着々と準備が進められる。十月十六日にも、三好勢は八上へ攻め入っている(『細川両家記』)。

足利義輝は、永禄元年(一五五八)三月十三日に晴元とともに朽木より龍華に移座し、五月三日には坂本まで進出する。そして六月四日には、如意《にょい》ヶ嶽城《がたけじょう》と勝軍山城に陣取ったため、三好勢と鹿ヶ谷などで戦った。それから七月二十四日まで断続的に戦闘を続けるが(『言継卿記』)、以後しばらく小康状態となる。

このときも、三好方は先例に倣って軍事用途として地子銭を徴収したが、義輝方は六角義賢の配慮もあって徴収しなかったという(『細川両家記』)。かくして、京都の世論は義輝方にも傾きつつあった。永禄元年九月に尼崎《あまがさき》にて、三好長慶・三好実休《じっきゅう》・十河一存《そごうかずまさ》・安宅冬康《あたぎふゆやす》の兄弟と長慶嫡子の義興《よしおき》が会談を催す。それ以前から、長慶は義輝との和睦を模索しており、会談後に和睦の協議を開始する(高橋遼 二〇一六)。よって、この会談は将軍家対策の合意を得る場になったと思われる。

そして、十一月二十七日には、六角義賢の斡旋で義輝と長慶が和睦する(『細川両家記』)。ほどなくして十二月二十三日に、義輝は近衛稙家《このえたねいえ》の娘との婚儀を行っている。父義晴も近衛尚通《ひさみち》の娘と婚姻しているように、義輝は近衛家と親密な関係にあった。後述のように三好家は近衛家と対抗関係にある九条家《くじょうけ》と結んでいるものの、義輝はその関係に配慮する姿勢はみせなかった。それでも年末には、かってのように細川氏綱と三好長慶が、義輝に対して歳暮《せいぼ》の品を贈っている（『雑々聞撿書』）。

このように京都に静謐《せいひつ》が訪れると、永禄二年二月には尾張《おわり》の織田《おだ》信長《のぶなが》が、四月には越後《えちご》の長尾《ながお》景虎《かげとら》や美濃《みの》の斎藤義龍《さいとうよしたつ》が、義輝への謁見を求めて上洛してくる（『言継卿記』、『厳助往年記』、『御湯殿上日記』、「上杉家文書」）。彼らが次々と上洛してきた理由について、将軍足利家を頂点とする秩序が崩壊するのではないかという危機感が共有され、その変化を自らの目で確かめようとしたとする説もある（天野忠幸 二〇一六）。ただし、二つの将軍家が対立してきた歴史を彼らは当然知っているはずなので、崩壊しそうな将軍家と交流を持つことの危険性は把握していたに違いない。ゆえに彼らの目には、長慶と結ぶことによって、義輝権力が安定したと映っていたのではなかろうか。

長慶の政治方針

三好長慶が将軍権力の克服を目指していたという説もあるが、足利義輝との対立・和睦を繰り返した柔軟な姿勢を一貫したものとして説明するには、異なる視点を用意する必要もあるように思われる。そこで、長期的な視野から、長慶に一貫する対幕府の基本方針を探ってみたい。

先述のように、天文三年（一五三四）には、阿波《あわ》勢を中心とする足利義維《よしつな》派を圧伏することなく、懐柔することで反抗を収めた。これは、晴元陣営がこの後も義維派を内包したまま存続したことを意味する。以後、足利義晴の優位は明白となるため、支持する将軍が異なることを要因とした京兆家内衆の軍事衝突はなくなる。

ただし、義維派の動きは断片的ながら確認できる。天文十五年に上洛してきた細川高国残党の細川国慶が義晴と結ぶと、義維に晴元方の将軍となる好機が訪れる。事実、翌十六年に義維は、九条稙通《くじょうたねみち》と図って堺への上陸を計画している。ところが、計画を実行に移した際には時すでに遅く、国慶は戦没し義晴と晴元は和解していたため、阿波守護である細川持隆《もちたか》の説得にて義維は再び阿波に下向した。義維と持隆が接触しているように、義維の渡海は四国勢と無関係に行われたわけではなかった。おそらく、三好氏の本拠である四国においては、義維を推す一派が根強かったものと思われる。

持隆と三好実休は、四国勢を率いてしばしば行動をともにするが、天文十七年五月を最後にそれもなくなる。直後に持隆の実兄である晴元と、実休の実兄である長慶が対立するためであろう。しばらくは相互の干渉がみられないが、天文二十二年六月になると阿波勝瑞《しょうずい》にて、三好実休・十河一存の長慶弟たちが持隆を殺害する。実休が実権を握るために持隆を殺害したとする説もあるが、結果として実権を握ったことは事実であるものの、それを目論んで殺害したかどうかについては慎重になるべきであろう。

ここでは、大きな反発が出ることなく実休が阿波の実権を握っていくことを踏まえ、持隆殺害には相応の正当性があったとみておきたい。天文二十二年三月に長慶と対立した義晴の後継者義輝は、晴元と結ぶこととなる。持隆がこれに呼応したため殺害したとするならばそれなりの正当性はあるし、義維派が根強い四国にて実休の行動が受け入れられたことも納得がいく。

持隆が義維の上洛を図ったため殺害されたという説もあるが、軍記物によるもので根拠は薄弱である。義維の上洛を図る九条稙通の娘婿が他ならぬ十河一存であり、ゆえに長慶と稙通も近い関係にあったことを踏まえれば、義維上洛の機会を窺っていたのは持隆ではなく、むしろ常に三好方であったとみるべきであろう。

事実、義輝と再び対立した天文二十二年十月になると、長慶は義維の上洛を模索するようになる。長慶・実休・一存らの兄弟が集まって実施された天文二十三年の洲本《すもと》会議では、義維の上洛を図る四国勢と、その可否を模索する長慶の間で議論がなされたのではないかと思われる。しかし、結果的に義維の上洛は見送られる。かくして生じた将軍不在状況を、幕府体制の否定と評価する研究者もいるが、のちに義輝を再び迎え入れていることからもそのような評価には慎重でありたい。

四国勢に根強い義維派が多いことを踏まえると、三好権力を支える四国の軍事力を確保するために、長慶は義維擁立という選択肢を完全に破棄することができなかったのではなかろうか。一方で、一時的ではあるが、木沢長政《きざわながまさ》が畿内の静謐を実現したことを踏まえると、義晴・義輝と結ぶ利点も捨てがたかった。その点は、義維を推しつつも、最終的に義晴に妥協した三好連盛《つらもり》らの動きからも読み取れよう。

長慶は、二つの将軍の間で揺れ動きつつも、いずれの将軍も完全な否定にまでは至らなかった。その結果、多くの支持者を得ることができ、長政段階以上の静謐を実現するに至ったのである。この点においては、急激に軍事力を確保した結果、あらゆる立場の者を含み込んでしまった晴元陣営の性格と類似しているが、兄弟会談の事実にみられるように、意志を一本化することに長けていた点に大きな違いがある。また長慶は、将軍家だけでなく京兆家も、高国派の細川氏綱と晴元派の細川昭元の双方を擁立するが、これも軌を一にした政策といえよう。

以上のように、二つの将軍をいずれも否定しないというのが、長慶の基本路線であったと考えられる。それゆえに、義輝を軽視するような姿勢はみられるものの、そのことをもってして長慶が将軍権力そのものを克服しようとしていたとは決していえない。将軍家の分裂と近衛家・九条家の政争が連動している事実や、京都の住民たちが義晴系の将軍に寄せる期待を踏まえると、このような政治方針に落ち着かざるを得なかったのであろう。

したがって、その基本路線を逸脱すると軌道修正が図られる。永禄三年（一五六〇）正月に、長慶・義興・久秀の三人は義輝の相伴衆《しょうばんしゅう》に加えられ、それぞれ修理大夫《しゅりのだいぶ》・筑前守《ちくぜんのかみ》・弾正少弼《だんじょうしょうひつ》の官途を与えられる。このように、義輝と長慶が接近すると、長慶と実休の仲が険悪となったため、三月には阿波から三好康長《やすなが》が仲介のために訪れる。そして、四月には淡路《あわじ》の洲本にて長慶と実休の兄弟会談が催された（『細川両家記』）。三好一族による会談の前例を踏まえるならば、義維を推す阿波衆への配慮を欠いた兄を諭したのではなかろうか。

結果として、六月に実休は四国勢を率いて尼崎に着陣《ちゃくじん》していることから、実休は長慶からそれなりに四国勢を納得させるだけの回答を得たはずである。永禄四年二月に義輝は、長慶・義興・久秀を相伴衆に加え、やや遅れて閏三月に実休もそれに列していることからもその点は裏づけられる（『雑々聞撿書』）。ただし、長慶が実休をどのように納得させたかはわからない。しかし、長慶と実休の将軍家対策を巡るたびたびの会談は、その都度義維の存在意義を確認する場になったと想定でき、これが義維の嗣子《しし》である足利義栄《よしひで》擁立の伏線になった可能性が高い。

そして、以上のような関係性を踏まえると、かつての対立からは想像できないほど義輝が三好一族を厚遇した理由も、次のように説明がつけられる。すなわち、三好一族の厚遇は、義維派が根強い阿波勢との懸隔《けんかく》を広げる離間策という側面もあったのではなかろうか。このように、義輝と長慶の間には常に政治的な緊張関係があったことは間違いないが、そこから三好家が将軍家を打倒しようとしていたとするには飛躍がありすぎる。

3 混乱する三好権力

連続する三好一族の死

永禄四年（一五六一）五月に、細川晴元はついに三好長慶と和睦し、摂津の普門寺《ふもんじ》に入った。長慶は、晴元に摂津富田荘を料所《りょうしょ》として提供した（『細川両家記』）。直前までともに戦っていた足利義輝が仲介したのであろう。

これで京兆家の内訌は完全に収束したとみえたものの、七月には六角義賢が、自身の孫で細川晴元の次男にあたる人物を擁立し、勝軍山城に陣取った。それと連動して、畠山高政《はたけやまたかまさ》と安見宗房が和泉岸和田《きしわだ》に陣取って、三好氏の挟撃を図り始める。これは、永禄四年四月に和泉支配に関与していた長慶の弟である十河一存が病死した間隙《かんげき》を突いたものでもあった（『細川両家記』）。

このころから、三好権力にも暗雲が立ち込めてくる。永禄五年三月の久米田合戦では、畠山・根来《ねごろ》

図16　三好実休像　妙國寺所蔵

寺《じ》連合軍に敗れ、長慶の次弟である三好実休も戦没した。永禄六年六月には長慶の嫡子である三好義興も病没する。そして永禄七年五月には、長慶の残る弟である安宅冬康も自害に追い込まれる。京兆家においても、普門寺にいた細川晴元が永禄六年三月に、そして山城淀城《よどじょう》にいた細川氏綱も同年十二月に相次いで没した。

そして、永禄七年七月に長慶自身も没する。義興亡きあとは、十河一存の嫡男であった三好義継《よしつぐ》が長慶の養子となってその座を受け継いでいた。義継が三好家当主に抜擢《ばってき》された理由は、母親が九条稙通の養女であるという高貴な血筋に求められる（馬部隆弘 二〇〇九）。

永禄の政変

永禄八年（一五六五）五月十九日、三好義継は松永久通《ひさみち》らとともに将軍邸を囲み、足利義輝を殺害する。この事件の評価は、二つに分かれている。一つは、将軍家の擁立を放棄することが義継の目的だったとする説である（天野忠幸 二〇一六）。そしてもう一つは、将軍邸を取り巻く「御所巻《ごしょまき》」という訴訟行為によって、将軍側近である進士《しんじ》晴舎《はるいえ》の排除を求めることが義継の目的だったとする説である（柴裕之 二〇一六、木下昌規 二〇一八）。後者の説では、義輝殺害が義継の目的ではなく、結果として殺害に至ったこととなる。

永禄八年四月三十日に上洛してきた義継（当時は重存《しげまさ》）は、五月一日に義輝と対面し、左京大夫の官途と偏諱《へんき》を与えられる。養父長慶が用いた修理大夫を引き継がなかったのは、長慶の死が表向きは秘匿されていたためであろう。ここでは、ひとまず義輝の「義」と重存の「重」を組み合わせて「義《よし》重《しげ》」と改名した。そして、五月五日の幕府儀礼への出仕を済ませると、翌六日には「重」に代わる適切な字を山科言継《やましなときつぐ》に問い合わせており、ほどなくして「義継」と改名した。義継は、終生この名を用いていることから、最期まで義輝の臣下であると自覚していたこととなる。この事実から、義輝殺害は偶発的なものであったとみるほうが妥当と思われる（馬部隆弘 二〇一九c）。

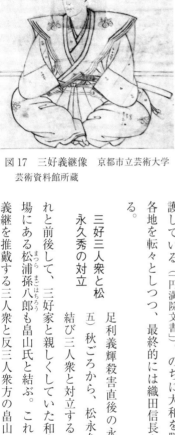

実際、大和の一乗院《いちじょういん》にいた義輝実弟の覚慶《かくけい》（のちの足利義昭《よしあき》）も、殺害されることなく松永久秀が保護している（「円満院文書」）。のちに大和を脱した義昭は、各地を転々としつつ、最終的には織田信長を頼ることとなる。

図17　三好義継像　京都市立芸術大学芸術資料館所蔵

三好三人衆と松永久秀の対立

足利義輝殺害直後の永禄八年（一五六五）秋ごろから、松永久秀は畠山氏と結び三人衆と対立するようになる。それと前後して、三好家と親しくしていた和泉の守護代的立場にある松浦《まつら》孫八郎《まごはちろう》も畠山氏と結ぶ。これによって、三好義継を推戴する三人衆と反三人衆方の畠山・松永・松浦の

図18　松永久秀像　高槻市立しろあと歴史館提供

間で激しい戦闘が繰り広げられることとなった。その結果、三人衆が勝利し久秀が逼塞《ひっそく》すると、永禄九年には三人衆のもと、久秀を除く勢力の間で畿内を広く覆う和平が成立する。

その三人衆と畠山氏との和平交渉のなかで、孫八郎は畠山方に与同して敗北したにも拘わらず、和平に同意する条件として、三人衆に対しても知行を要求するという強気の交渉に打って出る。孫八郎は和平の結果を左右するキーマンとして、自他ともに認められる存在だったのである。しばらくして三人衆は孫八郎の要求を飲み、永禄九年十二月には和平が成立することとなる。しかし、翌年二月には義継が三人衆のもとを離れ、久秀のもとへと走ることで再び三人衆と畠山・松永・松浦諸勢の対立は激化する（馬部隆弘　二〇〇七）。

孫八郎の優位な立場は、義継の実弟ということに由来する。すなわち、孫八郎は義継と同じく九条稙通の孫で十河一存の息子であった。しかも、一存が没して以降は、稙通の後見を受けて和泉支配に臨んでいた。義継が久秀のもとに走ったのも、稙通と孫八郎がすでに久秀方にいたことを踏まえれば当然のなりゆきであった（馬部隆弘　二〇〇九）。

かくして、義継・久秀と三好三人衆の対立という構図になると、永禄十年四月に義継・久秀は堺から大和へ入国し、翌十一年にかけて三人衆と熾烈な争いを繰り広げる。こうしたなかで、利害が一致した義継・久秀と織田信長は関係を結ぶ。足利義昭を擁して信長が上洛してくると、永禄十一年十月に義継・久秀は芥川山城にて面会した。翌永禄十二年三月には、義輝・義昭の妹が義継に嫁していることから、義輝殺害における義継の関与はさほど問題視されていなかったようである（『言継経記』）。

四　将軍と信長の城館

1　中世末の城館

京都市内の中近世城館

戦国時代の洛中洛外《らくちゅうらくがい》やその周辺には、「館《やかた》」「屋敷」と呼ばれる武士の居館が数多く存在した。また「城」「要害」「構《かまえ》」と呼ばれる多数の防御施設が築かれ、そのなかには武家が築いた「城」「要害」「構」のほか、五章で取り上げる寺院や惣町《そうちょう》・町《ちょう》の構、すなわち塀・土塀・柵・木戸門《きどもん》・櫓《やぐら》（矢倉）などを備える防御施設が存在した。これらのうち「城」と呼ばれた防御施設について言えば、中世においては、不穏なもので破却するべきものという観念が存在した（中澤克昭　一九九九）。それゆえ、数多の「城」が築かれ、しかも、それらの規模が大きくなる戦国時代は、前代と比べ異様な時代と言えよう。

ところで、右のような、「館」「屋敷」と呼ばれる居館と、「城」「構」「要害」と呼ばれる防御施設の違いについては、今のところ明確ではない。そのため、本書では、居館と防御施設を包括する語として、「城館」の語を用い叙述を進めることにしたい。

近年、京都市内の中世・近世城館の調査が進み、市内のうち、かつて山城《やましろ》国であった地域では、百五十九の城館遺跡が確認されている。このなかには、構を有したと見られる寺社も含まれる（京都府教育委員会編 二〇一五）。表1は、これらを所在区ごとにまとめたものだ。なお、断っておくが、文献史料に見える城館のなかには、所在地不明というものがある。それらを含めると、市内に存在した中・近世城館の総数は、百五十九を超えるはずである。

表1を見ると、平地城館は現在の北区・右京区・下京区・中京区・上京区・南区・伏見《ふしみ》区・山科《やましな》区に多く、現在の左京区・西京区では少ないことが読み取れる。地形の激変が見られないとの前提に立

表1　京都市内の中・近世城館

所在区	城館跡	平　地	山・丘陵
左京区	30	6	24
北区	8	5	3
右京区	17	11	6
西京区	19	6	13
下京区	9	9	0
中京区	12	12	0
上京区	11	11	0
東山区	12	6	6
南区	17	17	0
伏見区	21	18	3
山科区	3	3	0
	159	104	55

＊『京都府中世城館跡調査報告書』掲載の京都市内の中・近世城館の数を，所在区ごとに一覧化した．なお，丹波国に存在した城館は除外している．
＊「城館跡」の欄の数字は，各区内の城館跡の数を示す．
＊「平地」の欄は，平地城館の数を，「山・丘陵」の欄は，山や丘陵に築かれた城館の数を示す．
＊作成にあたっては，京都府教育委員会 2014，同 2015 を参照した．

比高	主　要　遺　構	近隣の道・河川	備　考
0 m	曲輪・横堀	山陰道	
1 m	横堀	西国街道	
0 m	横堀？		足利義輝の御所
0 m	横堀・石垣・土橋		足利義昭の御所
3 m	曲輪	白鳥越え(青山越え)	
0 m	横堀・土塁	法性寺大路	
0 m	苑池？		誠仁親王の御所にもなる
0 m	横堀・石垣		堀の一部に石垣を設ける
0 m	舟入？		
0 m	曲輪・横堀・石垣		
25 m	曲輪・横堀・石垣	大津街道・伏見街道・大和街道・宇治川	
0 m	曲輪・横堀・石垣	大和街道・宇治川	
0 m	曲輪・横堀・石垣など		遺構の大半が残り，江戸時代の建造物の一部も残る

2019年までの発掘調査等によって遺構が確認できたものを一覧化した.
ないことを示す.

照した.

表2　京都市内のおもな平地城館

名　称	所　在　地	文献に見える年代	使　用　主　体
革嶋館跡	西京区川島玉頭町・川島栗田町	1310年代～1580年代	革嶋氏
大藪城跡	南区久世大藪町・久世殿城町ほか	1560年代	大藪氏
義輝御所跡	上京区両御霊町ほか	1550年代・1560年代	足利氏
義昭御所（旧二条城）跡	上京区両御霊町ほか	1560年代～1570年代	足利氏
渡辺館跡	左京区一乗寺西浦畑町・一乗寺堀ノ内町	1570年代？	渡辺氏
三淵氏伏見城跡	伏見区桃山町松平越前	1570年代	三淵氏
二条屋敷（二条殿御池城）跡	中京区東玉屋町ほか	1570年代	織田氏
本能寺屋敷跡	中京区元本能寺南町ほか	1580年代	織田氏
妙顕寺城跡	中京区古城町ほか	1580年代	豊臣(羽柴)氏
聚楽第跡	上京区須浜町ほか	1580年代～1590年代	豊臣(羽柴)氏
伏見（指月）城跡	伏見区桃山町泰長老ほか	1590年代	豊臣(羽柴)氏
向島城跡	伏見区向島本丸町ほか	1590年代	豊臣(羽柴)氏・徳川氏
二条城跡	中京区二条通堀川西入二条城町	1600年代～1870年代	徳川氏

＊戦国・織豊期に存在した京都市内の武士の平地城館のうち，一次史料に見えるもので，かつ
＊戦国・織豊期に限定して使用主体を表記した．表のなかの？　記号は，事実として確定でき
＊所在地については，三つ以上の町にわたる場合は，「～ほか」と記載した．
＊この表における「主要遺構」とは，発掘調査等により確認された遺構のことである．
＊作成にあたっては，玉村登志夫 1996，京都府教育委員会 2014，同 2015，高橋康夫 2015 を参

比高	主要遺構	近隣の道	備考
150 m	曲輪・堀切・土塁	唐櫃越え	法華山寺のあたりに築城
140 m	曲輪・堀切・竪堀・土塁	周山街道	神護寺のあたりに築城
35 m	曲輪・堀切・横堀・土塁	長坂街道	
210 m	曲輪・堀切・竪堀・横堀・畝状空堀群・切岸・土塁など	山中越え・白鳥越え（青山越え）	勝軍地蔵堂のあたりに築城
385 m	曲輪・堀切・竪堀・横堀・土塁	如意越え	如意寺のあたりに築城
120 m	曲輪・堀切・土塁		
350 m	曲輪・堀切・竪堀・土塁・石積	周山街道	
180 m	曲輪・堀切・竪堀・土塁	山中越え	
45 m	曲輪		
60 m	曲輪・堀切・土塁		
180 m	曲輪	若狭街道	
110 m	曲輪・堀切・横堀・土塁	長坂街道	
105 m	曲輪・堀切・竪堀	清水坂	正法寺のあたりに築城
265 m	曲輪・堀切・竪堀・土塁・石垣	鞍馬街道・敦賀街道	
290 m	曲輪・堀切・竪堀・畝状空堀群・土塁	白鳥越え（青山越え）	
450 m	曲輪・堀切・竪堀・土塁	白鳥越え（青山越え）	
100 m	曲輪・横堀・石垣・土塁	大津街道・伏見街道・大和街道	跡地には現明治天皇陵も含まれ，宇治川にも近い

館と構を有する寺社は，この表から除外し，いわゆる平山城も山城に含めた．

2015 を参照した．

表3　京都市内のおもな山城

名　称	所　在　地	文献に見える年代	使　用　主　体
峰ヶ堂城跡	西京区御陵峰ヶ堂町・御陵細谷ほか	1330年代・1350年代・1390年代・1460年代・1530年代	細川氏
高雄城跡	右京区梅ヶ谷高雄城・梅ヶ谷谷山川西	1330年代・1540年代	細川氏
船岡山城跡	北区紫野北舟岡町	1460年代・1510年代・1550年代？	細川氏・足利氏？
北白川(勝軍山・瓜生山)城跡	左京区一乗寺大谷・一乗寺葉山ほか	1460年代・1470年代・1520年代～1570年代	細川氏・六角氏・足利氏・三好氏・福仙坊
如意ヶ嶽城跡	左京区鹿ケ谷大黒町・鹿ケ谷菖蒲町	1460年代・1470年代・1490年代・1500年代・1520年代・1530年代・1550年代	細川氏・足利氏
岩倉上蔵城跡	左京区岩倉上蔵町	1460年代？・1540年代？・1550年代？	山本氏？
嵐山城跡	西京区嵐山元禄山町	1500年代	細川氏・香西氏
中尾城跡	左京区浄土寺大山町・浄土寺打越町ほか	1540年代～1560年代	足利氏・細川氏
小倉山城跡	左京区岩倉忠在地町・岩倉長谷町	1540年代？・1550年代？	山本氏？
岩倉長谷城跡	左京区岩倉長谷町	1540年代？・1550年代？	山本氏？
岩倉花園城跡	左京区岩倉花園町	1540年代？・1550年代？	山本氏？
堂ノ庭(長坂)城跡	北区西賀茂城山	1550年代～1560年代？	足利氏・伊勢氏
霊山城跡	東山区清閑寺霊山町	1550年代	足利氏
静原城跡	左京区静市静原町	1550年代・1570年代	三好氏・山本氏
一乗寺山城跡	左京区一乗寺城・一乗寺坂端ほか	1570年代	朝倉氏
一乗寺延暦寺山(一本杉西) 城跡	左京区一乗ヌノ滝・延暦寺山	1570年代	朝倉氏
伏見山城跡	伏見区桃山町古城山ほか	1590年代～1620年代	豊臣(羽柴)氏・徳川氏

＊戦国・織豊期に存在した京都市内のおもな山城を一覧化した．なお，丹波国内に所在した城

＊戦国・織豊期に限定して使用主体を表記した．

＊作成にあたっては，今谷明2002，京都府教育委員会2014，同2015，仁木宏・福島克彦編

てば、表1の数字は、実態を一定度反映したものと見てよいだろう。つまり下京・中京・上京・南の四区では平地城館が築かれたが、左京区・西京区では平地城館が築かれるケースは少ないと理解できるのではないか。なお、北・右京・伏見・山科の四区については、山地が目立つことを踏まえると、この四つの区では、山や丘陵に築かれた城館の数が平地城館の数を上回る可能性もある。

表2と表3は、戦国・織豊《しょくほう》期に存在した市内の城館遺跡のうち、おもな平地城館と山城を掲載したものである。この二つの表から、十六世紀後半ごろに石垣の城が出現したことがわかる。また交通に便利な道や河川の近くに城館が築かれたこともわかる。このほか、山城は山岳寺院のあたりか、その跡地に築かれ、竪堀《たてぼり》（山の斜面に上下方向に設けた堀）・畝状《うねじょう》空堀群（竪堀もしくは横堀を連続して設けたもの）や、堀切《ほりきり》（区画・分断のための堀）を設けていたことも知られる。

義稙以降の将軍の居所

表4は、将軍と前将軍の城館を一覧化したものである。対象は戦国時代の洛中洛外とその周囲だ。この時代の将軍御所としては、足利義稙《あしかがよしたね》（義材《よしき》・義尹《よしただ》）が築いた三条《さんじょう》御所、足利義晴《よしはる》が築いた柳の御所と今出《いまで》川《がわ》御所、足利義輝《よしてる》（義藤《よしふじ》）が築いた御所（義輝御所）や、足利義昭《よしあき》の居所として築かれた御所（旧二条城《にじょうじょう》・義昭御所）がある。これらは、室町殿《むろまちどの》をはじめとする洛中洛外の御所と同じく平地城館に含まれる。三条御所は、下京の東側に築かれ、柳の御所と今出川御所は、上京のなかに築かれた。義輝の御所とその跡地に築かれた義昭の御所は、上京と下京の中間地点の辺りに存在した（巻頭地図1を参照）。

表4を見ると、将軍（義稙・義晴・義輝・義昭）や前将軍義晴は、右に挙げた御所を十年以上居所とし

表4　将軍・前将軍の城館一覧

人　名	居　所	使　用　年　代	備　考
足利義稙	三条御所	永正12年(1515)～同18年(大永元年, 1521)	
足利義晴	三条御所	大永元年～同5年（1525）	日常の居所は岩栖院，儀礼などに用いる？
	柳の御所	大永5年～同7年（1527）	
	南禅寺門前御所	天文5年（1536）	仮の御所
	今出川御所	天文9年(1540)頃～同18年(1549)	不在期間が目立つ
	北白川城	天文16年（1547）	合戦時の滞在
足利義輝	今出川御所	天文16年～同22年（1553）	不在期間が目立つ
	北白川城	天文16年・永禄元年(弘治4年, 1558)	合戦時の滞在
	中尾城	天文19年（1550）	合戦時の滞在
	霊山城	天文22年（1553）	合戦時の滞在
	義輝御所	永禄3年(1560)～同8年(1565)	
足利義昭	義昭御所(旧二条城)	永禄12年(1569)～元亀4年(天正元年, 1573)	義輝御所の跡地に築く

＊戦国期の洛中洛外とその周辺に存在した将軍・前将軍の居所のうち，彼らが本拠とした城館を一覧化した.

＊作成にあたっては，今谷明2002，小島道裕2009，末柄豊2011，高橋康夫2015，木下昌規編2017を参照した.

表5　将軍・前将軍の寺院滞在

人　名	居　所	滞　在　年　代	備　考
足利義稙	妙本寺	永正8年（1511）〜同12年	
足利義晴	岩栖院	永正18年〜大永5年（1525）	
	東寺	大永7年〜同8年（享禄元年，1528）	合戦時の滞在
	相国寺	享禄元年	合戦時の滞在
	南禅寺	天文3年（1534）〜同5年	
	相国寺	天文11年（1542）	一時的な滞在
	慈照寺	天文15年（1546）〜同16年	一時的な滞在
足利義輝	慈照寺	天文15年〜同16年	一時的な滞在
	本覚寺(妙覚寺)	永禄元年（1558）〜同3年	
足利義昭	本圀寺	永禄11年（1567）〜同12年	

＊戦国期の洛中洛外とその周辺に存在した将軍・前将軍の居所のうち，彼らが一ヵ月以上滞在したと見られる寺院を一覧化した．

＊作成にあたっては，奥野高広1960，高橋康夫2015，山田康弘2016，木下昌規編2017を参照した．

たことがない。それは、相次ぐ争乱によって、彼らが京都から逃走したり、義輝のように、殺害されたりしたためだ（三章参照）。このような事例は、戦国時代の室町幕府が不安定な存在であったことを示していよう。

　また将軍たちが大名らの邸宅を仮御所とすることもあった。たとえば永正五年（一五〇八）に再び入京し将軍に返り咲くことになった義稙は、同年から永正八年までの間、上京の一条室《いちじょうむろ》町《まち》にあった足利一門の吉良《きら》義信《よしのぶ》邸を仮御所とし（『実隆公記』）、義晴は天文五年（一五三六）から同九年ごろまでの間、室町殿跡近くの伊勢《いせ》貞孝《さだたか》邸を仮御所としている（木下昌規編 二〇一七）。義昭は、永禄十一年（一五六八）に将軍宣下《しょうぐんせんげ》を受けた際、細川殿を一時御所として用いた（『言継卿記』、巻頭地図1を参照）。

　将軍・前将軍が一ヵ月以上寺院に滞在した事

実も、表5から読み取れる。妙本寺《みょうほんじ》（妙顕寺《みょうけんじ》）・岩栖院《がんすいん》・東寺《とうじ》・相国寺《しょうこくじ》・南禅寺《なんぜんじ》・慈照寺《じしょうじ》・本覚寺《ほんがくじ》（妙《みょ》覚寺《うかくじ》）・本圀寺《ほんこくじ》（巻頭地図1を参照）といった寺院だ。滞在先のうち、東寺・相国寺・本圀寺の発掘調査では、堀跡が検出されている（表6参照）。また十五世紀後半以降の東寺・相国寺や日蓮宗（法華宗）寺院には構が設けられていた（五章参照）。このような点から、さきに挙げた妙本寺をはじめとする寺院には、構が設けられていた可能性が浮上しよう。彼らが寺院を居所とした理由は、このあたりに求められるのではないか。

表6　将軍・前将軍・天下人の居所となった寺院

名　称	使用主体	主　要　遺　構
妙本寺（妙顕寺）	足利義稙	
岩栖院	足利義晴	
東寺	足利義晴	寺の周辺において堀跡を検出
相国寺	足利義晴・織田信長	旧境内において堀跡を検出
南禅寺	足利義晴	
慈照寺	足利義晴・同義輝	
本覚寺（妙覚寺）	足利義輝・織田信長	
本圀寺	足利義昭	寺の跡地において堀跡を検出
妙覚寺	織田信長	

＊戦国・織豊期の洛中洛外とその周辺に存在した将軍・前将軍・天下人の居所のうち，彼らが一ヵ月以上滞在したと見られる寺院を一覧化した．
＊作成にあたっては，奥野高広 1960，瀬田勝哉 2009，京都府教育委員会 2014，同 2015 のほか，藤井讓治編 2016，山田康弘 2016，木下昌規編 2017 を参照した．

　天文十六年（一五四七）から永禄元年（弘治四年、一五五八）までの間、義晴と義輝が幾度か山城《やましろ》を居所とした事実も注目される。表4によれば、義晴は北白川城《きたしらかわじょう》、義輝は同城のほか中尾城《なかおじょう》と霊山城《りょうぜんじょう》を居所としていた。いずれも京都の東の山々に築かれた城館である（図19参照）。義晴・義輝がこの地域の山城を一ヵ月以上居所とした時期は、

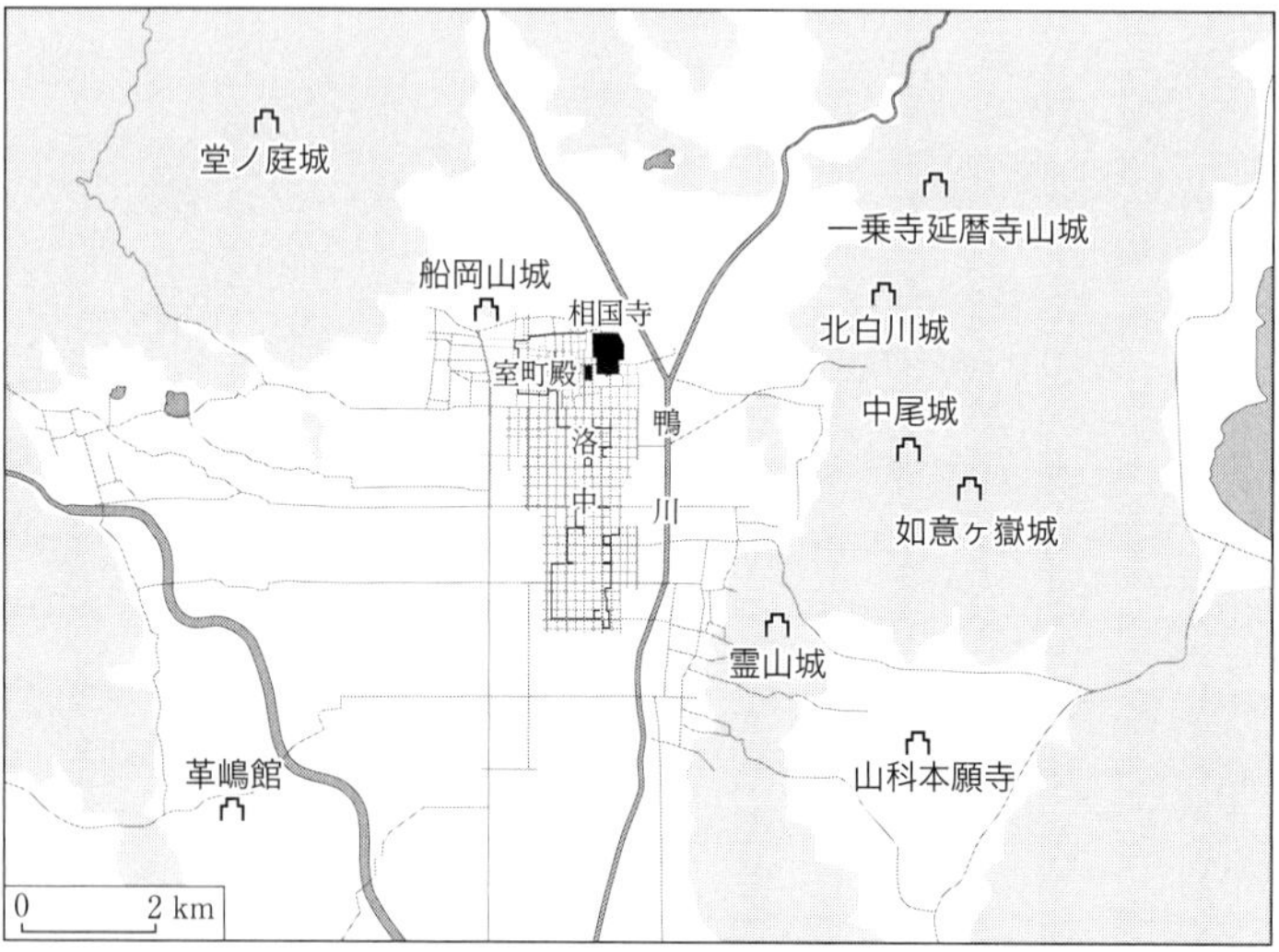

図19　京都市内のおもな城館　山田邦和作成

両人が細川晴元《ほそかわはるもと》・同氏綱《うじつな》・三好長慶《みよしながよし》らと武力で対決した時期であった（三章参照）。このように、将軍や前将軍が山城を居所とすることは、これまで見られない動向である。幕府が不安定な政治状況にさらされていたため、こうした事態が起こったのだ。

将軍の山城

天文三年（一五三四）九月、義晴は六年ぶりに近江《おうみ》から入京し、洛外の南禅寺に入った。そして翌月、同寺近くの山上で城普請《しろぶしん》を始めた（『兼右卿記』）。しかし、彼がこの山城を居所とした事実は確認できない。

天文十五年の冬、義晴は山城国内の住人を動員し、東山《ひがしやま》の勝軍地蔵堂《しょうぐんじぞうどう》の下の山に城館を築いた（『厳助往年記』、「東寺百合文書」）。これが北白川城（勝軍山城《しょうぐんやまじょう》・瓜生山城《うりゅうざんじょう》）である。翌十六年七月、義晴・義輝父子は同城に立て籠もり、細川晴元に抗《あらが》ったが、結局、城に火をはなって近江へ逃れた（『お湯殿の上の日記』、『公卿補任』）。

勝軍地蔵堂周辺の山地には、幾度か城館が築かれている。たとえば応仁《おうにん》・文明《ぶんめい》の乱《らん》の際、若狭《わかさ》の守護武田《たけだ》氏の軍勢が、北白川の山上に築城し（『応仁別記』、『山科家礼記』）、大永六年（一五二六）には、細川高国《たかくに》が勝軍地蔵堂の辺りに城を築いた（『厳助往年記』）。その後、享禄三年（一五三〇）と翌四年には、高国派の内藤彦七《ないとうひこしち》や六角氏の軍勢らが、勝軍地蔵堂の辺りに築かれた山城へ入城している（『後法成寺関白記』、『二水記』）。これらの出来事から、勝軍地蔵堂周辺の地が軍事的要衝であったことは明らかであるが、義晴入城以前の時期に、この地に築かれた城館が恒常的に維持された形跡は確認できない。

図20は、北白川城の遺構の所在を示した図である。中西裕樹によれば、同城はⅠ～Ⅸの遺構からなり、このうちⅠとⅧの遺構が、義晴段階に該当する可能性があると言う。ⅠとⅧでは、曲輪《くるわ》（平坦面による区画）の跡や、切岸《きりぎし》（人工的に築いた崖）・土塁《どるい》・堀切・横堀・畝状空堀群などが確認されている（図21参照）。

義晴は、慈照寺の背後の山にも城館を築いた。天文十八年（一五四九）十月から翌十九年にかけ、普請が行われたこの城は「中尾城」と呼ばれている。同城には、鉄砲を活用した攻撃に備え、三重の堀切と二重の「壁」（土塀か）などが設けられていた（『万松院殿穴太記』）。

義輝も父と同じく山城を活用した。天文十九年十一月、義輝は中尾城に立て籠もり、三好勢と戦ったが、不利な状況となり、城に火をはなち近江へ逃れている（三章参照）。また彼は、天文二十一年冬、東山の正法寺《しょうほうじ》跡に山城を築いた。これが霊山城である（今谷明 二〇〇二）。築城の際、幕府は北野社領《きたのしやりょう》

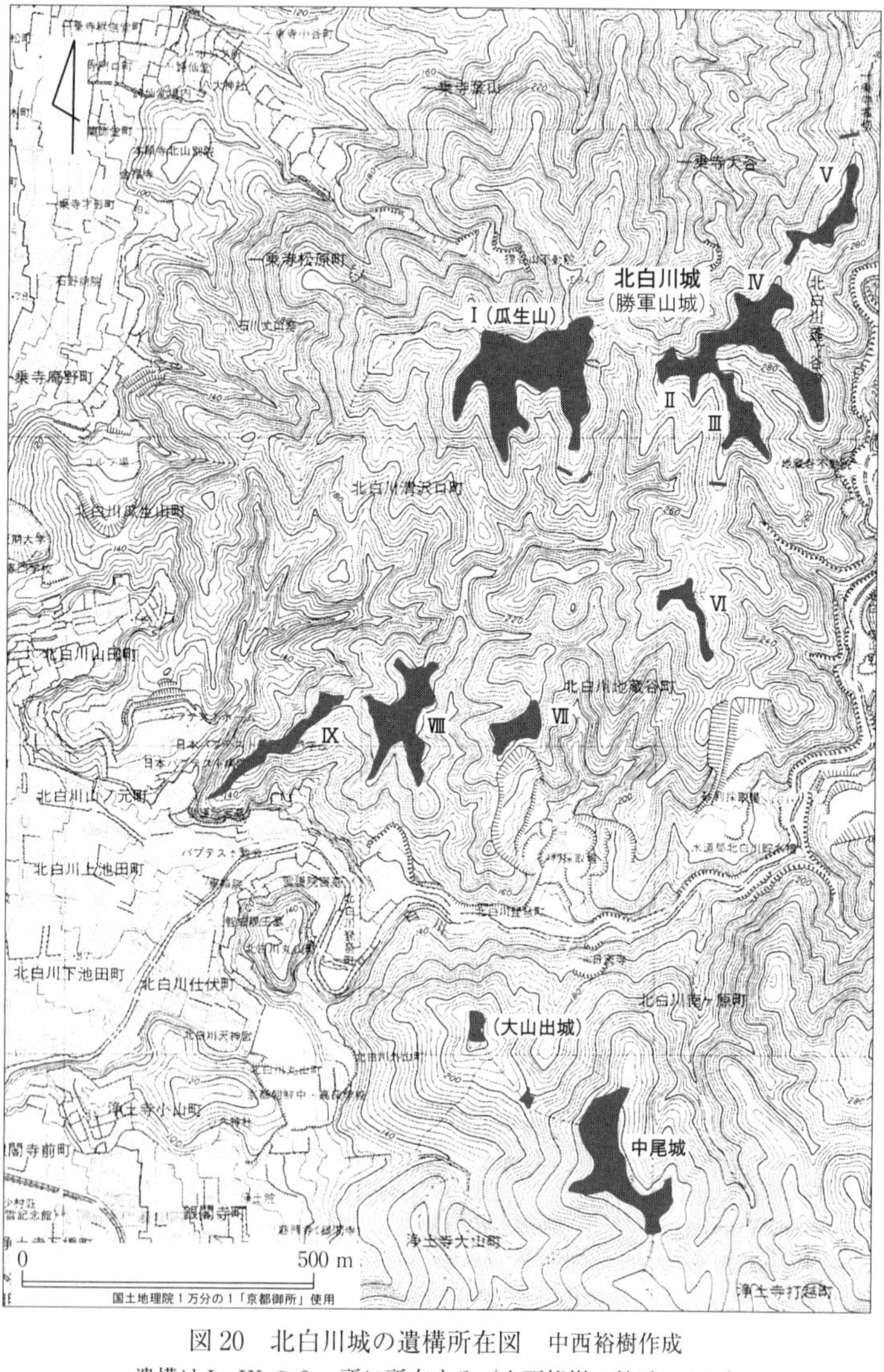

図20　北白川城の遺構所在図　中西裕樹作成
遺構はI～IXの9ヵ所に所在する（中西裕樹の教示による）.

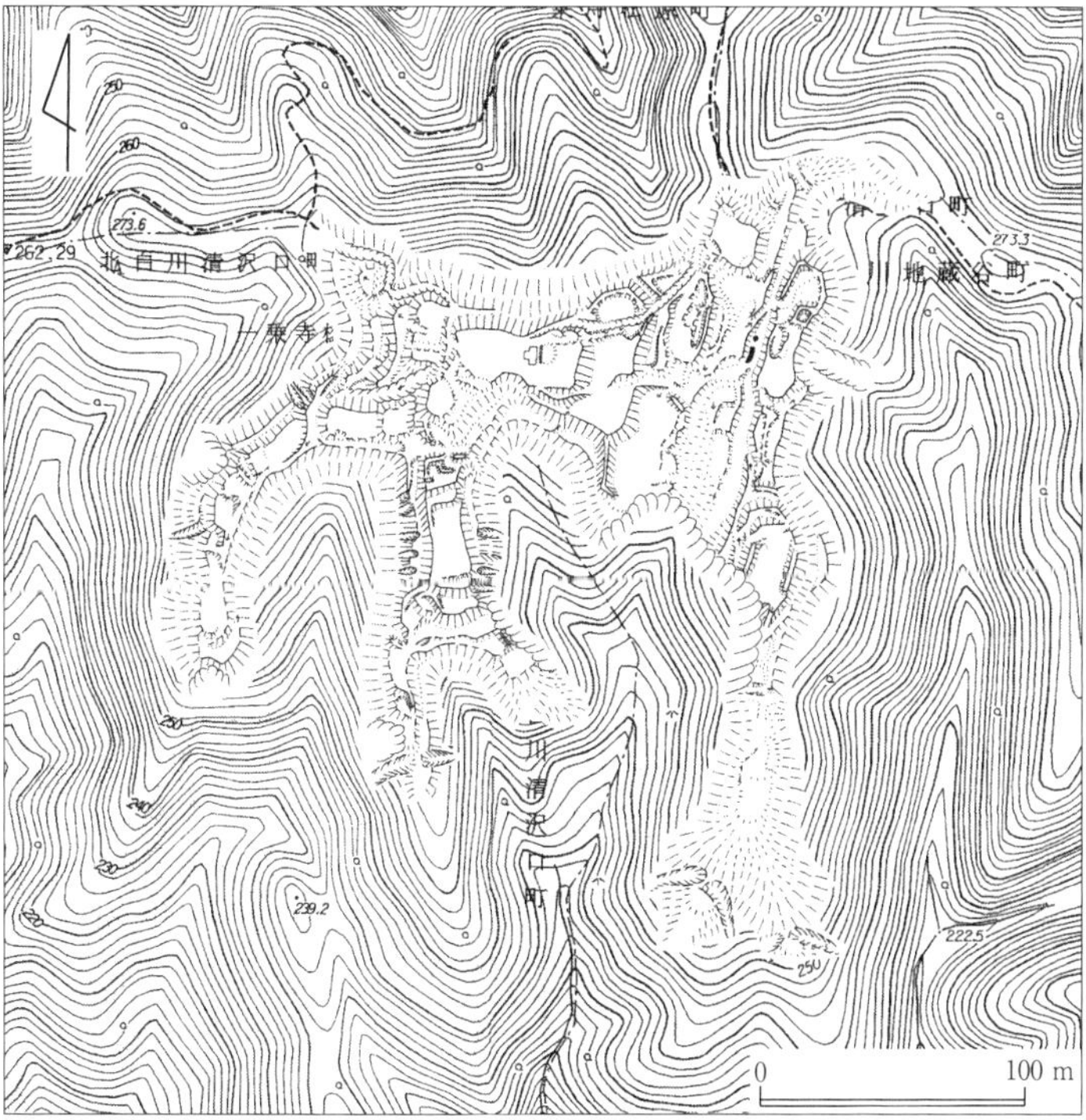

図21　北白川城の遺構Ⅰの縄張図　中西裕樹作成

西京の住人に対し、家ごとに普請役を賦課《ふか》している（『古文書纂』）。翌二十二年三月、義輝は霊山城へ入城したが、その後、彼は京都の北へ向かい、同城には松田《まつだ》監物《けんもつ》らが籠もった。同年八月、霊山城に三好勢が迫り、城はわずか一日で陥落した。城の跡地では二重の堀切などの遺構が確認されている。なお、この天文二十二年の京都争奪戦の際、義輝方は、長坂街道近くの堂《どう》ノ庭《にわ》（長坂）城《じょう》や船岡山城《ふなおかやまじょう》を陣城《じんしろ》（臨時に設けた軍事施設）として活用したが、敗色濃厚の状況になると放棄した（『言継卿記』)。

永禄元年(一五五八)五月から十一月までの間、義輝は京都奪還を目指し、三好勢と戦闘に及んだ。その際、義輝方は、東山の如意ケ嶽城《によいがたけじょう》を陣城として用いたが、同城は三好勢に攻め落とされている。また義輝方は、北白川城から三好勢が退くと、同城を占拠して本陣とした(『言継卿記』、『惟房公記』、『厳助往年記』)。なお、永禄元年冬に義輝が帰京した後も、北白川城と見られる城館が幕府の手により維持されている(『永禄二年目代慶世日記』)。

その後の北白川城であるが、永禄十二年の本圀寺合戦(後述)や、元亀元年(永禄十三年、一五七〇)の義昭・織田《おだ》信長《のぶなが》と朝倉義景《あさくらよしかげ》・浅井《あさい》長政《ながまさ》・延暦寺大衆《えんりやくじだいしゅ》との京都争奪戦(志賀の陣)の際にも活用され、義昭・信長方の軍勢が同城を守っている(『言継卿記』、『兼見卿記』、『信長公記』)。しかし、義昭期において、北白川城が恒常的に維持されていた形跡は確かめられず、同城は陣城として用いられた可能性が高い。

2 都の掌握と城館

義輝御所

永禄元年(弘治四年、一五五八)冬、将軍義輝は、細川氏綱・三好長慶と和睦して入京した。今谷明によれば、帰京後の義輝は京都の支配者として臨み、幕府の奉行人奉書《ぶぎょうにんほうしょ》の発給数が増加すると言う(今谷明 一九七五)。永禄七年冬、幕府が上京・下京の住人たちに、将軍御所の普請役を賦課した事実も（後述）、こうした義輝の姿勢を裏づけるものと見られる。

いったん本覚寺を居所とした義輝であるが、同寺に入って間もなく、斯波《しば》氏の邸宅跡（勘解由小路《かげゆこうじ》室町）に御所を築くことを決め、永禄二年八月には普請を開始した（便宜上、この御所を義輝御所と呼ぶ）。御所の普請役は、北野社領などへ賦課された。なお、義輝御所は、義晴の築いた今出川御所と同じく堀を設けた御所である（『厳助往年記』、『言継卿記』、『永禄二年目代慶世日記』、『蜷川親俊日記』）。

義輝御所は上京と下京のおよそ中間の地に築かれている（巻頭地図1を参照）。ここから、高橋康夫は、義輝が上京・下京を等分に、しかも不即不離に押さえようとしていたと推測した（高橋康夫 二〇一五）。新しい御所の築造も、義輝が京都の支配者として臨んだことの一つと見られよう。なお、上京と下京の中間に御所を置くというのは、義輝とその弟義昭の特徴と言ってよい。

新しい御所に義輝が入ったのは、永禄三年六月のことである（『伊勢貞助記』）。当初、御所の規模は一町四方、つまり約一〇九メートル四方であった。しかし、永禄五年冬には規模が拡大し、最終的には二町四方、すなわち約二一八メートル四方になったと推測されている（高橋康夫 二〇一五）。永禄七年十月ごろには石垣普請が行われ、また同年冬には再び堀普請が始まり、上京・下京の住人たちに普請役が賦課された。土塁の普請も行われたようだ。堀は深く、その上には木橋が架けられ、御所の前には広場が設けられていたと言う（『厳助往年記』、『言継卿記』、『足利季世記』、『兼右卿記』、『日本史』）。この御所に石垣が築かれたことは注目される。これまで洛中洛外の城館に石垣が設けられた事実が確かめられないからである。

しかし、規模の拡大は、堀の普請役を忌避する上京・下京の住人らの逐電《ちくでん》により、順調には進まなかった。そうした最中の永禄八年五月、義輝御所は三好義継《よしつぐ》の軍勢に襲撃され、義輝は落命した。この時、御所の門の扉は未完成であったと言う（『兼右卿記』、『足利季世記』）。義輝の死後、御所の建物は寺社などへ移築され、跡地には真如堂《しんにょどう》が建立されたが、永禄十二年の義昭御所築城時においても土塁や堀が残り、「光源院《こうげんいん》（足利義輝）御古城」と呼ばれていた（『言継卿記』、『信長公記』）。

義昭御所（旧二条城）の出現

永禄十二年（一五六九）の正月初め、義昭と織田信長に敗れた三好三人衆《さんにんしゅう》（三好長《なが》逸《ゆき》・同宗渭《そうい》・石成友通《いわなりともみち》）らが反撃に転じ、義昭の居る本圀寺を襲撃したが、激戦の末、敗北した（本圀寺合戦）。信長はこの報せを本拠岐阜城《ぎふじょう》で耳にするや、ただちに上洛して義昭のもとへ馳せ参じている（奥野高広 一九六〇）。この時期の幕府と信長は、京都・畿内《きない》支配では補完関係にあった（池上裕子 二〇一二）。

真如堂の所在地、すなわち義輝御所の跡地に、今「旧二条城」と呼ばれている義昭御所の築造が始まったのは、永禄十二年正月末のことだ。その契機は、三好三人衆らとの本圀寺合戦であった。幕府再興を意識する義昭にとって、御所を築く場として相応しい場所の一つは、義輝の居た地であろう（久野雅司 二〇一五）。しかも同地は上京と下京を押さえる上で都合の良い位置にあり、土塁や堀もいまだ残り、堅固な城館を築くための前提条件にも恵まれていた。こうした点が、義輝御所跡に義昭御所を築かせた要因であろう。

御所の普請では、信長が奉行となって自ら現場を監督し、尾張《おわり》・美濃《みの》・近江・伊勢・三河《みかわ》・山城・

大和《やまと》・摂津《せっつ》・河内《かわち》・和泉《いずみ》・若狭・丹後《たんご》・丹波《たんば》・播磨《はりま》の侍たちに普請役を賦課して行われた。動員された侍の数は、およそ一万五千人から二万五千人と伝えられている（『信長公記』、『言継卿記』、『十六・七世紀イエズス会日本報告集』）。まさに幕府再興を示す上で格好の普請であったと言えよう。普請はおよそ二ヵ月半で終わり、四月には義昭が新しい御所へ移っている（『言継卿記』）。なお、御所の普請に先立ち、真如堂は禁裏《きんり》に近い一条西の四丁町へ移転させられた（「真正極楽寺文書」）。

御所の周囲に武士たちの邸宅が数多く築かれた事実も見逃せない（『信長公記』）。武家地が御所のまわりに出現し、上京と下京の集落の一体化が進んだと見ることもできるからだ。こうした点から、高橋康夫は、御所築造の奉行である信長が、分散的・二極的な地域集落であった上京と下京を、御所と城下の建設によって一元化、統合したと言う（高橋康夫 二〇一五）。

さて、元亀四年（天正元年、一五七三）春、義昭と信長の対立が公然化し、両者は合戦に及んだ。そして、同年七月には、義昭が京都を出て山城槙島城《まきしまじょう》に入っている（奥野高広 一九六〇）。その後、御所が織田軍の手に落ちると、洛中洛外の住人たちが御所へ押し入り、建造物の多くが取り壊された（『兼見卿記』）。

その後、義昭の京都退去から三年後の天正四年（一五七六）の九月・十月には、築城中の安土城《あづちじょう》へ義昭御所の櫓や門が移築され、石垣も破壊され、堀も埋められた（『言継卿記』、『言経卿記』）。

義昭御所の構成

昭和五十年（一九七五）、地下鉄烏丸線《からすません》建設の事前発掘調査によって、義昭御所跡が偶然発見された。これ以後、部分的ではあるが、発掘調査が行われ、石垣や横堀、土橋《どばし》の遺構が検出された。その結果、御所の南北の範囲については、およそ三九〇メートル（およそ三町半）であることが判明した（玉村登志夫 一九九六、高橋康夫 二〇一五）。一方、東西の範囲については、三町程度（約三二七メートル、横田冬彦 一九九三）、二町程度（約二一八メートル、高橋康夫 二〇一五）と、今のところ見方が分かれている。

義昭御所は、四方に石垣を設けた城館であり、西側の石垣は、四間一尺（約七メートル半）の高さを誇る高石垣であった（『言継卿記』、『多聞院日記』）。築造の際、石仏《せきぶつ》を破壊し、それを石垣に転用したことは、あまりに有名である（図22参照）。また御所の門を防御するための石垣が三ヵ所に設けられ（『十六・七世紀イエズス会日本報告集』）、公家の山科言継《やましなときつぐ》は、自身の日記のなかで、これを「出《だ》しの磊《いしくち》」と呼んだ（『言継卿記』）。この「出し」については、虎口《こぐち》（城館の出入り口）の外に設けた馬出《うまだし》（虎口の防御のための曲輪）とする見方がある（鳥羽正雄 一九八二）。また同じような見方に立ち、「出し」が三ヵ所に設けられた点に注目して、義昭御所と聚楽第《じゅらくだい》の縄張《なわばり》の近似性を見出す見解もある（横田冬彦 一九九三、図23参照）。

御所の堀であるが、一九七〇年代の発掘調査では、築造の際、もともと存在した、幅約一〇メートルの堀を埋めた事実が判明している（玉村登志夫 一九九六）。この堀については、義輝御所の堀とする見方がある（高橋康夫 二〇一五）。また『言継卿記』の「二の堀」という記載から、義昭御所には内堀と外堀の二重の堀が存在した、と最近までは理解されていたが、平成二十八年（二〇一六）、内堀跡と外堀跡の間で新たな堀跡が発見され、三重に堀が設けられていた可能性が出てきた。

御所には天守や櫓も存在した。三重の天守は南西の角《すみ》に設けられていた（『言継卿記』、『兼見卿記』）。

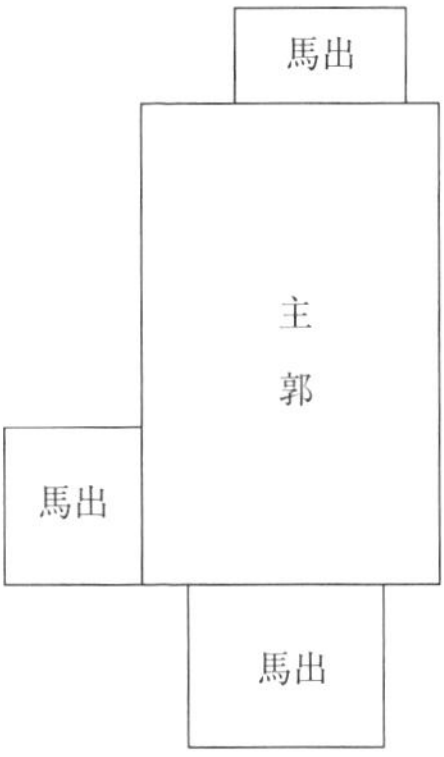

図23　主郭と馬出　聚楽第の内部の事例にもとづいて作成

図22　石垣となった石仏　義昭御所跡（旧二条城跡）の出土品　公益財団法人京都市埋蔵文化財研究所所蔵

おそらく、洛中洛外の城館では最初の天守であろう。

以上のような構成から、義昭御所については、近世の城館ととらえる見解がある（鳥羽正雄 一九八二、横田冬彦 一九九三、高橋康夫 二〇一五）。義昭御所はそれまでの洛中洛外には見られない新しいタイプの城館であった。こうした城館は、将軍が襲撃されるという非常に不安定な政治情勢によって出現したのだ。

信長の京都宿所

表7は、信長の在京日数などを示したものだ。対象は、義昭を追放した元亀四年（一五七三）から、天正十年（一五八二）の本能寺《ほんのうじ》の変《へん》までの間である。ここから、在京日数よりも、岐阜や安土に居た日数のほうが長いことが推測できる。

元亀三年三月、信長は、上京にあった公家の徳大寺《とくだいじ》公維《きんふさ》邸を接収し、同所において、自邸（武者小路《むしゃこうじ》屋敷）の普請を開始した。彼が京都に自身の城館を設けようとしたのは、この時が最初である。信長邸の普請は義昭の支援を受けて進められ、築地塀《ついじべい》の築造も行われたが、翌年の義昭と信長の抗争の

備　考
足利義昭を追放する
在京の最大日数が71日程度の可能性もある
6月2日に信長敗死

所」とは洛中洛外での宿所を

163日」とは，岐阜に最大で

表7　信長の在京

年	総日数	在京日数	本拠滞在日数	宿　所
天正元年(元亀4年, 1573)	354日	60日	岐阜－163日	知恩院・妙覚寺
天正2年(1574)	384日	100日前後	岐阜－百数十日	相国寺
天正3年(1575)	354日	90日	岐阜－186日	相国寺・妙覚寺
天正4年(1576)	354日	30日	岐阜－5日, 安土－224日	妙覚寺
天正5年(1577)	384日	47日	安土－286日	妙覚寺・二条屋敷
天正6年(1578)	354日	94日	安土－210日	二条屋敷
天正7年(1579)	355日	83日	安土－209日	二条屋敷・妙覚寺
天正8年(1580)	384日	47日	安土－317日	妙覚寺・本能寺屋敷？
天正9年(1581)	354日	21日	安土－328日	本能寺屋敷
天正10年(1582)	355日	3日	安土－101日	本能寺屋敷

＊織田信長の在京に関する表である.

＊「総日数」とは, 1年間の日数である.「在京日数」とは, 信長の在京日数を示す.「宿さす.

＊「本拠滞在日数」とは, 本拠（岐阜・安土）における滞在日数を示す. 例えば「岐阜－163日滞在したことを意味する.

＊正確な日数を示すことは困難である. ゆえに, 表に示した日数は最大日数となる.

＊作成にあたっては, 藤井讓治編 2016, 河内将芳 2018 を参照した.

際、未完成のまま、義昭方に破壊された（『兼見卿記』、『十六・七世紀イエズス会日本報告集』）。

信長が京都で再び城館普請を行うのは、天正四年春のことである。彼は、下京の二条殿《にじょうどの》（摂家《せっけ》の二条家の邸宅）に目をつけ、これを接収して自邸（二条屋敷）に改築した。信長がこの城館へ入ったのは、翌五年閏《うるう》七月のことだ。しかし、二年後の天正七年十一月、信長は、次期天皇と目されていた誠仁《さねひと》親王《しんのう》（正親町天皇《おおぎまちてんのう》の皇子）に二条屋敷を献上している（『信長公記』、『言継卿記』、『言経卿記』）。この城館には堀がめぐらされ、築地塀も存在したらしいが（『兼見卿記』、『老人雑話』）、石垣は築かれなかったと考えられている（横田冬彦 一九九三）。

天正八年三月、信長は、下京に程近い日蓮宗《にちれんしゅう》寺院の本能寺に目をつけ、同寺を自邸に改造した（本能寺屋敷）。以後、この城館が京都における信長の居所となり、本能寺の変では、明智《あけち》（惟任《これとう》）光秀《みつひで》の攻撃を受け、旧二条屋敷（誠仁親王御所）とともに炎上した（『兼見卿記』、『日々記』、『信長公記』）。近年、本能寺屋敷跡の発掘調査が行われ、堀の遺構などが検出され、堀の一部に石垣が設けられていた事実が判明している。なお、信長不在時の本能寺屋敷は、寺院として機能した可能性が高いと見られる（河内将芳 二〇一八）。

信長の城館は、上京と下京の中間に設けられた義輝・義昭の御所とは異なり、上京・下京の内か、下京に近い場に置かれたことが特徴だ（巻頭地図1を参照）。京都の支配を明智光秀や、京都所司代の村井《むらい》貞勝《さだかつ》に担当させたこと（谷口克広 二〇〇九、藤井讓治編 二〇一六）、そして、京都よりも岐阜や安土に長く居たことからすれば、永禄・元亀年間（一五五八―七三）の幕府と同じ場、あるいは、それに近い場に城館を構える必要はなかったと考えられる。

また武者小路屋敷・二条屋敷・本能寺屋敷を、義昭御所と比べたとき、この三つの城館では、高石垣、「出し」、天守の存在が確認できない。どうやら、信長は、義昭御所を越える規模の城館を京都では築こうとせず、同地における彼の居所は宿所にとどまっていたようだ（横田冬彦 一九九三）。

コラム1　将軍御所を室町殿の跡地に！

足利義満《あしかがよしみつ》以降、多くの将軍が室町殿（花御所《はなのごしょ》）を自らの御所とした。彼らの住む室町殿は、いずれも室町通に面した御所の西側に正門を設け、西を正面としていた（川上貢 二〇〇二）。文明八年（一四七六）に室町殿が火災で焼失した後、三年後の文明十一年や同十三年に、室町殿の再建を目指す動きも見られたが、結局、実現には至らなかった（高橋康夫 二〇一五）。

長享二年（一四八八）、室町殿の跡地をめぐり、蔭涼軒《いんりようけん》主の亀泉集証《きせんしゆうしよう》と奉公衆の金山元実の間である会話があった。集証はまず金山に対し、近年、同地には夜盗が集い、殺人による死体がしばしば遺棄され、しかも、あるときは土一揆《つちいっき》の陣所《じんしょ》となり、またあるときは無頼《ぶらい》の徒《と》による博奕《ばくえき》や喧嘩《けんか》の場となっていると述べた。そして、治安の回復を意図したのか、集証は、室町殿の跡地に民家を建てたら良いと金山に提言している。このとき、金山は、同地は将軍御所の建つ場として相応しいので、民家を建ててはならないと賛同しなかったが、その後、室町殿跡地には家屋が構えられるようになった。延徳三年（一四九一）には、同地で起こった火災により民家が炎上している（『蔭涼軒日録』）。

延徳三年から三十年余りが経過した大永四年（一五二四）、足利義晴《よしはる》の御所を築造することになり、その候補地として、「高倉御所御跡」「伊勢守近辺新地」と「花御所御跡」が挙がった(『御作事方日記』)。「高倉御所御跡」は足利義政《よしまさ》の御所烏丸殿《からすまどの》の跡地、「伊勢守近辺新地」は政所執事《まんどころしつじ》伊勢《い》貞忠《さだただ》邸の近く、「花御所御跡」は室町殿が存在した地であろう。室町殿の跡地が御所の候補地となったことは注目される。

その後、一年余りの後、将軍御所の候補地から右の三つは外され、細川殿の北方に位置する同家被官人らの邸宅跡に、将軍御所を移すことが決まった。この御所は初期洛中洛外図《らくちゅうらくがいず》の一つ歴博甲本(五章参照)にも描かれ、また後世には「柳の御所」と呼ばれることになる。義晴がここに移徙《いし》したのは大永五年の暮だ。当初、候補地ではなかったこの地を推したのは細川高国《たかくに》である(『御作事方日記』、『二水記』)。室町殿跡地などの三つの地を押し退ける形で京兆家被官人らの邸宅跡が選ばれたのは、この地が高国の本拠細川殿に近く、将軍義晴の動静を捕捉するためであったと見られる(末柄豊 二〇一一)。

天文八年(一五三九)、義晴は室町殿の跡地に新しい御所を築造した。当時「今出川御所《いまでがわごしょ》」と呼ばれたこの御所は(『言継卿記』)、義晴のほか、その子義輝も使用し、初期洛中洛外図の東博模本(五章参照)にも描かれた邸宅であった。

今出川御所が室町殿の跡地に建てられたのは、かつて将軍が住んだ地であったためと見られるが、この御所は、義満・義教・義政の御所とは異なり、今出川通に面する東を正面としていたらしい。かつて室町殿が存在した地に築造されたにもかかわらず、このような構成の将軍御所となった理由、言い換えると、室町通に接する西が今出川御所の正面とならなかった理由は、室町殿跡地の西側に民家が建っていたためと見られる（小島道裕 二〇〇九）。

永禄二年（一五五九）、義輝は斯波氏の邸宅跡に新しい御所（義輝御所）を築いた。そして、これにともない、おそらく、今出川御所は破却されたと見られるが、その後も室町殿跡地と将軍の密接な関わりは意識されていたようだ。永禄八年制作説が有力となっている初期洛中洛外図の一つ上杉本《うえすぎ》は（五章参照）、そのことを示唆する屛風絵であろう。上杉本の将軍御所については、多分に理想化された、あるいは概念化された義政の室町殿が描かれたものとする見方が近年提示されており（高橋康夫 二〇一五）、その可能性は高い。上杉本の制作に関係した者のなかには、室町殿跡地こそは将軍御所が建つ地として相応しい、と見る人々がいたのかもしれない。

五　乱世の都とその住人たち

1　初期洛中洛外図の時代

初期洛中洛外図

京都の中心部にあたる洛中《らくちゅう》とその周辺部にあたる洛外《らくがい》を一対の屛風《びょうぶ》に描いた洛中洛外図屛風は、戦国時代に成立した風俗画の一種だ。この絵画は江戸時代まで制作され続け、現存するものは百点以上に達している。六曲一双《ろっきょくいっそう》の形式をとることが多い洛中洛外図屛風は、初期洛中洛外図、変型洛中洛外図、第二期洛中洛外図に分類されている（武田恒夫　一九六六）。

初期洛中洛外図は戦国時代の京都の景観を一定度忠実に描いたものと見られ、今のところ、つぎの四点が知られている。

①歴博甲本：国立歴史民俗博物館蔵、「三条本」「町田本」の名称でも知られる。大永五年（一五二五）の景観を描いたと見られ、作者は狩野元信《かのうもとのぶ》をはじめとする狩野派の絵師たちと推定されている。

②東博模本：東京国立博物館蔵、江戸時代前期に制作された模本であるが、描かれた景観は一五四〇年代前半と見られる（小島道裕　二〇〇九）。原本の所在については不明。

③上杉本：米沢市上杉博物館蔵、永禄八年（一五六五）の景観を狩野永徳《えいとく》が描いたものと言う。制作させた人物は将軍足利義輝《あしかがよしてる》であり、義輝の死後、織田信長《おだのぶなが》がこの屛風を入手し、上杉謙信《うえすぎけんしん》に贈ったと考えられている（黒田日出男 一九九六）。

④歴博乙本：国立歴史民俗博物館蔵、「高橋本」の名称でも知られる。一五八〇年代ごろに認識されていた「京都らしい京都」を制作者の判断として描いたものと言う（小島道裕 二〇〇九）。

これら四点の初期洛中洛外図では、天皇の住む禁裏《きんり》や、室町幕府の所在地である将軍御所（柳の御所、今出川《いまでがわ》御所）、細川京兆家《ほそかわけいちょうけ》の本拠細川殿が景観の中心に置かれている。このような京都の景観を描く屛風は、十六世紀初めにはすでに存在し、永正三年（一五〇六）に、越前《えちぜん》を支配する朝倉貞景《あさくらさだかげ》は、「京中」すなわち京都の景観を描く屛風を新調させている。描いたのは、朝廷の御用絵師土佐光信《とさみつのぶ》であり、この屛風を見た公家の三条西実隆《さんじょうにしさねたか》は、その日記『実隆公記』のなかで「尤《もっと》も珍重の物なり、一見興あり」と記している。見応えのある屛風と実隆は感じていたようだ。

変型洛中洛外図や第二期洛中洛外図にもふれておこう。変型洛中洛外図は豊臣政権期もしくは江戸時代初頭の景観を、第二期洛中洛外図は江戸時代の景観を描いたものである。こうした洛中洛外図では、将軍御所や細川殿に代わり、豊臣政権の本拠聚楽第《じゅらくだい》、大仏殿《だいぶつでん》（いわゆる方広寺《ほうこうじ》）、徳川将軍家の拠点二条城《にじょうじょう》、祇園会《ぎおんえ》などが景観の中心に置かれるようになった（武田恒夫 一九六六）。

タテ型の秩序

四点の初期洛中洛外図を見ると、描かれた家屋の大半が、いわゆる石置き板葺《いたぶ》き屋根であることがわかる。そして、数こそ少ないが、二階建て家屋の存在も確認でき

図24　四条室町の家屋　「洛中洛外図屛風」歴博甲本より右隻の第一扇下部　国立歴史民俗博物館所蔵
石置き板葺き屋根の家屋や，二階建て家屋が見える．

る（図24参照）。これらは、おもに被支配者層の家屋であろう。また初期洛中洛外図の上杉本を見ると、洛外では、麦畠や野菜畠などの存在が確認できる。そして、野菜畠では、京都の住人を販売対象とした近郊型の農業が行われていたことが知られる（小泉義博　一九九〇）。

戦国時代の洛中洛外の様相を見るとき、重要となるのが支配者と被支配者の関係である。仁木宏の研究によりながら、この点を見ることにしよう。両者の関係の基礎となるのは、①土地支配、②商工業支配、③主従制《しゅじゅうせい》の三つである。

①であるが、領主（武士・公家・寺社）は借地人である「百姓」（庶民以外にも武士や公家を含むことがある）に、土地を割りつけ、こうした人々の家屋・家財の検断権《けんだんけん》（警察

権と裁判権の行使）を有し、地子銭（地代）などを徴収した。その代わり「百姓」の土地用益は保障するのである。②は座《ざ》と関わっている。座とは、本所《ほんじょ》（公家や寺社）に所属して座の構成員、すなわち座人《ざにん》となった商工業者などの集団だ。座の本所は座人から座役《ざやく》などを徴収し、座人による販売独占の権利などを保護した。朝廷と供御人《くごにん》、寺社と神人《じにん》の関係も同様の関係に近い。③は主人（武士・公家・寺社）が被官らに対し、軍役《ぐんやく》・夫役《ぶやく》などを課す代わりに、幕府や他の領主の検断・諸賦課が免除されるよう保障するというものである。そして、ある支配者は土地の領主、座の本所、主人として、それぞれ別の京都住人を「百姓」、座人、被官として支配し、ある被支配者は「百姓」、座人、被官のそれぞれの面で別の領主、本所、主人と関係を結んでいた。後者に注目すれば、彼はそれぞれの面で支配を受け、収奪の対象となるものの、また別の面で保護を期待できたのである（仁木宏 二〇一〇）。

右のような①〜③の関係、つまりタテ型の秩序のうち、②の座であるが、販売場所を制限したり、特定の商人に販売独占を許可するシステムが崩壊への道をたどったことで、十六世紀第3四半期には、京中において事実上の「楽座《らくざ》」状況が出現することになった（仁木宏 二〇一九）。それゆえ、戦国時代の後半においては、強い影響を及ぼすことはなかったと見られる。しかし、こうした複数の秩序が錯綜しつつ存在したことは、さまざまな角度から京都の住人が分割支配を受けるという事態をもたらした。戦国時代の京都では、きわめて多元的で交錯した支配の構造が見られたのである。

こうしたタテ型の秩序の存在により、戦国時代初頭の幕府が担う役割は、領主間の利害対立の調停と、個々の領主では抑圧できない京都住人の抵抗を弾圧することが主となった。また京都を対象とした法令を幕府が文書で出す際、その文書は住人たちに直接手交されず、土地の領主や座の本所である公家や寺社に交付された。

なお、十六世紀第2四半期以降、町・町組《ちょうぐみ》・惣町《そうちょう》が形成され、これらの都市共同体が武家権力の発給文書の宛所《あてどころ》（宛先）として登場するようになるが、この段階でも、タテ型の秩序はなお残った（仁木宏 二〇一〇）。

日蓮宗と延暦寺・山門系寺社

室町時代の京都では、日蓮宗《にちれんしゅう》（法華宗《ほっけしゅう》）が台頭していた。応仁《おうにん》・文明《ぶんめい》の乱《らん》後、同宗は多くの京都住人を信者とし、こうした人々の支えのもとで、洛中に多くの寺院を建立した（図25参照）。そして天文年間（一五三二―五五）の初年には、日蓮宗門徒らを構成員とする法華《ほっけ》一揆《いっき》が京都の都市自治の担い手となっている。

しかし、日蓮宗・法華一揆の台頭は、延暦寺《えんりやくじ》（山門《さんもん》）の大衆《だいしゅ》との対立を激化させ、天文五年には天《てん》文法華《ぶんほっけ》の乱《らん》が勃発した。この戦乱では日蓮宗が延暦寺大衆や近江《おうみ》の六角定頼《ろっかくさだより》に敗れ、同宗は一時京都から追放されている。その後、天文十六年、延暦寺が日蓮宗の京都還住《げんじゅう》を認め、同宗は京都に戻った。以後、日蓮宗は、天正七年（一五七九）の安土宗論《あづちしゅうろん》で浄土宗《じょうどしゅう》に敗れたものの、京都において確固とした地盤を保った。一方、延暦寺のほうは大衆が信長と対立して、元亀二年（一五七一）、織田勢の焼き討ちに遭い大きな打撃を受けた（河内将芳 二〇〇六、同 二〇一三）。

京都には延暦寺傘下の寺社、すなわち山門系寺社が存在した。それらは京都住人の活動と密接に関わっていたと見られる。山門系寺社としては、上京の革堂《こうどう》（行願寺《ぎょうがんじ》）、下京の六角堂《ろっかくどう》（頂法寺《ちょうほうじ》）、洛外の

図25　妙覚寺（上）と妙顕寺　「洛中洛外図屛風」上杉本より右隻の第五扇下部
米沢市上杉博物館所蔵

北野《きたの》社《しゃ》・祇《ぎ》園社《おんしゃ》が代表的である。これらは延暦寺の横川《よかわ》の末寺《まつじ》であり、北野・祇園両社は、延暦寺と一体化した日吉《ひえ》社《しゃ》の末社《まっしゃ》でもあった。

享禄五年（天文元年、一五三二）、細川晴《はる》元《もと》が本願寺《ほんがんじ》・一向一揆《いっこういっき》と戦闘を交えた際、上京では革堂の鐘《かね》が、下京では六角堂の鐘が鳴らされた。それは「集会」の鐘であった（『二水記』）。革堂は上京住人たちの、六角堂は下京住人たちの集会の場として機能していたのである。

北野社であるが、同社の代表的な祭礼であった北野祭（旧暦七月・八月の開催）は、この戦乱以後、廃絶状態となった（三枝暁子　二〇一一）。また祇園社の祭礼で旧暦六月に行われる祇園会（祇園祭、口絵3参照）も、応仁・文明の乱が起こったことにより、三十三年もの間、中断を余儀なくされた。祇園会は明応九年（一五〇〇）に再興されたが、その後、十六世紀前半には、下京住人の祭礼としての性格を強めていく（早島大祐 二〇〇六）。

室町・戦国時代の祇園会は、順調に開催されない祭礼であった。とくに戦国時代はおよそ二年に一度、式日《しきじつ》（旧暦の六月七日・一四日）通りに行われず、延引・追行《ついこう》となった。こうした事態がほぼ解消されるのは、信長が延暦寺と日吉社を焼き討ちした元亀二年より後のことである。このような状況の背景として、河内将芳は、祇園会の前に行われるはずの日吉祭（旧暦四月の開催）や日吉小五月会（旧暦五月の開催）が、延暦寺の大衆たちが自らの要求を押し通すために行った訴訟により、延引・追行となったため、玉突き状態で祇園会もまた、延引・追行を余儀なくなされたと言う（河内将芳 二〇〇六、同 二〇一二）。

2 都市共同体の形成

町の形成

十六世紀に京都の地縁的結合は大きく変化した。家持層を中心とする都市共同体が確立したのだ。この共同体は「町《ちょう》」と呼ばれ、近世につながるものとされる。なお、近世の町は、地縁的・職業的身分共同体と規定されている。職業的というのは、商業が町人の結合の核になったことにもとづく規定だ（朝尾直弘 二〇〇四b）。

仁木宏の研究（仁木宏 二〇一〇）によれば、一五三〇年代あるいは十六世紀第2四半期に、地縁

図26　町尻　「洛中洛外図屛風」歴博甲本より左隻の第四扇下部　国立歴史民俗博物館蔵

的・職業的共同体として形成された町は、①町を単位に土地・家屋の共同管理、共同保障、生業の相互保障などを行い、②地子銭などの賦課をまとめて納める体制を作り上げていた。また、③一構成員の問題を町全体の問題ととらえる一揆的な集団としての特徴を、町は濃厚に有し、④町全体に迷惑を及ぼした構成員は、町から制裁を受けたと言う。生活共同組織の段階にとどまっていた十五世紀の町とは質的に異なり、住人どうしの結束がより強固になったのだ。

　このほか、町の特徴として、つぎの点も挙げられる。⑤町の運営を主導したのは、長老格の年寄（行事）や、月々交替して町の運営にあたる月行事《がちぎょうじ》らであった（秋山国三　一九八〇）。⑥屋敷地《やしきち》の奥行は深く、道路に面した側と反対側の「町尻」と呼ばれる場に（図26参照）、畠地《はたち》や農家などが存在した可能性は高い（朝尾直弘　二〇〇四a）。

　ところで、戦国時代は自力救済《じりききゅうさい》の社会であった。すなわち侵害された権利を、自己の実力によって回復するという動きが日常的に見られたのだ。町もこうした自力救済の世界と無縁ではなかった。たとえば町の構成員に危害が加えられると、それが町全体にとっての利益侵害と認識されたために、個人間争闘がたちまち集団間の喧嘩に発展したと言う（仁木宏 二〇一〇）。

このような町は、土地領主や座の本所の支配が弛緩するとともに、京都の住人自らが自身の土地や家屋を維持し、生業を成り立たせる必要に迫られていたことから、形成されたと言う（仁木宏 二〇一〇）。このほか、祇園会の山鉾《やまぼこ》の維持に必要な財源を確保し、またそれと関連して屋地の売却に関する町の規制を設けたことが、町共同体の確立につながったとする見方や（早島大祐 二〇〇六）、法華一揆の台頭に伴う治安の乱れから、自衛の必要が生まれ、そのことが町を成立させる契機になったとの見方（桜井英治 二〇一一）もある。

惣町と町組

近世の京都では、町は単独で存在せず、〈町―町組―惣町〉という重層構造を形成し、そのなかで周辺の町々とさまざまな関係を持ちながら存在していた（杉森哲也 二〇〇八）。十六世紀はその町組や惣町の原型が形成される時期でもあるが、これらがどのような過程を経て形成されたのかについては不明な点が多い。しかし、個別町を越えて行われる祭礼や、喧嘩、銀の徴収などから、惣町や町組といった地縁的組織の存在を確かめることは可能だ。

天文二年（一五三三）六月六日、幕府は延暦寺の圧力を受け、祇園会の延引を決めたが、翌日、下京「六十六」町の月行事らがこの決定に反発して、祇園社に対し、神事が行われなくても、山鉾は巡行させたいと主張した（『祇園執行日記』）。この下京「六十六」町の月行事は、下京惣町の構成員でもある。

元亀二年（一五七一）七月二十五日、将軍足利義昭《よしあき》の御所（義昭御所）の近くで、盛大な風流踊《ふりゅうおどり》が行われた。風流踊とは、旧暦七月に華美な装いで行われる盆踊である。公家の山科言継《やましなときつぐ》の日記は「今日上京中の躍、（中略）先ず一条《いちじょう》室町以下雪躅鷺等なり、次いで西陣《にしじん》二十一町の與（くみ）、田裁・座頭上るり等、第一の見事なり、次いで立売《たちうり》薦僧尺八《しゃくはち》以下、第三の見事、次いで絹屋町・小川鐘鋳以下、入破《いりは》三番道明寺・西王母・黒主、第二の見事等なり」と記すが（『言継卿記』）、この記述から、上京の各町から踊り手が出たこと、その踊り手たちが「一条室町以下」「西陣」「立売」「絹屋町・小川鐘鋳以下」の四グループのいずれかに属していたことは確かだ。また、これら四グループが「上京中」という集団として踊を披露したこともわかる。

元亀二年の風流踊の場合、さきに挙げた四グループは、「二十一町の與」から町組に（河内将芳 二〇〇〇、早島大祐 二〇〇六）、「上京中」は上京の惣町に相当すると見られる。

時期は前後するが、天文十九年（一五五〇）閏《うるう》五月、二条室町の辺りで喧嘩があり、百人ばかりの負傷者が出た。このとき、摂家《せっけ》の二条晴良《はれよし》と上京・下京の宿老《しゅくろう》（指導者的な存在）らが仲裁を行い、喧嘩の当事者どうしを和解させた（『言継卿記』）。この上京・下京の宿老は、上京惣町・下京惣町を主導する者たちであろう。

元亀四年（天正元年、一五七三）、義昭と織田信長が対立し、同年四月に信長は、敵対的な行動をとる上京を焼き払った。このとき、焼き討ちをまぬがれた下京は、織田氏への礼として、信長に献金を行うことを決め、個別町に対し、一町あたり銀十三枚の拠出を求めた。キリスト教の一派イエズス会の宣教師ルイス・フロイスの書簡には、「課せられた税を払えない者はたちまち強制的に貧相な家から追い出されたからであり、彼らに課したものはこれを売却することによって徴収された」とあり（『十六・七世紀イエズス会日本報告集』）、各町に莫大な負担を押し付けた結果、負担に堪えられない者に対し、容赦のない措置がとられたことがわかる。この下京における出来事は、惣町の利益が、個別町に優先するという現実を示すものと言える（安国良一　一九八九）。

なお、町組を構成する町どうしの間では格差が存在した。たとえば元亀三年、上京の町組の一つ立売組は、十四の親町《おやちょう》と十五の寄町《よりちょう》（枝町《えだちょう》）で構成され、親町を上位とする形の町間格差が見られた（秋山国三　一九八〇、河内将芳　二〇〇〇）。

六町の住人たち

六町とは、禁裏近くの「一条」二町・「正親町《おおぎまち》」二町・「烏丸《からすま》」・「橘辻子《たちばなずし》」を基礎とする組織である。高橋康夫の研究（高橋康夫　一九八三）によりながら、これらの町の様相を見ることにしよう。

応仁・文明の乱後、禁裏の西北の地に邸宅や町屋《まちや》が建ち並び、やがて地縁的な結びつきが強まって、道路の名称を固有名称とする六つの町が形成された。このうち「一条」の一町、「正親町」の一町と「烏丸」、「橘辻子」の計四町は両側町である。

六つの町に居住したのは、公家や公家に仕える侍、僧侶、武家、商工業者らであった。こうした人々のなかには、六町に関する貴重な記述をその日記に記す、公家の山科言継（『言継卿記』）がいる。また立入《たてり》宗継《むねつぐ》・渡辺《わたなべや》弥七郎《しちろう》（初代川端道喜《かわばたどうき》）・同又七《またしち》（二代目川端道喜）のような商工業者もいる（図27参

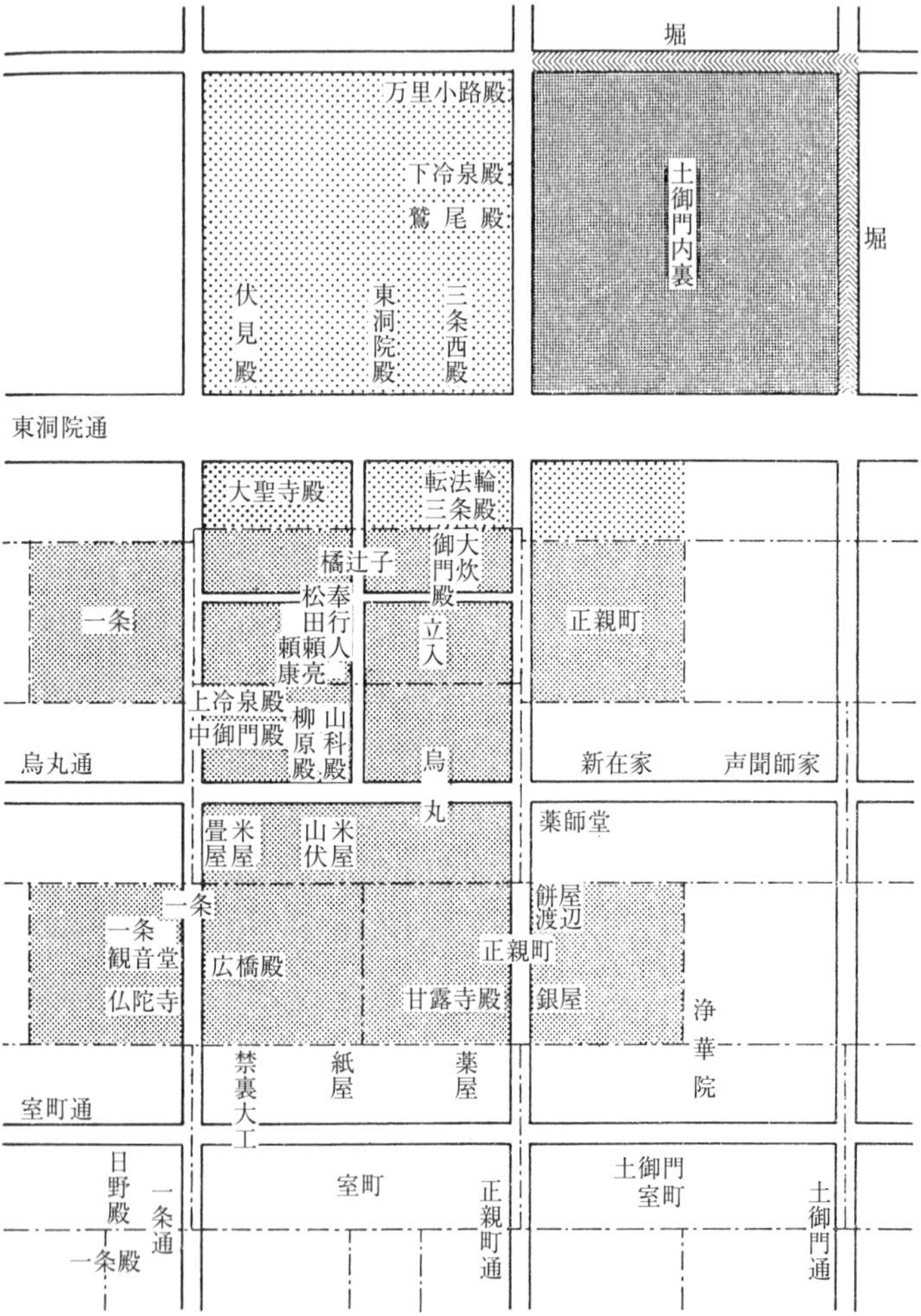

図 27　六町の町並図　高橋康夫 1983 より

大永～天文ごろ.「洛中洛外図屏風」歴博甲本にあわせ上方を東としてある.

照）。

朝廷の倉を管理する禁裏御倉職《みくらしき》の地位に就き、土倉業を営んでいたと見られる立入は、朝廷の使者として信長のもとへ出向き、朝廷の賄料（経費）を確保するための貸米の管理にも携わった。渡辺弥七郎は餅屋を営み、正親町天皇《おおぎまちてんのう》に仕える上臈局《じょうろう》（二条尹房娘《にじょうただふさ》、花山院家輔養女《かざんいんいえすけ》）の被官となって、諸役免除の特権を獲得した。また山科言継らとともに碁・将棋などに興じ、言継邸で行われた歌会にも参加している。

大永七年（一五二七）、細川晴元の軍勢が「烏丸」町内の諸家へ乱入する出来事が起こったが、この時、同町の住人たちは、「かこい」（『言継卿記』）と呼ばれる構《かまえ》を築いて抵抗し、同じ町内の公家たちも構を築くために材木を提供している。

その後、享禄年間（一五二八―三二）に「烏丸」町など六つの町は町集団の確立を終え、地縁を契機として連帯する形で、天文三年（一五三四）二月、個別町を基礎とする組織としての六町を結成したと言う。契機は、朝廷から命じられた堀普請人夫役の賦課に応じて、種々の免除特権を得ようとしたことにあった。そして、この時から、六町と朝廷は相互扶助的な関係を結び、やがては「禁裏様六町」（「川端道喜文書」）と呼ばれるようになる。すなわち朝廷が六町に人夫役を賦課して、自らの安全の確保をはかり、六町は、朝廷から寄宿免除・諸役免除などの特権を獲得したのだ。こうして六町は、禁裏の堀普請や警固《けいご》（後述）を勤め、朝廷と密接な関係を持った。

この六町については、今のところ、町組としてとらえる見方（高橋康夫　一九八三）と、上京・下京なども並ぶ惣町とする見方（牧知宏 二〇〇九、仁木宏 二〇一〇）がある。

洛中洛外の構

応仁・文明の乱の際、洛中洛外では戦闘・防御施設としての構や、庶民による自衛のための構が築かれた。そのなかには「東御構《おかまえ》」（「八瀬童子会文書」）、すなわち足利義政《よしまさ》や細川勝元《かつもと》らのいる上京の東軍の陣所も含まれる。これらの構は、大乱終結の後、破却の対象となることがあった（高橋康夫 一九八三、山本雅和 二〇〇二）。しかし、大乱終結後も治安は悪く、そのため、禁裏やその周辺には堀、釘貫《くぎぬき》（別名は釘貫、木戸門の一つ）、虎落《もがり》（柵・垣根のこと）などが設けられ、また中御門家・三条西家といった公家の邸宅においても堀の築造や釘貫の設置が行われた（高橋康夫 一九八三、川嶋将生 一九九二、登谷伸宏 二〇一五）。

応仁・文明の乱後、京都に建立された日蓮宗寺院にも構が設けられたようだ。洛中洛外図の上杉本を見ると、妙覚寺《みょうかくじ》・妙顕寺《みょうけんじ》は、周囲に堀をめぐらしている。また寺と寺内《じない》（寺近くの町場）で構成される本圀寺《ほんこくじ》は、これらの周囲に堀や塀を設けていた（森田恭二 一九八二）。なお、構は日蓮宗寺院以外でも見られ、たとえば十五世紀後半の東寺《とうじ》には堀・釘貫・櫓が存在し、十五世紀後半の相国寺《しょうこくじ》の塔頭《たっちゅう》には櫓が設けられていた（高橋康夫 一九八三、福島克彦 二〇〇九）。

さて、洛中洛外を描く歴博甲本や上杉本を見ると、上京・下京では木戸門や櫓（口絵2参照）、土塀・堀が見られる。また洛外を描く部分に目を移すと、村の周辺と思われる箇所では土塀・木戸門・柵などが確認できる（下坂守 一九八三、高橋康夫 一九八三、図28参照）。

こうした描写は創作ではない。近年の京都市内の発掘調査では、十六世紀に掘削された堀の遺構が確認され、応仁・文明の乱段階よりも規模が大きいことや、恒常的に維持された堀があったことが明らかにされている（山本雅和 一九九五、同 二〇〇二）。また、すでに述べたように、禁裏近くの「烏丸」町では「かこい」と呼ばれる構が築かれ、天文十三年（一五四四）には「町々の釘抜・門戸」（『厳助往年記』）、すなわち京都の多くの町に釘貫と門が設けられていた。個別町の構以外では、細川氏の命により、明応八年（一四九九）に「京中の堀」が（『後法興院記』）、天文三年に上京・下京を取り囲む「総堀」が築かれている（『言継卿記』）。

図28　粟田口村の木戸門と柵　「洛中洛外図屛風」歴博甲本より右隻の第三扇上部　国立歴史民俗博物館所蔵

個別町の構のなかで具体的な様相が一定度知られるのは、上京の芝大宮町《しばおおみやちょう》である。同町はいわゆる西陣の中核をなす町である。芝大宮町には釘貫や門が存在し、天正六年（一五七八）から同十二年までの間に、それらの築造や修理が行われている。その際、町は寄付のほか、町内の有徳人（富裕層）からの借銭に頼ったようだ（及川亘 二〇〇九、「芝大宮町文書」）。

武士と都市共同体

一五三〇年代以降、町や惣町といった都市共同体は、幕府・細川氏・三《み》好《よし》氏・織田氏の発給文書の宛所として登場するようになっ

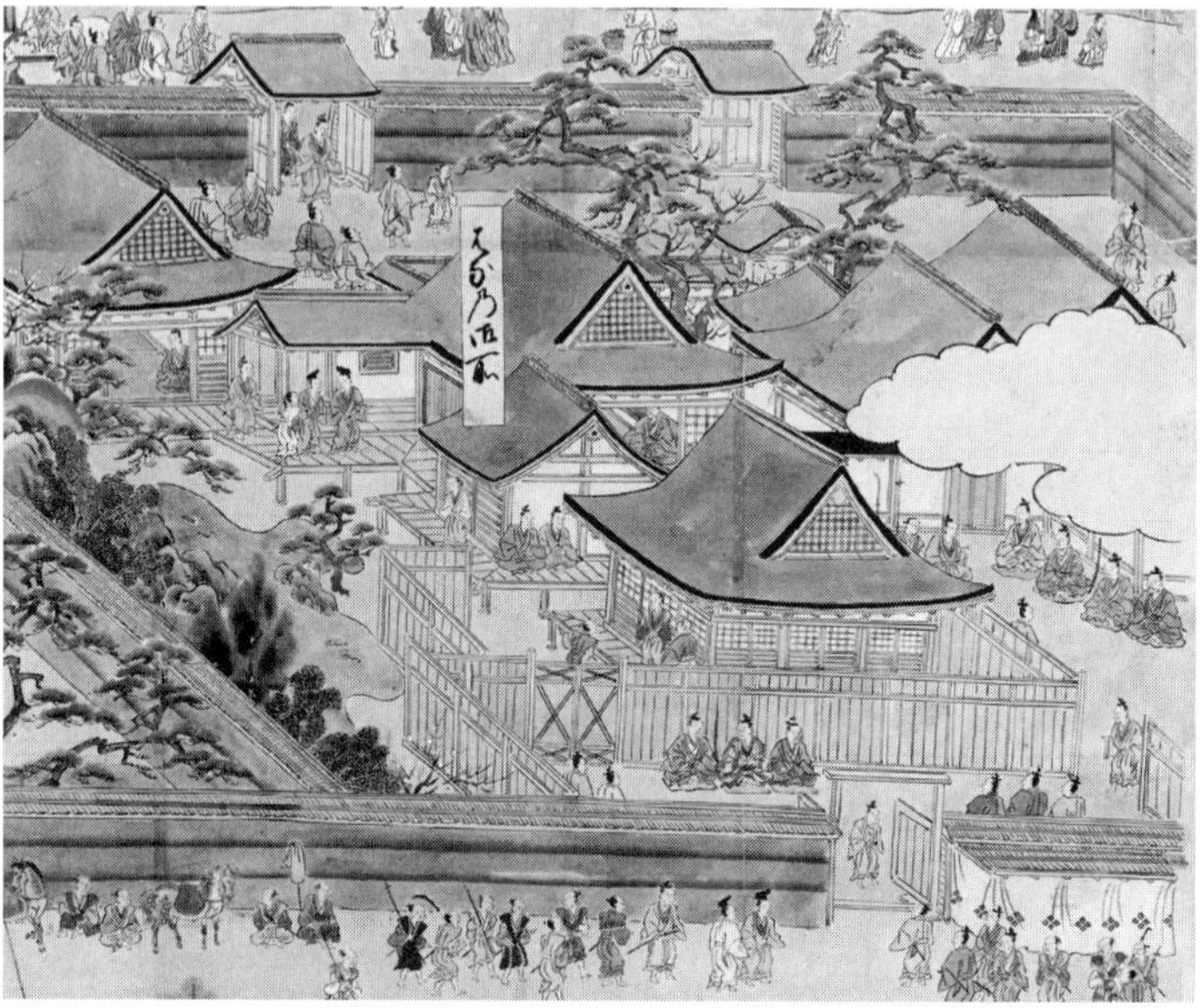

図29　今出川御所のなかの武士たち　「洛中洛外図屛風」東博模本より右隻の第六扇下部　東京国立博物館所蔵　出典：ColBase（https://colbase.nich.go.jp）
在京の武士のうち，将軍に仕える武士たちを描く．

た。都市共同体を武家権力の支配下に組み入れようとする動きが表面化したのだ。このような動きは、これ以前によく見られた文書発給のあり方、たとえば幕府が宛所に「百姓《ひゃくしょう》中《ちゅう》」と記載した文書を出す際、被支配者層を含む「百姓中」ではなく、土地領主の立場にある公家や寺社などへ文書が交付されるというあり方とは異なる。このことから、社会の構造の変化に対応した、新しい支配のあり方が出現したことがわかる（仁木宏 二〇一〇）。

　その武家権力は、時として都市共同体と対立した。たとえば天文十四年（一五四五）、下京の「三条町一町」の者たちが喧嘩の末、幕府の下級官人の小舎人《こどねり》を殺害すると、幕府は「三条町一町」を焼き払っている（『言継卿記』、『厳助往年記』）。また、すでに述べたように、元亀四年に信長は、敵対的な行動をとる上京を焼き払い、多くの住人たちを虐殺した（『兼見卿記』、『十六・七世紀イエズス会日本報告集』）。

さらに戦国時代の京都では、市中の富を狙う武士たち（図29参照）が私的な行動を取っていた。それは、①預物《あずけもの》（他所へ財産などを預けること）の糺明《きゅうめい》などを名目に武力で家屋へ乱入する。②本来関係がない訴訟の当事者となり私的な利益を追求する。③京都の住人に対し礼銭《れいせん》を強要するといった行動である。これらは「非分狼藉《ひぶんろうぜき》」と呼ばれている。三好氏はこうした非分狼藉の抑止を打ち出し、織田氏もこの政策を継承した。二つの武家権力は、配下の武士たちによる、このような私的な行動を取り締まったのだ（仁木宏 二〇一〇）。

このほか、武士たちの行動としては、軍勢寄宿《ぐんぜいきしゅく》（他人の家を宿として借りる行為）も注目される。京都で発生した相次ぐ戦乱は軍勢寄宿の増加を招き、京都の寺院や町の間で軍勢寄宿への忌避を引き起こした（高橋慎一朗 一九九六）。

3 差別の諸相

非人・河原者・声聞師

中世末期の京都の被差別民としては、清水坂非人《きよみずざかひにん》、河原者《かわらもの》、声聞師《しょうもじ》（唱門師）が知られている。こうした人々は、強烈な差別を受けていた。

図30　「七十一番職人歌合」に描かれた「穢多」（河原者）「七十一番職人歌合」模本より　東京国立博物館所蔵　Image: TNM Image Archives

清水坂非人は組織化された非人集団である。このなかには、癩病《らいびょう》者や乞食《こじき》も含まれていた。畿内《きない》近国の非人のなかには、清水坂の支配下に属した者が多かったが、こうした人々のなかから編成されたのが祇園社に属した犬神人《いぬじにん》である。犬神人の職掌として真っ先に挙げられるのは、祇園会の神輿渡御《みこしとぎょ》の際の先導供奉《ぐぶ》であろう（口絵3参照）。この職掌は、清水坂非人が京中諸人の葬送に関して絶大な権限を持つ背景になったと言う。また犬神人は、神幸路と祇園社境内の掃除に従事し、長《なが》棟堂《むねどう》の管理（後述）を行っている。

河原者は「穢多《えた》」とも呼ばれた（図30参照）。斃《たおれ》牛馬《ぎゅうば》処理・皮革産業に携わり、寺社境内の掃除なども務める河原者のなかには、幕府の下級官人である小舎人・雑色《ぞうしき》の下に編成され、行刑役を勤める者もいた。支配を支える河原者たちがいたのである（丹生谷哲一　二〇〇五）。

戦国時代の声聞師の主流を占めたのが陰陽師《おんみょうじ》である。彼らは卜占、まじない、予祝《よしゅく》、雑芸能などを行う人々であった（盛田嘉徳　一九七四）。

こうした非人・河原者・声聞師の居住地であるが、上京・下京の町組の内に、こうした人々の居住区は存在せず（脇田晴子 一九八一、同 二〇〇二）、上京・下京の周縁や、葬送地である鳥辺野《とりべの》や蓮台野《れんだいの》のあたりに存在したことが知られる。

犬神人も含む清水坂非人は、鳥辺野の入り口にあたる清水坂周辺を根拠地としていたが（川嶋将生 一九九二）、その清水坂の入口で鴨川の河畔にあたる場には、「長棟堂」と呼ばれる癩病者の救恤《きゅうじゅつ》施設が存在した。非人身分に属する癩病者たちは、ここで湯粥などの施行を受け、功徳風呂において垢《あか》すり供養を受けたと言う（細川涼一 一九九四）。また戦国時代、長棟堂に住む癩病者は、犬神人の監督・庇護のもとに置かれ、物乞いを行っていたようだ（下坂守 二〇〇三）。

河原者の居住地としては、鴨川の西岸で上京・下京に近い川崎《かわさき》・余部《あまべ》（天部）・六条《ろくじょう》や、蓮台野の野《の》口《ぐち》などが挙げられる。このうち、戦国時代の川崎・余部では、集落が形成されていたようだ（川嶋将生 一九九五）。

声聞師の居住地であるが、上京に近い場所に住んだ人々を挙げると、禁裏と鴨川の間に「しやうもん（声聞師村）し村」（『お湯殿の上の日記』）と呼ばれる村が存在した。また六町の南のあたりには「新在家《しんざいけ》」（『言継卿記』）と呼ばれた八軒の家からなる集落が声聞師たちによって形成された（川嶋将生 一九九一、河内将芳 二〇〇四、下坂守 二〇〇四）。

ほか、禁裏の「御近所」に声聞師の大黒党《だいこくとう》が居住し（『言継卿記』）、相国寺の七重搭跡のあたりには北畠《きたばたけ》声聞師の人々たちが、そのやや北方には桜町《さくらまち》声聞師の人々が住んでいたという（源城政好 二〇〇

図31　南蛮寺　「都の南蛮寺図」より　神戸市立博物館所蔵　Photo: Kobe City Museum/DNPartcom

四）。なお、大黒党の居住地については、「新在家」の近所とする見方がある（河内将芳 二〇〇四）。

京都のキリシタン　キリスト教は、天文十八年（一五四九）、イエズス会の宣教師フランシスコ・ザビエルによって日本に伝えられた。そして、彼が薩摩《さつま》の鹿児島にたどり着いてから十年ほどのうちに、同地や肥前平戸《ひぜんひらど》、周防《すおう》山口、豊後府内《ぶんごふない》、筑前博多《ちくぜんはかた》などで、イエズス会による布教活動が行われ、永禄二年（一五五九）以降は、京都においても布教活動が本格的に行われた。

京都に進出したイエズス会は、当初、布教の拠点となる教会の確保に苦労し、五度の転居を経て、永禄三年にようやく下京の姥柳町《うばやなぎちょう》の家屋を教会としたが、このことは同町住人たちの反感を買った。そして、元亀二年（一五七一）、住人たちの協議の結果、姥柳町はつぎのような取り決めを行った。すなわち同町住人たちのキリスト教改宗を禁じた上で、宣教師らの説法を聴聞する者がいれば、その者との交際を断って村八分の状態に置くことと定め、また改宗した場合は町内から追放することも定めたのだ。このため、同町から出た、ただ一人の改宗者高井コスメは、父から勘当されて堺《さかい》へ行き、同地で洗礼を受けて布教に従事した。

十六世紀の京都は数多の寺社が建ち並ぶ都市であり、そうした場において、外来のキリスト教は受容されにくい宗教であった。そのためか、布教が本格化したころ、キリスト教に入信した京都のキリシタンたちは、親戚や友人、隣人たちから、人間として見なされず、むしろ下賤で下等な者と軽蔑されていた、と宣教師ガスパール・ヴィレラは、その書簡に記している（『十六・七世紀イエズス会日本報告集』）。実際、京都における布教活動が本格化してから、およそ十年の間に入信した者のなかには、経済的弱者で生活力がない下層の者や地方からの流入者が目立っていたと見られ、姥柳町住人たちのキリシタンに対する姿勢は、京都の住人たちの多くに共通するものであったようだ。

その後、イエズス会は、京都での精力的な布教活動の結果、天正三年（一五七五）には、姥柳町において「南蛮寺《なんばんじ》」と呼ばれる教会の建設に着手し（図31参照）、天正五年までに千五百名を超える信者を得た。しかし、キリスト教に反発する者は依然多く、やがて豊臣政権によるバテレン（伴天連）追放令発令に直面することになった（五野井隆史 二〇〇二）。

弥助への視線

織田信長に仕えた武士のなかに、黒人の男性が居たことはよく知られている。この男性については、信長の一代記の『信長公記』等に記述があり、「弥助《やすけ》（弥介）」の名で登場する（以下、弥助と表記）。

弥助の本来の名は不明であるが、アフリカ大陸の出身と見られる。来日した弥助がイエズス会の宣教師アレッサンドロ・ヴァリニャーノらとともに京都に入ったのは、天正九年（一五八一）のことであり、この年、彼は二十六、七歳であったと『信長公記』は伝える。京都到着から間もなく、弥助は本能寺屋敷において信長と会うことになる。このとき、弥助は宣教師の従者という身であった（藤田みどり 二〇〇五）。

初めて弥助を見た信長は、彼の黒い肌に驚き、それが自然のものであることが納得できなかったようだが、弥助のことが気に入り、彼はイエズス会から信長に「進上」されることになった（『十六・七世紀イエズス会日本年報』、『家忠日記』）。そして、彼は信長から「弥助」と呼ばれ、扶持《ふち》（所領もしくは俸《ほう》禄《ろく》）や腰刀《こしがたな》、私宅を与えられ、家臣の一人となった（『信長公記』）。すなわち武士身分に取り立てられたのだ。

それからおよそ一年後、本能寺の変が起こった。在京していた弥助は、織田信忠とともに旧二条屋敷（誠仁親王《さねひとしんのう》御所）に立て籠もり、明智光秀の軍勢と戦ったが、結局、明智方の武士の勧めに従い降伏した。このとき、光秀は弥助の命を助け、下京の姥柳町《うばやなぎちょう》の教会にその身を預けたという。その後の弥助の動向は不明である。

さて、宣教師ルイス・フロイスの書簡によれば、天正九年に弥助が入京した際、姥柳町の教会の前には多くの人々が詰めかけて騒ぎとなり、投石による負傷者が出たという。日本人修道士のロレンソは、教会にこのように大勢の人々が集まったのは、京都で黒人を初めて目にしたためとその書簡に記している。この騒動から、京都の住人にとり、初めて目にする弥助のような黒人は、あまりに珍しい存在であったことがうかがえる。

では、弥助はただ単に「珍しい存在」であったのだろうか。見慣れない黒い肌の彼を自身よりも下位の存在と見る者は居なかったのか。本能寺の変について記すフロイスのイエズス会総長宛ての報告書には、降伏した弥助の扱いについての光秀の発言が記されている。

その黒人は動物であって何も知らず、また日本人でもないから彼を殺さず、インドの司祭たちの教会に置くよう（以上、『十六・七世紀イエズス会日本年報』）、
この発言が事実なら、光秀にとって、弥助は動物であって、人間ではなかったということになる。

このように、十六世紀末の京都では、黒い肌の弥助を珍しがる一方で、彼を人と見なさない認識も存在したのだ。

六　乱世のなかの朝廷・公家

1　朝廷・公家社会の様相

戦国時代の朝廷

戦国時代の天皇の日常生活は、窮乏していたというイメージが強固であるが、この時代、朝廷が御料所《ごりょうしょ》（天皇の所領）から一定額の年貢《ねんぐ》・公事《くじ》を確保していたことは、事実として否定できない。それゆえ、今日では、天皇の日常生活は一定度の水準が維持されていたとする見方が有力だ（奥野高広 一九四二、末柄豊 二〇一八）。

ただし、朝廷の儀式の衰退は顕著であった。例をいくつか挙げよう。まず即位礼の実施が非常に困難であった点は注目される。譲位《じょうい》もしくは天皇崩御《ほうぎょ》の後、践祚《せんそ》と呼ばれる儀式を執り行い、皇位のしるしである宝剣と神璽《しんじ》を新天皇のもとへ移す。そして、践祚の後は即位礼を行うことになる。この即位礼は皇位の継承を告げ知らせる儀式である。天皇が譲位すれば、ただちに行い、天皇崩御という事態に直面した際は、諒闇《りょうあん》（天皇が一年間喪《も》に服す行為）を経て行うものであった。

表8は、戦国・織豊《しょくほう》期の天皇の一覧である。ここから、践祚後の即位礼実施が容易でなかったこと

がわかる。後柏原天皇《ごかしわばらてんのう》は即位礼実施までおよそ二十年、後奈良《ごなら》天皇はおよそ十年、正親町《おおぎまち》天皇はおよそ三年を要した。ただちに即位礼を実施できなかったのは、銭《ぜに》二千貫文前後と多額の経費を要したためであろう（金子拓 二〇一四）。

大嘗会《だいじょうえ》が行われなかったことも注目される。即位後最初の新嘗祭《しんじょうさい》を大幅に拡充して、祖神に皇位の継承を報告する大嘗会は、応仁《おうにん》・文明《ぶんめい》の乱《らん》勃発前の文正元年（寛正七年、一四六六）に行われてから、江戸時代の貞享四年（一六八七）までのおよそ二百二十年間、一度も行われていない。おそらく、それは大がかりな儀式であるがゆえに、多額の経費を要したためであろう。表8に掲げた五人の天皇であれば、後柏原以降の天皇は大嘗会を行っていない。

天皇が譲位できなかった点も注目される。退位後の太上《だいじょう》天皇（上皇）は院御所《いんのごしょ》に居住する。しかし、それは莫大な費用を必要とした。たとえば天正十二年（一五八四）冬、正親町譲位への動きが本格化し、豊臣政権の手により、正親町が住むための院御所の築造が行われたが、その際、御所築造に銭五千貫、上皇としての体裁をととのえるために銭一千貫を要するとの風聞が流れた（『宇野主水日記』）。噂とは言え、莫大な経費を要したことは確かだろう。それゆえ、後土御門《ごつちみかど》・後柏原・後奈良の三天皇は、四十歳を過ぎても譲位が叶わず、在位中に世を去った。正親町は齢七十まで譲位を行うことができなかった。

この譲位が実現できないという事態は、室町時代以前とは明らかに異なる。なぜなら、院政期以降、院政のもとにない天皇が在位中に崩御した事例は、鎌倉時代の仁治三年（一二四二）に急死した四条《しじょう》

在位期間	即　位	父	母
寛　正 5 年(1464)～明応 9 年	寛正 6 年(1465)	後花園天皇(彦仁〈ひこひと〉)	命婦(中臈)の和気郷子(のち大炊御門家の猶子となり，信子と改名)
明　応 9 年(1500)～大永 6 年	永正18年(1520)	後土御門	典侍庭田朝子
大　永 6 年(1526)～弘治 3 年	天文 5 年(1536)	後柏原	典侍勧修寺藤子
弘　治 3 年(1557)～天正14年(1586)	永禄 3 年(1560)	後奈良	上臈万里小路栄子
天　正 14 年(1586)～慶長16年(1611)	天正14年(1586)	誠仁親王(陽光院，父は正親町，母は典侍万里小路房子)	誠仁親王の女房勧修寺晴子

作成した.

天皇の一例しかない。さらに院政期以降、四十歳を超える天皇が在位中に没した事例は見られない（いずれも南朝の事例を除く）。戦国時代の朝廷は、異常な事態に直面していたのである（末柄豊 二〇一八）。

室町時代においては、こうした儀式にかかる費用の徴収は幕府が担っていた。しかし、応仁・文明の乱後、守護を介した幕府の地方支配が機能しなくなると、費用の徴収は困難になってゆく。そのことは、朝廷の儀式を衰退させる大きな要因となった（奥野高広 一九四四、末柄豊 二〇一八）。

公家と女房

天皇の側近くに仕え、朝廷の運営を担ったのが公家《くげ》と女房《にょうぼう》（女官）である。

公家社会には、摂家《せっけ》（摂関家《せっかんけ》、近衛《このえ》・鷹司《たかつかさ》・九条《くじょう》・一条《いちじょう》・二条《にじょう》の諸家）を頂点として、いくつかの家格《かかく》が存在した。これら公家の家の男子のうち、大

表8　戦国・織豊期の天皇

天　皇	諱	生　没　年
後土御門	成仁(ふさひと)	嘉　吉2年(1442) ～明応9年(1500)
後柏原	勝仁(かつひと)	寛　正5年(1464) ～大永6年(1526)
後奈良	知仁(ともひと)	明　応5年(1497) ～弘治3年(1557)
正親町	方仁(みちひと)	永　正14年(1517) ～文禄2年(1593)
後陽成	和仁(かずひと), のち 周仁(かたひと)	元　亀2年(1571) ～元和3年(1617)

•『天皇皇族実録』(ゆまに書房)の記事や，松薗斉2018をもとに

臣・納言《なごん》・参議《さんぎ》といった官職《かんしょく》に任ぜられた者、あるいは従三位《じゅさんみ》以上の位階を有する者が公卿《くぎょう》である。そして、四位、五位の位階を有する人々のうち、清涼殿《せいりょうでん》の殿上間《てんじょうのま》に昇ることを許された者が殿上《てんじょう》人《びと》である。

公家は朝廷の儀式や行事に出仕し、禁裏《きんり》の小番《こばん》も務めた。小番とは、摂家の人々や大臣・前大臣を除くほとんどの公家たちが、家を単位に交替制で禁裏の警固《けいご》を勤めることである。この勤めを課された公家たちは内々衆《ないないしゅう》と外様衆《とざましゅう》に編成され、前者は「近臣」、後者は「遠臣」と称された（『二水記』、表9・表10を参照）。双方とも一種の家格であり、「近臣」である内々衆は、この立場を特別な身分として自負していたという（本田訓代　一九九八）。

後述するように、戦国時代は公家の地方下向が顕著になる時代であるが、一方で原則として在京し、天皇・朝廷に奉仕した公家たちもいる。三条西実条《さんじょうにしさねえだ》・公条《きんえだ》父子や山科言継《やましなときつぐ》はその代表格であった（富田正弘　一九八九）。

表9　禁裏小番を務めた公家たち（天正4年）

	内々	外様
清華家		大炊御門経頼・菊亭晴季・徳大寺公維・久我季通・転法輪三条公宣・西園寺実益
大臣家	三条西実枝・中院通勝	正親町三条公仲
羽林家	持明院基孝・中山孝親・四辻公遠・山科言継・正親町実彦・庭田重保・松木宗房・高倉範国	四条隆昌・橋本実勝・飛鳥井雅教・下冷泉為純・上冷泉為満
名家	万里小路充房・勧修寺晴右・甘露寺経元・広橋兼勝	柳原資定・烏丸光康・日野輝資・葉室頼房・中御門宣教
その他	五辻為仲・薄以継・白川雅朝	東坊城盛長・五条為名・姉小路(三木)自綱・高辻長雅・高倉永相・西洞院時通

- 天正4年段階で，禁裏小番の任に就いていた公家たちを，内々・外様の別や，家格ごとに一覧化した．
- 典拠は，山科言経の『言経卿記』である．

表10　禁裏小番を免除された公卿たち（天正4年）

	人名
摂家	二条晴良(関白)・近衛前久(前関白)・九条兼孝(左大臣)・一条内基(右大臣)・二条昭実(権大納言)・一条内政(左近衛権少将)
清華家	西園寺公朝(左大臣)・花山院家輔(前右大臣)
その他	織田信長(内大臣)

- 天正4年段階で，禁裏小番を免除されていた公卿たちを一覧化した．
- 典拠は，『公卿補任』である．

つぎに女房について見る。彼女たちは、上臈《じようろう》・典侍《すけ》・内侍《ないし》（掌侍《しようじ》）といった天皇に常侍する上級女房と、内侍所《ないしどころ》（皇位のしるしである神鏡を安置する建物）などで奉仕を行う下級の女房に大別される（図32参照）。このうち上級の女房は、みな公家の家の出身であった。戦国時代に皇后・中宮が立てられなかったこともあり、彼女たちのなかには、天皇の皇子・皇女を産み、儲君《ちよくん》（次期天皇と目される皇子）の生母となる者がいた（奥野高広 一九四二、神田裕理 二〇一一、松薗斉 二〇一八、表8参照）。また掌侍の筆頭である勾当内侍《こうとうのないし》（長橋局《ながはしのつぼね》）は、天皇の意思を伝えるために出される女房奉書《にようぼうほうしよ》の作成を行い、朝廷の出《すい》納《とう》を担った。勾当内侍以外の内侍や典侍も、女房奉書の作成にあたることがあった（湯川敏治 二〇〇五）。

図32　禁裏のなかを歩く女房たち　「洛中洛外図屏風」歴博甲本より右隻の第五扇・第六扇中部　国立歴史民俗博物館所蔵

禁裏の下級の女房のなかには、公家の養女や妻のほか、武士や僧侶の家族がいた。たとえば幕府奉行人の諏訪俊郷《すわとしさと》の姉が内侍所に出仕し、「さい（才・祭）」と呼ばれていた。また「かゝ」という人物を母に持つ女性も内侍所に出仕したが、彼女の父は、細川京兆家《ほそかわけいちようけ》の被官高畠《たかばたけ》氏の一族と見られる高畠大和守という人物であった。ほか、幕府奉行人治部光栄《じぶみつひで》の妻で「五々」と呼ばれる女性が、禁裏女房の伊与局《いよのつぼね》に仕えたことも知られる。

また清水寺《きよみずでら》の目代円陽院宗澄《もくだいえんよういんそうちよう》の娘が女孺《によじゆ》として天皇に仕えていた。

女孀は他の下級女房よりも身分が下と見られる存在である（松薗斉 二〇一八）。

公家の家業

公家の家業は代々世襲されるもので、もともとは、①官職にともなう業務に由来するものと、②官職にともなう業務そのものではない技芸の二つが並存していたが、戦国時代の朝廷において儀式をはじめとする表向きの公事が衰退した結果、①のタイプは公事から切り離された。そして、公家の家領の維持が厳しくなるなかで、①は②と同様に、公家の家の存立を支える生業となった。

家業を世襲した公家の家としては、装束《しょうぞく》・衣紋《えもん》に関わる技術を家職として伝えた山科家や、和歌と蹴鞠《けまり》を家業とする飛鳥井《あすかい》家、藤原定家《ふじわらのさだいえ》の末裔で和歌の家の冷泉《れいぜい》両家（上冷泉家・下冷泉家）、郢曲《えいきょく》の家の庭田《にわた》家《け》と綾小路家《あやのこうじけ》、能書の家の清水谷《しみずだに》家《け》が代表的だ（新田一郎 二〇一一）。ここでは、飛鳥井家と蹴鞠の関わりを取り上げよう。

十五世紀後半、京都の公家や武家の邸宅では、鞠会（蹴鞠の会）が活発に行われていた。この時期の鞠会に頻繁に出場した人物として、甘露寺《かんろじ》親長《ちかなが》と飛鳥井雅康《まさやす》（宋世《そうせい》）を挙げることができる。二人は当時の蹴鞠界において指導的な立場にあった人物でもある。

十六世紀に入ると、飛鳥井家の当主やその嫡子（雅俊《まさとし》・雅綱《まさつな》・雅春《まさはる》）は、京都の鞠会で活躍を見せる一方で（図33参照）、地方へも下向して多くの門弟を獲得し、地方武士をはじめとする門弟たちに束脩《そくしゅう》（入門料）を納入させた。また十六世紀前半のころから同家は、鞠会における鞠足《まりあし》（プレーヤー）の動きを示す八境図《はっけいず》・両分図《りょうぶんず》・対縮図《むかいづめず》や、蹴鞠装束である葛袴《くずばかま》・鴨沓《かもぐつ》の免状《めんじょう》（免許状）を門弟に伝授するようになり、後には鴨沓・葛袴や、蹴鞠装束の一つ鞠水干《まりすいかん》の色目《いろめ》（装束の模様や色合いによる階梯）の着用許可免状も出すようにもなった（稲垣弘明 二〇〇八）。門弟たちが納める束脩は、戦国時代の飛鳥井家を支えた重要な収入源であったに違いない。

図33　飛鳥井邸の鞠会　「洛中洛外図屏風」歴博甲本より
左隻の第四扇中部　国立歴史民俗博物館所蔵

中世において蹴鞠は、公家だけでなく僧侶や武士の間でも、多くの愛好者を獲得した芸能であった。おそらく僧侶や武士にとり、鞠を蹴るということは、朝廷・公家文化の吸収という意味を持っていたであろう。また蹴鞠を行うことは、武士に最も必要な武の修練とも関わっていた。すなわち蹴鞠には体を鍛え、健康維持の効能があるとされていたのである。こうした点も、武士の蹴鞠受容を盛んなものとした理由であろう（稲垣弘明 一九九三）。

ところで、公家が家業に力を入れるケースは普遍的ではなく、技芸などの習得が不十分なため、振るわない家業もあったようだ。実際、十六世紀末の朝廷は「おのおの家職相拘える者ども近年学ばざるなり」と断じている（『兼見卿記』）。

公家の地方下向

応仁・文明の乱が勃発したことにより、多くの公家が京都を脱出して地方に避難した。それはこの大乱を避けるための行動であり、彼らの滞在地域も、前関白の一条教房《のりふさ》が土佐《とさ》に、柳原資綱《やなぎはらすけつな》が因幡《いなば》に、鷲尾隆頼《わしのおたかより》が遠江《とおとうみ》に下向したケースを除けば（出家した公家を除く）、但馬《たじま》・播磨《はりま》・淡路《あわじ》よりも東で、かつ越中《えっちゅう》・飛驒《ひだ》・美濃《みの》・尾張《おわり》以西の国々、つまり現在の近畿・東海・北陸の三地方に限定されていた。

明応《めいおう》の政変が勃発した明応年間（一四九二―一五〇一）になると、公家の地方下向が再び顕著になる。つまり在国の事例が増加するのである。そして、このような事態は、足利義昭《あしかがよしあき》が将軍となる永禄《えいろく》（一五五八―七〇）の末年まで多く見られた。なお、この時期は、因幡・美作《みまさか》・備前《びぜん》・讃岐《さぬき》・阿波《あわ》よりも西の国々や、越後《えちご》・信濃《しなの》・三河よりも東の国々、つまり現在の中国・四国・九州地方や、甲信越・関東・東北地方などに下向する公家も少なくない（井上宗雄　一九七二、米原正義　一九七六、富田正弘　一九八八、菅原正子　一九九八）。

明応年間以降の公家の地方下向を概観すると、目を惹くのは、①家領維持のために在国するケース、②守護やいわゆる戦国大名のもとに身を寄せるケース、③争乱により将軍が京都を脱出した際、これに随行するケース、④朝廷の代官・勅使として下向するケースである。このうち①や②のケースには、経済的な窮乏を要因とするものが含まれるようだ。また①〜③のケースでは、一年以上地方に滞在する事例が目立つ（富田正弘　一九八八、菅原正子　一九九八）。①や②のケースからは、応仁・文明の乱以降の相次ぐ戦乱が公家領における年貢・公事の確保を困難にし、公家の経済的窮乏をもたらしたことがうかがえよう。

また家領維持のため地方に下った公家たちの間では、廷臣と領主の二面を父子（もしくは兄弟）で分担するというパターンが多く見られる。すなわち一方は在京して天皇・朝廷に奉仕し、もう一方は地方で領主として所領の確保に尽力するというパターンである（今泉淑夫 一九七九）。

元亀・天正年間（一五七〇―九二）に入ると、①〜③のパターンの在国が激減する。これは織田・豊臣両政権が公家衆を対象とする徳政令《とくせいれい》を発しただけでなく、彼らに所領を給付して（下村信博 一九九六）、経済的な窮乏から公家を救う政策を打ち出したからであろう。また豊臣政権が公家衆を禁裏近くの公家町に集住させて、彼らに天皇・朝廷への奉仕を義務づけたことも（山口和夫 二〇一七）、在国が激減した大きな要因であろう。かくして織豊期には、公家の地方長期滞在が困難となった。

在国の公家と大内文化

公家が守護やいわゆる戦国大名のもとに身を寄せる場合、寄寓先として、しばしば見られるのが駿河《するが》の今川《いまがわ》氏、周防《すおう》の大内《おおうち》氏、越前《えちぜん》の朝倉《あさくら》氏、能登《のと》の畠山《はたけやま》氏である。公家衆の在国により、こうした国々に京都の文化が伝播した。ここでは中国・北九州の有力守護大内義興《よしおき》・義隆《よしたか》父子のもとへ下向した公家を見てみよう。

永正五年（一五〇八）に上洛して足利義尹《よしただ》（義材《よしき》・義稙《よしたね》）を将軍に復職させた義興の時代には、阿野季綱《あのすえつな》と烏丸冬光《からすまふゆみつ》が周防に滞在した。両人の同国滞在は、明応八年（一四九九）から永正五年までのことで、前将軍義尹の周防下向に伴うものである。また永正十五年の義興山口帰還後は、飛鳥井雅俊が周防に下向し、大永三年（一五二三）の死去までのおよそ三年間、同国に在国した。なお、義興の父政弘《まさひろ》の時代に周防に下向した転法輪三条公敦《てんぼうりんさんじょうきんあつ》も、永正四年の死去まで同国に滞在していた（米原正義 一九七六、菅原正子 二〇〇七）。

図34　二条殿　「洛中洛外図屏風」上杉本より右扇の第五扇中部　米沢市上杉博物館所蔵

二条尹房・良豊らが住んだと見られる邸宅である.

義興の子義隆の時代には、摂家の二条尹房《にじょうただふさ》・良《よし》豊《とよ》父子（図34参照）や、転法輪三条公頼《きんより》、持明院《じみょういん》基規《もとのり》、広橋兼秀《ひろはしかねひで》、柳原資定《やなぎはらすけさだ》らが周防に下り、数年間、同国に滞在した（山田貴司　二〇一九）。おそらく彼らは、大内氏の館が置かれた山口に居たのであろう。

義興の時代、転法輪三条公敦は、前将軍義尹に従う武士たちや義興の被官たちと和歌を詠んだ。また飛鳥井雅俊も義興や大内氏の被官らとともに和歌を詠み、若き義隆に和歌や蹴鞠を教えた。

享禄元年（大永八年、一五二八）の義興死去の後も大内氏の文事《ぶんじ》は盛んであった。当主義隆の歌道には雅俊のほか、持明院基規や柳原資定らの影響が見られると言う。また義隆は、基規や資定らと四《し》書《しょ》（『大学』・『中庸』・『論語』・『孟子』）や、五経《ごきょう》（『詩経』・『書経』・『礼記』・『易経』・『春秋』）の輪読会を行い、広橋兼秀からは有職故《ゆうそくこ》実《じつ》を学んだ（米原正義一九七六)。戦国時代の地方文化を代表する大内文化は、こうした公家たちによって支えられていたのである。しかし、天文二十年(一五五一)、義隆が重臣陶隆房《すえたかふさ》(晴賢《はるかた》)の反乱によって自害に追い込まれると、二条尹房・良豊父子や転法輪三条公頼、持明院基規らも落命した(『大内義隆記』)。

このように、在国の公家たちは、和歌や蹴鞠、儒学、有職故実などを介して地方の有力武家と結びついたが、そのことは、彼らと天皇・朝廷との縁が切れたことを意味するわけではない。彼らは自身の身分や家の維持に関しては、依然として天皇から与えられる官位に依拠していた。有力大名のもとに寄寓した公家たちは、潜在的に天皇に対する臣下としての意識を維持していたのである(水野智之 二〇〇五)。

2 朝廷と京都

禁裏の修理

土御門東洞院《つちみかどひがしのとういん》の禁裏は、現在の京都御所の前身にあたる。応仁・文明の乱終結後の文明十一年(一四七九)四月、大乱により天皇不在となった禁裏の修理が始まり、同年十二月、後土御門天皇《ごつちみかどてんのう》が避難先の日野政資《ひのまさすけ》邸から還幸《かんこう》した(『長興宿禰記』)。その後、永禄十二年(一五六九)に織田信長《おだのぶなが》が大規模な修理を行うまでの九十年間、現在知られるだけで、禁裏の修理は四十回以上実施されたことが判明している。ただし、いずれも大規模な修理とは言い難いものであったと見られる(奥野高広 二〇〇四)。

表11　戦国時代の禁裏修理

年(西暦)	修理の対象
文明14年(1482)	築地，四足門
文明18年(1486)	四足門，唐門，築地
長享元年(1487)	築地
長享2年(1488)	四足門，紫宸殿
延徳元年(1489)	築地
延徳2年(1490)	築地
永正8年(1511)	四足門以下，小御所築地
永正17年(1520)	内侍所，築地
大永元年(1521)	築地，北門
大永6年(1526)	北築地
大永7年(1527)	「殿上」
享禄元年(1528)	小御所築地
享禄3年(1530)	南築地
天文元年(1532)	「所々」
天文2年(1533)	常御所
天文4年(1535)・同5年	紫宸殿，小御所築地，日華門
天文7年(1538)	小御所築地
天文9年(1540)～同11年	内侍所陣座以下
天文10年(1541)	月華門
天文12年(1543)	築地，紫宸殿
天文18年(1549)	陣外北方惣門の築地
天文19年(1550)	築地
天文23年(1554)	「諸処」
弘治元年(1555)	内侍所，内侍所東方の築地
弘治2年(1556)	四方の築地
永禄元年(1558)	内侍所築地
永禄2年(1559)	内侍所
永禄3年(1560)	常御所，小御所築地
永禄4年(1561)	築地
永禄8年(1565)	築地，小御所築地

＊文明12年(1480)から永禄11年(1568)までの間を対象に，禁裏の建物のうち常御所・紫宸殿・内侍所や，築地・門の修理事例を一覧化した．

＊「殿上」「所々」「諸処」には，上記の建物などが含まれる可能性があるため，表に掲載した．

＊作成にあたっては，奥野高広2004を参照した．

禁裏の修理の概要を見てみよう。文明十二年から永禄十一年までの九十年近くの間、禁裏を囲う築《つい》地《じ》・門や、禁裏のなかの建物などが部分的に修理された。たとえば天皇の住まいである常御所《つねのごしょ》が少なくとも二回、朝廷の儀式を行う紫宸殿《ししんでん》が少なくとも三回、神鏡を安置する内侍所が少なくとも四回、修理の対象となっている。また築地の修理は少なくとも二十二回、門の修理は少なくとも七回実施されている（表11参照）。

このように部分的な修理が幾度も実施されたことを踏まえれば、『信長公記』の永禄十二年の記事に見える「そもそも禁中《きんちゅう》（禁裏）の御廃壊、正体無きの間」という表現は、誇張されたものと見たほうがよいだろう。信長が大規模な修理を行う前の禁裏は老朽化が著しい建物や崩壊した建物が多かった、と見ないほうがよいのではないか。

ところで、禁裏の築地の修理は、洛中《らくちゅう》の住人の負担で行われることがあった。たとえば弘治二年（一五五六）に四方の築地を修理した際は、三好長慶《みよしながよし》が洛中の住人から棟別銭《むねべつせん》を徴収し、これをもって修理の費用とした（『厳助往年記』）。また天正五年（一五七七）に、信長の命によって築地を修理した際は、洛中の住人らが普請に従事し、六町に住む渡辺弥七郎《わたなべやしちろう》（初代川端道喜《かわばたどうき》）が奉行を勤めた（『信長公記』、「川端道喜文書」）。このほか、永禄四年（一五六一）に、六町の住人たちが申し出て、彼らが築地普請を行うということもあった（『お湯殿の上の日記』）。

戦国時代の禁裏の築地を見る際、『老人雑話《ろうじんざつわ》』や『日本教会史』の記述を避けるわけにはいかない。前者は、永禄八年生まれの医師江村専斎《えむらせんさい》の談話を筆録編集したものである。後者は、十六世紀後半に来日したイエズス会の宣教師ジョアン・ロドリーゲスの著作である。

『老人雑話』によれば、京都で生まれ育った江村は、信長の時代の禁裏に築地は無く、竹垣に茨《いばら》などを結い付けていたと語っている。また『日本教会史』は、禁裏の築地はひどく古びて崩れていたと記す。しかし、これまで述べたことからすれば、江村の談話は事実として正しくない。またひどく古びて崩れた築地が存在したのは事実としても、それは築地のあくまでも一部であり、しかも、そのような状態になったのは、一時的であったと見たほうがよいのではないか。

禁裏警固の担い手

戦国時代の禁裏の警固を担ったのは、おもに、①公家、②幕府傘下の武士、③京都やその周辺の村・町の住人である。

さきに述べたが、公家の多くは内々衆と外様衆に編成され、禁裏の小番を務めた。また彼らの家臣が禁裏の警固にあたることもあった。

幕府傘下の武士、すなわち守護や足利一門、奉公衆、奉行人らも門役《もんやく》（禁裏の門の警固を担う）を勤めた。門役は、もともとは幕府が武士に課した負担の一つであり、禁裏の東方の棟門《むねもん》、北方の上土門《あげつちもん》、西方の唐門《からもん》と惣門《そうもん》（四足門《よつあしもん》）の警固（図35参照）を勤めるものであるが、応仁・文明の乱後は、門役を勤める幕府傘下の武士が居ないという事態が目立った。

京都やその周辺では、山城《やましろ》国内の山科七郷《やましなしちごう》・醍醐《だいご》・白川・上賀茂・下鴨・八瀬《やせ》・小野山・灰方《はいがた》、丹《たん》波《ば》の山国荘《やまぐにのしょう》・細川などの住人や、第五章で取り上げた六町の住人らが禁裏の警固を担った。彼らが召集されたのは、京都周辺で争乱や土一揆《つちいっき》が起こった場合、盗賊の活動が盛んになった場合であった（奥野高広　一九四四、高橋康夫　一九八三）。

六町の住人による禁裏警固を見てみよう。天文三年（一五三四）四月、山科言継は細川晴元《はるもと》の被官古津元幸《ふるつもとゆき》に書状を出したが、その書状に言継は「御近所の五六町、地下《じげ》の輩連々御警固を致し候間」と記した（『言継卿記』）。この記述から、天文三年以前の時点で、六町を構成する「一条」二町・「正親

図35　禁裏の唐門と惣門　「洛中洛外図屏風」上杉本より右扇の第六扇中部
米沢市上杉博物館所蔵

町」一二町・「烏丸」・「橘辻子《たちばなずし》」の住人らがすでに禁裏の警固を担っていたことが知られる。また禁裏の警固を担う代わりに、六町は朝廷から寄宿免除などの特権を得ていた（『惟房公記』、高橋康夫　一九八三）。

永禄八年（一五六五）四月、六町に禁裏警固の命が下り、同年五月、六町は警固のために一町あたり二人、計十二名の番衆《ばんしゅう》を差し出した。しかし、これが重い負担となったのか、一ヵ月後に六町は、「御番の事」（禁裏警固のこと）で「迷惑」と朝廷に訴えている（『お湯殿の上の日記』）。このとき、警固の命が出されたのは、四月に盗賊が禁裏へ押し入り、女房の衣装や鏡台《きょうだい》、銚子《ちょうし》・提《ひさげ》などを強奪したことが理由と見られる（『言継卿記』）。なお、戦国時代には、盗賊の禁裏侵入がしばしば見られた（奥野高広　一九四四）。

永禄八年以降も、六町住人が禁裏の警固を担うことがあった。たとえば元亀元年（永禄十三年、一五七〇）、彼らは禁裏に小屋を設けて警固を行った（高橋康夫　一九八三）。

天皇・朝廷と被差別民

声聞師《しょうもじ》や河原者《かわらもの》のなかには、天皇・朝廷に奉仕する人々がいた。

大黒党《だいこくとう》は、戦国時代の京都の声聞師集団の一つである。禁裏における彼らの活動としては、①正月四日に千秋万歳《せんずまんざい》を演じる。②正月十八日に大三毬打《おおさぎちょう》に参加する。③重陽《ちょうよう》の節句（九月九日）の前日に、禁裏の議定所の庭に菊を植えるといった点や（盛田嘉徳 一九七四）、④正月二日に参入して毘沙門経《びしゃもんきょう》を読んだこと（源城政好 二〇〇四）、⑤樹木の伐採や手入れなどを行ったことが知られている（杉山美絵 二〇〇六）。ここでは、千秋万歳と大三毬打を見てみよう。

千秋万歳は正月の祝福芸能の一つで、十六世紀の朝廷では四日・五日に行われることが通例であった。四日に千秋万歳を演じた大黒党は、禁裏の議定所の庭で演じることが多く（雨天の際は孔雀間《くじゃくのま》で演じた）、演者の人数は基本的には五名であったという（源城政好 二〇〇四）。

大三毬打は、禁裏で行われた火祭りの行事である。この大三毬打では、燃え上がる三角錐の巨大な柴山《しばやま》の前で、大黒党の者らが笛・太鼓《たいこ》などを使って囃し立て、行事を盛り上げる役目を果たした（図36参照）。なお、禁裏で行われた行事のうち、大三毬打と七月十五日の灯籠《とうろう》の御祝（盆の行事）は、多くの見物人を集めた行事であり、そのなかには京都の住人たちが大勢いたと見られる（清水克行 二〇〇四）。

大黒党以外では、北畠声聞師、桜町声聞師が正月五日の禁裏の千秋万歳に参加した。この日の千秋万歳は、十六世紀初頭以降は北畠声聞師が演じた。また十六世紀半ば以降は、桜町声聞師が演者となることが多い。なお、両者の関係については、十六世紀半ばごろに北畠声聞師集団の一部が桜町に移住し、桜町声聞師となったとする見方がある（源城政好 二〇〇四）。

禁裏と河原者の関わりを見てみよう。河原者は禁裏の清掃や作庭、庭の雑役《ざつえき》のために必要とされていた（盛田嘉徳 一九七四）。

図36 禁裏の大三毬打と大黒党 「洛中洛外図屏風」歴博乙本より右隻の第六扇中部 国立歴史民俗博物館所蔵

一五一〇年代・二〇年代の禁裏に出入りした河原者のなかに、小五郎という人物が居る。彼は朝廷から給恩として「御祓田《おはらいでん》」と呼ばれる田地を与えられ、近江《おうみ》高嶋郡内の河原者を被官としていた（丹生谷哲一 一九九三）。小五郎の立場については、史料中に「禁裏御庭者《おにわもの》」（『守光公記』）、あるいは「禁裏御庭者小法師《こぼうし》」（『華頂要略』）と記されることがある。「御庭者」は作庭や庭の雑役に従事する者であろう。また「小法師」は、戦国時代の正月二日に、禁裏の「小法師」が箒《ほうき》を天皇に献上した事実から見て（『お湯殿の上の日記』）、清掃を担う者であろう。小五郎は禁裏の作庭、庭の雑役、清掃を任されていたのだ。

このほか、天正八年（一五八〇）に、儲君《ちょくん》誠仁《さねひと》親《しん》王《のう》の命を受け、山城《やましろ》という河原者が禁裏で「しやみせん」を弾いた（『お湯殿の上の日記』）。この楽器は三味線のことであろうか（盛田嘉徳 一九七四）。このように、禁裏のなかで河原者が楽器を演奏することもあった。

コラム2　公家に仕えた武士

京都やその周辺に住む武士は、武家のほか、公家に仕えることもあった。ここでは、戦国時代や近世初期を生きた人物のうちから、そうした武士たちを紹介することにしたい。

最初に取り上げる人物は石井《いしい》在利《ありとし》である。室町・戦国時代、摂家の九条家《くじょうけ》に仕えた石井家は、室町時代には三流、すなわち豊安《とよやす》・直安《なおやす》・秀安《ひでやす》の三兄弟を祖とする三つの系統に分かれた。そして、九条家の家領東九条荘《くじょうのしょう》（京都市）内に住居を構え、同家領支配の担い手となっている。このうち、豊安流は東九条荘の下司職《げしき》を相伝《そうでん》し、石井家の惣領的立場にあったようだ。豊安の曽孫にあたる在利も東九条荘の下司職となり、同荘を中心に多くの田畠を所有していた。

在利は九条政基《まさもと》・尚経《ひさつね》父子に仕え、東九条荘や和泉日根荘《いずみひねのしょう》（大阪府泉佐野市・熊取町）をはじめとする九条家領の支配を担ったが、主家の意向に沿わない行動をとることがあり、日根荘の支配からは排除されている。一方、在利の邸宅が置かれた東九条荘では、九条家が彼を無視して支配を全うすることは、はなはだ困難な状況となっており、在利の実力に依拠して支配を行わざるを得なかった。戦国時代初めの九条家の家政は、在利の働きによって支えられていた。

永正十五年（一五一八）、在利は父数安《かずやす》とともに、九条以南の所領六町五反大と五町一反二百七十歩以上の田畠を、同族と見られる石井山城守らに売却したが、このことが九条家の怒りをかい、同家は田畠の売買を無効とするよう室町幕府に訴えた。幕府はこの訴えを容れ、その結果、在利は九条家から東九条荘の下司職改替と、被官関係の断絶という処分を受けている。在利の子息岩千代《いわちよ》も九条家への出仕を停止された。その後、永正十八年（大永元年、一五二一）、在利は九条家に不義があったという理由で殺害され、在利の子息孫三郎は逐電《ちくでん》した（仲村研 一九八八）。

つぎに取り上げるのは、近世初期の公家西洞院時慶《にしのとういんときよし》に仕えた板屋左近丞《いたやさこんのじょう》である。彼は天正十八年（一五九〇）までに時慶に仕えたが、それ以前の彼は、侍と百姓の中間に位置する侍衆《さむらいしゅ》であり、洛中の三本木《さんぼんぎ》の政所《まんどころ》として村の運営を担っていた。また彼は村の運営はもちろん、農業経営に関しても、かなりの知識と一定の経験を有していたと見られる。

豊臣《とよとみ》政権期の時慶は、京都の三本木・紫竹村《しちくむら》・花園村・西院《さいいん》（いずれも京都市内）や、近江の石庭村《いしばむら》（高島市）に所領を有していた。時慶に仕えた後の左近丞は、これらの地において、領主・百姓間紛争の調停役や、取次の役割を担い、未進《みしん》年貢の納入の督促、年貢の徴収、走百姓《はしりびゃくしょう》（耕作を放棄して逃亡した百姓）への対応、指出《さしだし》の提出などに携わった。また彼は西洞院家《にしのとういんけ》の家政の担い手でもあり、たとえば慶長十五年（一六一〇）には、時慶邸の留守居《るすい》や番、外出時の供、使者などを務め、時慶が下京の住人から米を借りた際は、この件をととのえている。

京都に家を構えていた左近丞は、時慶の家臣となった後も農業経営に携わり、百姓としても活動した。また下京や嵯峨《さが》などの商工業者と人的結合関係を築き、材木を扱う商工業者としても活動していた。そして、主の時慶から与えられた大豆・銭・肩衣《かたぎぬ》・袴《はかま》などの給付よりも、農業や商工業に携わることで得た利益のほうが、左近丞の生活を支えたようであり、彼は京都の住人のなかでも富裕層に属していたと見られる。

慶長十九年を最後に左近丞の活動は見られなくなる。おそらく、この年から数年のうちに、彼は死去したのではないだろうか（尾下成敏 二〇一六）。

七　乱世のなかの文芸

1　鄙の文壇

和歌・連歌を嗜む背景

中世末期の武家領主の間で、身につけるべき文芸と目されたのが和歌と連歌である。たとえば幕臣伊勢貞頼《いせさだより》（貞仍、宗五《そうご》）は、大永八年（享禄元年、一五二八）に完成させたその著作『宗五大草紙《そうごおおぞうし》』のなかで「歌（和歌）・連歌は和国の風なれば、思い捨てらるまじく候」と主張している。実際、畿内《きない》・西国《さいごく》・東国《とうごく》の別を問わず、武家領主が和歌・連歌の受容に意欲を見せる事例は、枚挙にいとまがない（井上宗雄　一九七二、木藤才蔵　一九七三、米原正義　一九七六など）。

では、彼らはなぜ和歌や連歌を嗜《たしな》むのか。その要因としては、まず和歌や連歌そのものを楽しむということが挙げられよう。また神仏への法楽《ほうらく》として、すなわち神仏へ奉納するために和歌や連歌が詠まれたことも、この二つの文芸が受容された要因であろう。さらに武士が自身の力量を示すため、合戦をはじめとする武事《ぶじ》だけでなく、文事《ぶんじ》も嗜まねばならなかったことも、和歌や連歌を学び詠ませた要因の一つではないだろうか。

武家社会における文事の重要性は、今残るさまざまな史料からうかがえる。故人の冥福を祈る法事の際の語録《ごろく》もその一つだ。東国の事例を二つ挙げると、大永六年に死去した今川氏親《いまがわうじちか》の二七日《ふたなのか》の仏事では、故人となった氏親が「文を修め、武を修め」る人物として賞賛され（『増善寺殿法事語録』）、元亀四年（天正元年、一五七三）に亡くなった武田信玄《たけだしんげん》（晴信《はるのぶ》）の三回忌の仏事では、故信玄が「文有り、武有り」と讃えられている（『天正玄公仏事法語』）。「文」（文事）が「武」（武事）と並んでいるのだ。そこで彼らの文事を見ると、氏親は和歌・連歌を嗜んで、類題集『続五明題和歌集《しょくごめいだいわかしゅう》』の撰集を行い、信玄も和歌・連歌を嗜んで歌会や連歌会を催し、和漢聯句《わかんれんく》（和句と漢句を付け合せる文芸）を詠むことがあった（井上宗雄　一九七二、米原正義　一九七六、黒田基樹　二〇〇七）。

一方で文事をおろそかにした人物と見られたときは、「文無」しという批判が浴びせられることになる。たとえば元亀二年、駿河《するが》侵略を推し進めていた信玄は、かつて駿河を支配した今川氏真《うじざね》を「文無し、武無し」と貶《けな》している（『歴代古案』）。永禄三年（一五六〇）の桶狭間《おけはざま》の戦いで父今川義元《よしもと》が敗死した後、氏真は文事に心を懸けようとする志向を持ちながらも、今川分国をとりまく危機的な状況から、歌会や連歌会を行うことすら困難な状況に陥っていた。それゆえ、信玄からこのような批判が浴びせられたのだろう。

「文無」しという批判を避けるためには、和歌や連歌などの文芸を嗜み、歌会や連歌会の主催者あるいは参加者となることで、文事への取り組みをアピールすることが有効であろう（尾下成敏　二〇〇一九)。それゆえ、武事だけでなく文事にも心を懸け、武人としての力量を示そうとする武士たちがいたのではないか。

地方武士たちの雅会

地方の武家領主たちが参加した雅会《がかい》を見ておこう。歌会や連歌会には定例開催の会と不定期で行われる会がある。定例開催の歌会としては、正月に行う歌会始や、毎月の開催を原則とする月次《つきなみ》歌会が、定例開催の連歌会としては、正月に開かれる例年の会や、原則として毎月行われる月次連歌会がある。また中世末期の連歌会では、百句に至るまで詠む百韻連歌《ひゃくいんれんが》のほか、五十句からなる五十韻連歌、懐紙《かいし》一枚に記す一折連歌《ひとおりれんが》(この場合、句数は二十二句以下)、百韻連歌を十巻束ねた千句連歌《せんくれんが》などが見られ、このうち最も行われたのは、百韻連歌を詠む会であった。

不定期で行われた歌会や連歌会としては、公家や高名な連歌師を迎えたおりに開かれるものがあり、代表的な雅会としては、千句連歌会のような大規模な連歌会や、永禄五年(一五六二)に越前《えちぜん》の朝倉《あさくら》義景《よしかげ》が行った曲水《きょくすい》の宴《えん》が挙げられる。朝倉氏の曲水の宴は、かつて朝廷が催していた歌会を模倣したもので、三条西実隆《さんじょうにしさねたか》の子公条《きんえだ》は、この義景の歌会について「まことに希代の興遊、末世の美談というべし」という賛辞を贈った(『永禄五年一乗谷《いちじょうだに》曲水宴詩歌』)。

これらの雅会のうち、定例開催の歌会・連歌会を見ると、十五世紀後半、中国の大内《おおうち》氏はすでに月次歌会や月次連歌会を催し、同じころ、朝倉氏も月次歌会を行っていた(米原正義 一九七六)。十六世紀には能登《のと》の守護畠山《はたけやま》氏や若狭《わかさ》の守護武田氏が国許で月次歌会を催し(「除秘抄紙背文書」、小葉田淳 一

九九三、末柄豊 二〇一〇)、また今川氏が歌会始や月次歌会を、甲斐《かい》の武田氏が歌会始・月次歌会や月次連歌会を行ったことが知られている(後述)。

千句連歌会にも目を向けておこう。武家領主による千句連歌会の開催事例は多い。さきに挙げた地域権力のなかでは、大内氏、朝倉氏、若狭の武田氏、今川氏、甲斐の武田氏がこの会を行っているが、主催者は守護や大名だけではない。国人クラスの領主が千句連歌会を催すこともあった(米原正義 一九七六、『為和詠草』)。

図37 富田城跡 城内の山中御殿跡

出雲《いずも》の尼子《あまこ》晴久《はるひさ》が本拠富田城《とだじょう》内(図37参照)に「不断連歌」の「会所《かいしょ》」を設けたことも注目される。天文二十二年(一五五三)、晴久はここに高名な連歌師宗養《そうよう》を招き連歌会を行った(「多胡家文書」)。「不断」とあるので、この会所では連歌会がたびたび行われていたのであろう(米原正義 一九七六)。

ところで、歌会や連歌会に参加する武士たちは、和歌や連歌を詠むために、『万葉集《まんようしゅう》』や『古今集《こきんしゅう》』・『源氏物語《げんじものがたり》』・『伊勢物語《いせものがたり》』といった古典を学ぶことになるが、これらの書物の内容を一通り理解するのは容易なことではない。そのため、武士は文人たちに教えを請わざるを得なかった。地方の武士たちが三条西実隆に、和歌・連歌の指導や古典の書写・解説を求めた（後述）というのは、その代表的な事例と言ってよい。文芸の世界では、公家が武士よりも優位に立っていたのである。

東国大名の文壇

十六世紀の東国に広大な分国を形成した武田・今川・後北条《ごほうじょう》三氏は、戦国時代のこの地域の歌壇・連歌壇を見る際には見逃せない大名たちである。

天文十年（一五四一）、甲斐を治める武田信虎《のぶとら》がクーデターにより、娘婿今川義元のもとへ追われ、信虎の嫡子晴信（信玄）が新たな当主として擁立された。そして翌十一年、武田氏の文壇では定例開催の会が設けられ、正月の歌会始や月次歌会・月次連歌会が本拠甲府で行われるようになった（黒田基樹 二〇〇七、図版38参照）。

甲斐武田氏は、信虎の時代には彼や晴信が歌会や連歌会を催したが、それらは定例開催の会ではなく、不定期で行う会であった（『為和詠草』）。それゆえ、晴信の時代に定例開催の会が出現したことは、武田氏の歌壇や連歌壇のあり方が変わったことを意味する。代替わりを契機として、晴信は父以上に文事に力を入れたのだ。

武田氏の定例開催の会を他国との比較から見ておこう。南関東の後北条氏に目を向けると、歌壇では、不定期開催の会は見られるが、定例開催の会は見られない。一方、連歌壇では、月次連歌会の存在が伝えられ、後北条氏滅亡後の著作『異本小田原記《いほんおだわらき》』は、天文十年に死去した当主北条氏綱《うじつな》が月次連歌会を行ったことや、本拠小田原城《おだわらじょう》近くの寺院心明院で行われた月次連歌会に彼が参加したと記している。

今川氏に目を向けると、定例開催の連歌会の存在はうかがえないが、氏輝《うじてる》が当主であった天文年間（一五三二―五五）の初年に、本拠の駿河府中《ふちゅう》では、正月の歌会始や七月の七夕歌会の開催が定例化した。氏輝の跡を継いだ弟義元《よしもと》は、歌会始は継続して行ったが、分国内の争乱や隣国後北条氏との抗争がもとで、当主となった天文五年以降、七夕歌会の開催を中止した（尾下成敏 二〇一九）。

図 38　武田氏館（躑躅ヶ崎館）跡　大手門跡周辺
武田信虎・晴信父子の本拠となった.

このように、連歌壇あるいは歌壇において、後北条氏や今川氏は、武田氏よりも早く定例開催の会を行ったが、天文十一年に武田氏が三氏のなかで一番早く月次歌会を行ったことで、武田歌壇のほうが後北条歌壇や今川歌壇よりも活発となり、和歌の世界のなかでは、後北条氏や今川氏を脅かす存在となった。

こうした武田歌壇の活発化に反応したのが今川氏である。かつて禅僧であった義元は連歌事蹟が見られない人物であるが、和歌のほうは、上冷泉為和《かみれいぜいためかず》に師事しており（後述）、後者のほうで武田氏に対抗しようとした。すなわち天文十二年から本拠府中において月次歌会を開催し、翌十三年には七夕歌会を復活させ、その開催を定例化したのであった（尾下成敏 二〇一九）。

上冷泉為和の文芸活動

今川氏のもとへは多くの公家たちが下向《げこう》した。そのなかには、正親町三条家《おおぎまちさんじょうけ》（実望《さねもち》・公兄《きんえ》）、中御門家《なかみかどけ》（宣秀《のぶひで》・宣綱《のぶつな》）、上冷泉家（為和・為益《ためます》）、三条西家（実澄《さねずみ》）のように、今川分国の駿河・遠江《とおとうみ》国内に一年以上にわたり滞在する公家の家が存在した（米原正義 一九七六）。ここでは、上冷泉為和の動向を見てみよう。

享禄四年（一五三一）、為和は駿河府中へ下り、今川氏の当主氏輝の歌道の師範として迎えられた。以後、天文十八年（一五四九）にこの世を去るまで、為和は基本的に東国で活動し、今川分国・武田分国・後北条分国の武士たちとともに和歌や連歌を詠み、都の文芸の伝播に力を尽くすことになる（井上宗雄 一九七二、小川剛生 二〇〇八）。

為和の駿河下向後、今川歌壇のあり方は変わることになる。たとえばすでに述べたように、天文年間の初年には、正月の歌会始や七夕歌会の開催が定例化した。また享禄五年（天文元年）以降、今川家臣団が歌会を主催するようになった。こうした背景としては、歌会を継続して行うことや、歌会を主催することが、文事への取り組みをアピールする際に有効であることのほか、為和が氏輝の師範となったことも挙げられる（尾下成敏 二〇一九）。

為和は今川氏の歌会や自身が主催する歌会において、「梅花久薫」「竹為師」といった題を出し、当主や嫡子、家臣たちの詠歌を批評し、時には古典の写本《しゃほん》を贈るなどして、彼らの歌才の向上に力を尽くした。たとえば少年時代の氏真（龍王丸）の詠歌「秋の海や磯打つ浪をみわたせば月かげくだくをちの浦風」を批評した際は、「月かげくだくをちの浦風」について、「なびやかに侍れば」と好意的に評価し（『今川龍王丸張行歌合』）、今川一門の一人葛山氏元《かつらやまうじもと》には、藤原定家《ふじわらのさだいえ》自筆とされる『伊勢物語』を書写して贈っている（冷泉為和筆『伊勢物語』、図39参照）。

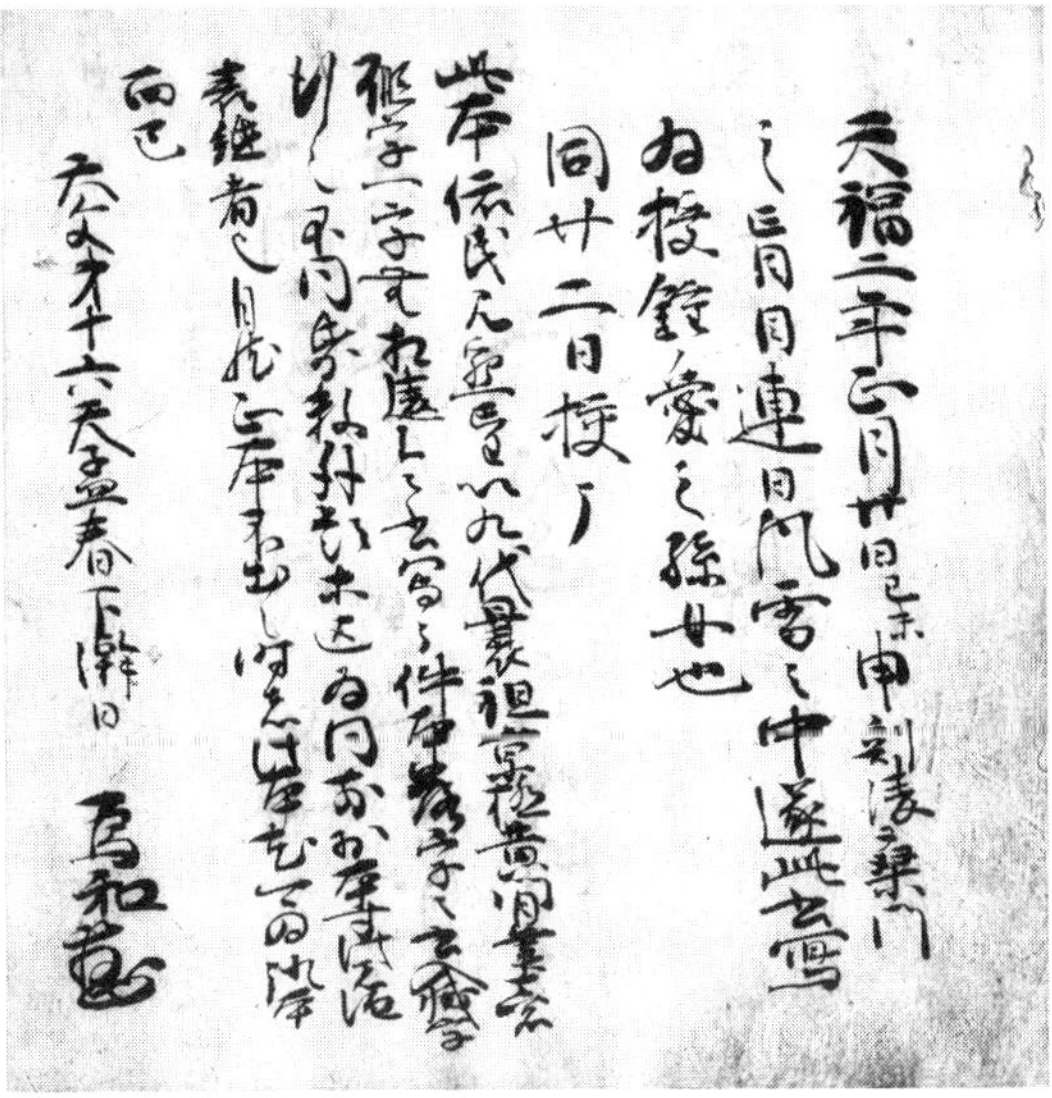

図39　上冷泉為和筆『伊勢物語』の奥書　宮内庁書陵部所蔵

このように、為和は和歌文化の伝播に貢献したが、今川氏の文壇に集う武士たちの詠歌のレベルは、全体として見れば、高いものではなかったようだ。そのため、義元やその家臣たちの詠歌が為和の容赦ない批評にさらされることもあった（小川剛生　二〇〇八）。

今川・武田両氏が同盟した天文六年（一五三七）以降、為和はしばしば武田氏のもとへ赴き、甲府歌壇の指導にもあたった。信虎の時代、為和は三年近く甲府に滞在し、信虎・晴信父子の歌会や連歌会に参加した。また信虎の和歌を代作することもあったようだ。晴信の時代にも、為和は晴信主催の歌会・連歌会や、この時代に活発に行われた武田家臣団の歌会に参加し、「寄若菜祝言」などの題を出したが（『為和詠草』、井上宗雄 一九七二、小川剛生 二〇〇八）、今川氏が月次歌会を行うようになったころからは駿河滞在が基本となり、甲斐滞在期間は短くなっている（尾下成敏 二〇一九）。

なお、天文二年から同五年にかけ、為和は後北条氏のもとへも三度下向し、北条氏綱・氏康《うじやす》父子らと和歌を詠んだ。滞在期間はいずれも一・二ヵ月程度で（『為和詠草』）、今川・武田両氏の場合とは異なり短期間の滞在であった。

三条西実澄の文芸活動

三条西実澄（実枝《さねき》、図40参照）は、祖父実隆、父公条と同じく古今伝授《こきんでんじゅ》（後述）を受け、またこれを行った公家である。実澄は、三十代のころには、父とともに朝廷の歌壇の指導者的存在となっていたが、四十二歳の天文二十一年（一五五二）に今川氏の本拠府中へ下った。おそらく、経済的な窮乏により離京したのであろう。

実澄の事蹟を見ると、今川氏のもとで催された正月の歌会始や月次歌会などの歌会、あるいは、氏真の時代に行われた連歌会で、義元・氏真父子や今川家臣団、京都から下向した公家たち（中御門宣綱・山科言継《やましなときつぐ》など）と同席し、和歌や連歌をともに詠んでいる（尾下成敏 二〇一九）。また実澄に師事する僧相玉長伝《しょうぎょくちょうでん》や、駿河に一時滞在した連歌師紹巴《じょうは》、府中一花堂《いっかどう》の僧乗阿《じょうあ》といった文人たちと、ともに和歌や連歌を詠んだ（『心珠詠藻』、『紹巴富士見道記』）。さらに『源氏物語』の語彙《ごい》を解釈した『水滴《すいてき》色葉類聚抄《いろはるいじゅしょう》』を著し、駿河の文人たちに歌道や古典学の教授を行うことがあった。このように、天文十八年の上冷泉為和死去の後、今川氏の文壇は実澄がリードした（井上宗雄 一九七二）。

実澄は駿河国外においても活動した。たとえば弘治三年（一五五七）に正親町天皇が践祚《せんそ》すると、翌永禄元年（弘治四年、一五五八）に駿河から上洛し、翌二年までの間、廷臣として活動している（井上宗雄 一九七二）。また後北条分国へも幾度か出向き、永禄三年に小田原で行われた歌会では、北条氏康・氏政《うじまさ》父子や同地に滞在していた飛鳥《あすか》井《い》雅綱《まさつな》らと同席し、ともに和歌を詠んだ（小川剛生 二〇一二）。

永禄十一年（一五六八）、氏真が信玄に敗れ、府中から遠江懸川《かけがわ》（掛川）城へ逃れた際、実澄は今川氏を見限り武田氏のもとへ身を寄せた。そして、武田信玄の庇護を受けた実澄は、翌十二年に、駿河の富士《ふじ》浅間社《せんげんしゃ》へ武田方の戦勝を祈る祝詞《のりと》と和歌十首を奉納した（「駿河大宮富士文書」）。実澄は、武田氏のもとに半年近く滞在し、永禄十二年のうちに甲斐を発って帰京している（『言継卿記』）。

図40　三条西実枝（実澄）像　二尊院所蔵

東国大名の小京都

以上のような為和・実澄の文芸活動や、東国大名の文壇の展開は、地方（鄙《ひな》）と京都（都《みやこ》）の間に存在する文化的な格差を狭めていく動きであるが、こうした現象から想起されるのが、「小京都」という歴史用語である。これは、戦国期の武家権力によって、積極的に京都の文化が導入された地方都市のことである（村井康彦 一九七九）。

武田分国や今川分国の人々が、甲府や府中で為和や実澄らの指導を受けながら、和歌や連歌のような京都を中心に発達した文化を受容することは、京都の文化がこれらの地方都市へ移植されることを意味する。それゆえ、戦国時代の甲府や府中では、在国の公家の指導のもとで小京都の形成が進んだと言えよう。では、このような東国の小京都は、どのような道をたどったのか。

信玄死後の武田氏では、歌壇をとりまく状況が停滞し（井上宗雄 一九七二）、天正十年（一五八二）には、織田信長《おだのぶなが》との激しい抗争が原因で滅ぶことになる。また今川氏は、天文十四年の後北条氏との抗争や、翌十五年以降の三河《みかわ》侵攻にともなって、月次歌会の開催を一時停止し、桶狭間の戦いの後は、分国をとりまく危機的な状況から、歌会や連歌会を行うことすら困難な状況に陥っている（尾下成敏 二〇一九）。つまり文事が一段と抑制される状況になったのだ。そして、永禄十二年、今川分国は武田・徳川両氏の攻撃を受け消滅することになる。

このように、在国の公家が深く関与する形での小京都の形成は、争乱の影響により順調には進まず、挫折という結末を迎えた。なお、元亀・天正年間（一五七〇—九二）には公家の在国が激減し、公家の地方長期滞在が困難になるが（六章参照）、それは、戦国時代の甲府や府中のような形での小京都の形成を止める動きでもあった。

2 都の文壇

戦国時代の文人たち

十六世紀の京都で活動した文人たちを見ておこう。歌道を担う公家としては、まず飛鳥井家・上冷泉家・下冷泉家の人々がおり、とくに飛鳥井雅康《まさやす》（宋《そう》世《せい》）や、その甥の雅俊《まさとし》、雅春《まさはる》（雅俊の孫）、上冷泉（冷泉）為広《ためひろ》・為和父子、下冷泉（冷泉）政為《まさため》らの活躍が目立つ。

古今伝授を行う三条西家も重要である。古今伝授とは、『古今集』の難解な歌や語句についての解説を秘伝として、師から弟子へ、あるいは親から子へ、口伝や切紙《きりかみ》等を用いて伝え授けることである。和歌や連歌を嗜もうとする場合は、『古今集』を学ぶことがどうしても必要になるため、伝授を行う者は、歌壇や連歌壇では重要な位置にあった。三条西家は、十五世紀後半から十六世紀前半に活躍した実隆が宗祇《そうぎ》から古今伝授を受けた後、実隆は子の公条に、公条は子の実澄に、実澄は細川幽斎《ほそかわゆうさい》（藤《ふじ》孝《たか》）に古今伝授を行った。かくして、三条西家は実隆・公条・実澄の三代にわたり、歌壇の指導者的存在となった。

文壇で活躍したのは、飛鳥井家・上冷泉家・下冷泉家・三条西家の人々ばかりではない。たとえば摂家《せっけ》の一条冬良《いちじょうふゆよし》、宗祇から古今伝授を受けた摂家の近衛尚通《このえひさみち》、同じく宗祇に学んだ姉小路済継《あねがこうじなりつぐ》、三条西公条の外孫中院通勝《なかのいんみちかつ》らも京都の歌壇で活躍した（井上宗雄 一九七二、山本啓介 二〇一一）。

連歌壇の主要な担い手が連歌師である。彼らは連歌だけでなく和歌も詠むため、宗祇、肖柏《しょうはく》、宗長《そうちょう》のように、歌壇でも活躍を見せる者たちがいた。また連歌師は、連歌を詠む際にその学習が必要な『万葉集』や『古今集』・『伊勢物語』・『源氏物語』といった古典の研究も担い、さらに、しばしば各地を旅行して地方における連歌の普及にも力を入れ、多くの紀行文を残した。

十六世紀に活躍した連歌師としては、宗祇やその門弟の肖柏、宗長、宗碩《そうせき》、寿慶《じゅけい》や、宗祇とともに准勅撰連歌集『新撰菟玖波集《しんせんつくばしゅう》』の成立に尽力した兼載《けんさい》がまず挙げられよう。また宗牧《そうぼく》、周桂《しゅうけい》、永閑《えいかん》、等運《とううん》、宗養《そうよう》、昌休《しょうきゅう》、紹巴《じょうは》、昌叱《しょうしつ》も、十六世紀の連歌師のなかでは目立つ存在である。なお、宗牧は宗

図 41　宗長像　建長寺塔頭天源院所蔵・静岡県立中央図書館歴史文化情報センター提供

図 42　三条西実隆像　東京大学史料編纂所所蔵

長と宗碩に、周桂、永閑、等運の三人は宗碩に、昌休は宗碩、周桂、宗牧の三人に、紹巴は周桂と昌休に師事した。宗養は宗牧の子であり、父から連歌の手ほどきを受けたと見られる。昌叱は昌休の子で父の門弟に当たる紹巴の後見を受けた（木藤才蔵 一九七三）。

彼らのなかには、宗祇、兼載、宗牧のように、室町幕府から北野《きたの》連歌会所奉行（会所別当・会所宗《そう》匠《しょう》）に任命される者もいた。これは北野社の連歌会所を統轄する立場である（竹内秀雄 一九六八）。また宗長のように、駿河・遠江の守護今川氏に仕え、同氏の外交を担った者もいた（鶴崎裕雄 二〇〇〇、図41参照）。

三条西実隆

戦国時代の都の文人たちのなかでも、三条西実隆（図42参照）はとくに目立つ存在である。和漢の学問を身に付けた彼は、相次ぐ戦乱で散佚《さんいつ》の危機にさらされていた和漢の書物の書写・校合《きょうごう》等に力を尽くし、和学の権威として世に仰《あお》がれた公家であった。実隆の著作としては、『源氏物語』の注釈書『源氏物語細流抄』や、私家集《しかしゅう》『雪玉集《せつぎょくしゅう》』、歌日記『再昌草《さいしょうそう》』などがある。また彼の日記『実隆公記《さねたかこうき》』も注目される。

実隆は、天文六年（一五三七）に八十三歳で病没するまで、ほぼ京都で活動し、山城《やましろ》国外に出ることはほとんど無かったが、都の文人として、その名を全国的に知られていた。そのため、多くの地方武士たちが連歌師を介して実隆への接触を行い、和歌・連歌の指導や古典の書写・解説等を求めることがあった。実隆も生活のため、これらの要請に応じた（芳賀幸四郎 一九六〇）。たとえば実隆と東海地方の武士たちとの交流を挙げると、永正二年（一五〇五）と同六年に、実隆は尾張《おわり》の伊東定円《いとうじょうえん》という者の依頼を受け、伊東の和歌を添削している。天文三年には、在京中の尾張の武士織田七郎《おだしちろう》の希望により、実隆が七郎に歌論書《かろんしょ》『詠歌大概《えいがたいがい》』の講釈《こうしゃく》を行った。またこの年、八十歳になった実隆を祝うため、三条西邸で歌会が催されたが、その会には織田七郎も加わっている（『実隆公記』）。同じ年、尾張の有力領主織田藤左衛門尉《とうざえもんのじょう》も、都の実隆に自身が詠んだ和歌を送り添削を受けた（『再昌草』）。

今川氏も実隆と交流があった。たとえば今川氏親・氏輝父子は、彼らが詠んだ和歌を実隆に送って、添削してもらい、氏親は実隆から『伊勢物語』などの書物を譲られている。また大永七年（一五二七）に、前年に死去した氏親の追善歌会が行われたおり、実隆は自身の詠歌を送っている。氏親の子の禅僧梅岳承芳《せんがくしょうほう》は、天文五年（一五三六）の兄氏輝の死を受け還俗《げんぞく》して義元となり、十八歳にして当主の座につくが、その二年前の天文三年、承芳が主催する和漢聯句会が実隆の邸宅で行われていた。在京中の若き禅僧承芳は、実隆と文芸上の交流を有していたのである（『実隆公記』、『再昌草』など）。

朝廷の歌会

十六世紀の京都では、各所で歌会や連歌会が行われた。こうした雅会の場としては、まず禁裏《きんり》や公家の邸宅が挙げられる。ほか、僧侶の住坊や社、武家の邸宅においても雅会が行われ、和歌や連歌を嗜む公家、僧侶、武士や、連歌師たちの活躍の場となった。さらに、事例が多いとは言えないが、京都在住の商工業者が雅会に参加することもあった。（井上宗雄 一九七二、木藤才蔵 一九七三）。

禁裏の歌会を見てみよう。注目されるのは後柏原天皇《ごかしわばらてんのう》の歌会だ。明応九年（一五〇〇）に践祚した後柏原は、月次公宴御会《つきなみこうえんぎょかい》（以下、月次御会）を継続的に催し、朝廷の歌壇の活性化に努めている。この会は披講《ひこう》（和歌を詠みあげること）を行わず、懐紙に記した和歌や短冊《たんざく》に記した和歌を、ほぼ隔月に詠進《えいしん》させる（和歌を差し出すこと）会である。懐紙や短冊は取り重ねられ清書されたようだ。披講を行わなかったのは、晴儀《はれのぎ》としての歌会を開くことが困難であったためと言う（山本啓介 二〇一一）。

大永六年（一五二六）に践祚した後奈良《ごなら》天皇も和歌を好んだが、在位中の一五四〇年代には、朝廷の歌会は沈滞の様相を呈していたようだ。たとえば天文十一年（一五四二）に公家の勧修寺尹豊《かじゅうじただとよ》は中国の大内義隆《よしたか》へ出した書状のなかで、「地下連歌」すなわち連歌師を中心とする連歌壇の衰退や、月次御会をはじめとする朝廷の歌壇の衰退を嘆き、義隆が上洛して和歌・連歌の再興にあたることが「公私の念願」と述べている。尹豊によれば、月次御会の参加者が減ったことで、この会で詠まれる詠歌の数は百首から五十首に減っていたと言う。参加者が減少した一因としては、公家衆の地方在国という出来事がある。不参加者のなかには、歌道の主たる担い手でありながら、天文十一年に東国で活動していた上冷泉為和も含まれていた（「勧修寺家文書」）。

その後、弘治三年（一五五七）の正親町天皇践祚から永禄（一五五八—七〇）の末年ごろまでの間、朝廷の歌会はさらに活気を失うことになった。その原因は、在国の公家が目立ったことや、正親町が詠歌に力を入れなかったことなどにある。

このように、公家衆の在国により、十六世紀の朝廷の歌壇は沈滞の様相を呈していたが、元亀年間（一五七〇—七三）に入ると、こうした状況に変化のきざしが見え、以後、朝廷の歌壇をはじめとする都の歌壇は、復興へ向かうことになる（井上宗雄 一九七二）。

図43　北野社　「洛中洛外図屛風」上杉本より左隻の第三扇・第四扇の上部　米沢市上杉博物館所蔵

細川千句

「細川千句」と呼ばれる連歌会を見てみよう。これは細川京兆家《けいちょうけ》の当主が毎年二月二十五日に主催した連歌会のことで、北野社（図43参照）への千句奉納を目的とした会である。通常、千句連歌の会はその規模の大きさから、三日以上をかけて行われるが、この会は一日で行うことに特徴があった。すなわち北野社の祭神《さいじん》となった菅原道真《すがわらのみちざね》（天満大自在天神《てんまんだいじざいてんじん》）の命日にあたる二月二十五日に、連衆が五つの座に分かれ、各座が二百韻を詠んで（百韻連歌を二つ詠む）、一日で千句を完成させたのである。会場としては、上京の細川殿や京郊の淀城《よどじょう》が知られる。

この千句連歌の会は、文安五年（一四四八）以前には始まっていたようだ。途中、戦乱により中断した時期もあったが、永禄六年（一五六三）まで行われたことは確かである。細川千句は京兆家当主の威信を示す重要な行事であり、発句（第一句）は歴代の将軍か前将軍から貰い受けることが恒例であったという。また細川政元《まさもと》・高《たか》国《くに》・晴元《はるもと》・氏綱《うじつな》といった京兆家当主の句も披露されている。たとえば天文十四年（一五四五）の会では、第一（千句の第一百韻）の発句「待ほどの花にもしるし千世の春」を将軍足利義晴《あしかがよしはる》、脇句（第二句）「行衛や松にかゝる藤波」を京兆家当主の晴元が詠み、永禄六年の会では、第一の発句「枝かはす花や千世みむ庭の松」を将軍足利義輝《よしてる》、脇句「岩ほ苺むす春の池水」を京兆家当主の氏綱が詠んだ（『言継卿記』）。

この千句連歌会には、宗祇・兼載・肖柏・宗長・宗碩・宗養・紹巴といった高名な連歌師も参加し作句に励んだが、詠まれた句のなかには、代作による句が存在した。この場合、実際に連歌を詠んだのは公家や連歌師であったらしく、足利義高《よしたか》（義澄《よしずみ》・義遐《よしとお》）の句を兼載が、足利義尹《よしただ》（義材《よしき》・義稙《よしたね》）の句を三条西実隆が代作したことが知られている（鶴崎裕雄 一九八八）。

ある僧侶が見た都鄙の交流

戦国時代の北野社に能哲《のうてつ》という社僧《しゃそう》がいた。彼は沙汰《さた》承仕職《しょうじしき》の地位にあって、神供《じんく》の調達などにあたった（細川涼一 二〇一三）。能哲は、永禄四年（一五六一）の三月十七日から十二月三十日までの出来事を自身の日記『能哲古記』に記したが、このなかには、京都における都鄙の文芸交流の様相がうかがえる記事がある。そのなかのいくつかを見てみよう。

閏《うるう》三月十一日、摂津芥川《せっつあくたがわ》在住で三好《みよし》氏の家臣と見られる柏尾某が、能哲らに銭《ぜに》十疋《ひき》で連歌の「誂《あつら》」えを依頼した。そして、およそ一ヵ月後の四月十五日、柏尾自身が「誂」えた連歌を取りに、能哲のもとへ赴いている。

五月四日には、美濃《みの》の寿蔵主《じゅぞうす》という僧侶が玄寿《げんじゅ》という者を介し、能哲らに銭二十疋で連歌の「誂」えを依頼した。また同月八日、丹後《たんご》の快運《かいうん》という僧侶が能哲らに、連歌二百韻の「誂」えを依頼した。「誂」えとは、装丁または書写を意味する。右に挙げた三つの「誂」えが、どのような意味なのかは確定できない。

五月十八日、連歌師紹巴宅で因幡《いなば》の可生という者が連歌会を興行した。この雅会では、摂家の近衛稙家《たねいえ》が発句「橘《たちばな》のまちし香しるき五月哉」を、紹巴が脇句「ほとゝきすなくこすのとの山」を詠み、連歌師宗養が第三（第三の句）として「てふとりもおなし夢なる春暮て」を詠んでいる。会席に居た者は十九名である。

六月二十四日、宗養宅で東国在住の者たちが一折連歌の会を興行し、能哲も参加した。この雅会では、宗養が発句「夏山はしたゝる雨のなこり哉」を詠み、満元《みつもと》という人物が脇句「夕すゝしきならの葉の露」を、弥聖という僧侶が第三「柳藤木のまのそとも月見えて」を詠んでいる。

八月五日、周防《すおう》山口の元慰という者が大徳寺《だいとくじ》の塔頭養徳院《たっちゅうようとくいん》で連歌会を興行した。この会には宗養や能哲らが参加し、宗養が「下おさやよもの木すゑの初嵐」という句を詠んだ。

二日後の八月七日、宗養宅で周防の哭統という者が連歌会を興行した。宗養はこの会で「月影やをもきか上の萩《はぎ》の露」という句を詠んでいる。

この年、備前《びぜん》の領主宇喜多直家《うきたなおいえ》が、神仏への祈願として千句連歌を奉納することになり、能哲らに銭一貫二百文で連歌を詠むよう依頼した。八月二十四日に、彼にこの依頼を伝えたのは、石清水八幡《いわしみずはちまん》宮《ぐう》の社僧泉坊《いずみぼう》である。能哲はこの依頼を承諾し、九月七日に泉坊へ句を書き付けた懐紙を渡すことになった。

九月一日、能哲は、三好長慶《ながよし》らが詠んだ千句連歌の第七（千句の第七百韻）の清書を行っている。これは宗養らの依頼によるもので、翌二日、清書を終えた懐紙が宗養のもとへ届けられ、彼はそれを持参して、長慶の本拠河内飯盛城《いいもりじょう》へ下向した（「北野社宮仕沙汰承仕家資料」、図44参照）。

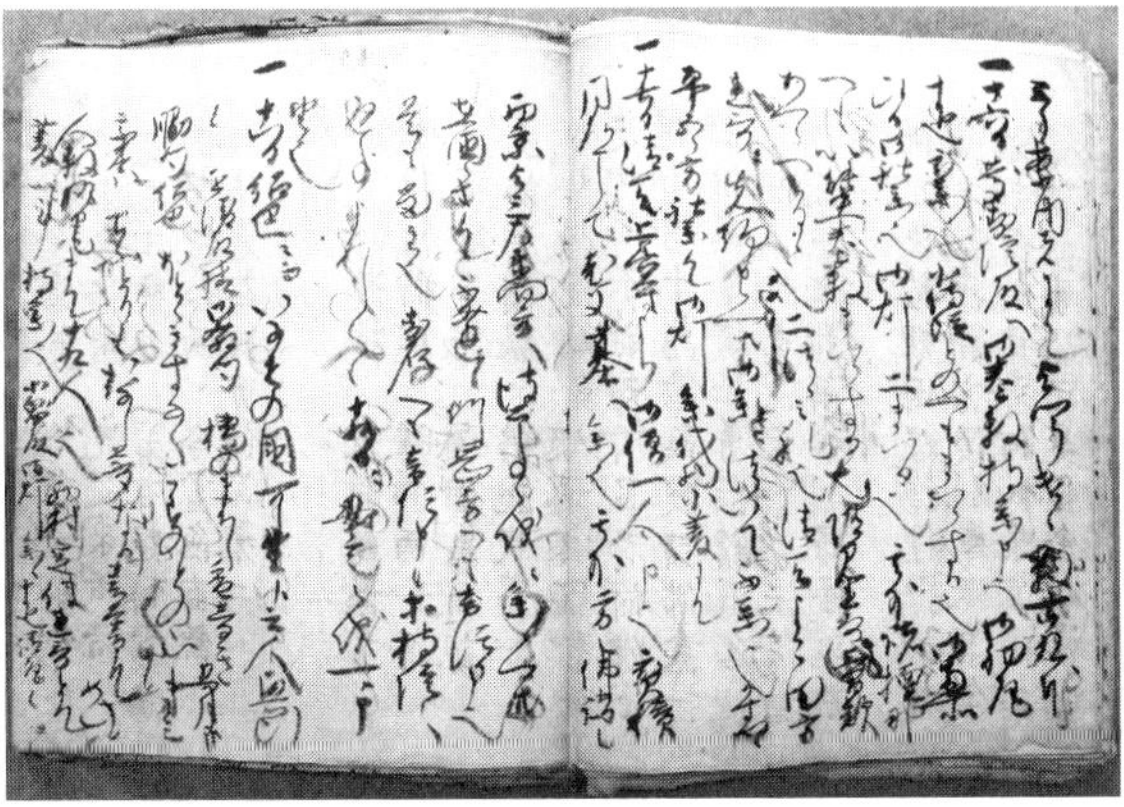

図44　「能哲古記」に見える連歌会　「北野社宮仕沙汰承仕家資料」より　京都橘大学所蔵
左側の記事は，因幡の可生が参加した5月18日の連歌会について記す．

都の位置

中世後期において、和歌や連歌といった古典を基盤とする文化を支えたのは連歌師や、公家や僧侶のなかでも古典に関して深い理解を有する者たちである。都（京都）がこうした文化の中心地となるのは、彼ら文人の多くが都を活動の場としたからである。

応仁《おうにん》・文明《ぶんめい》の乱《らん》前、こうした文人たちを輩出した公家衆は京都に居住し、ここを主たる活動の場としていた。しかし、この大乱の勃発後、彼らのなかから地方へ下る者が現れるようになった。そのなかには、歌道を担う飛鳥井雅俊や（六章参照）、上冷泉為和、三条西実澄のように、長期にわたり鄙（地方）に在国した者が含まれる。古典を基盤とした文化の主たる担い手である彼ら公家衆が、日常生活の拠点を都から鄙へ移し、しかも、為和や実澄のように小京都の形成に貢献すれば、都の文化的な環境は変化せざるを得ないのではないか。

実際、すでに述べたように、一五四〇年代には連歌壇において衰退の動きが見られ、また公家衆の地方在国が引きがねとなって、朝廷の月次歌会で詠まれる和歌の数が減少していた。都の歌壇にも衰退の動きが見られるのである。文芸の世界において、文人たちが武士よりも優位に立っていたことが、為和や実澄のような行動を招き、都の文化をこのようにしたのである。こうした状況は応仁・文明の乱前とは異なるが、衰退の動きは一五四〇年代特有の現象ではない。在国の公家が目立ち、天皇が詠歌に力を入れなかった永禄のころ、すなわち一五五〇年代後半から一五六〇年代後半にかけても、同様の状況がうかがえる。

ところで、十六世紀の文化の世界における都の位置を推しはかろうとする際、イエズス会の宣教師ルイス・フロイスがその著書『日本史』のなかに残した、つぎのような主張も重要である。

人々は都（京都）での振る舞いを模範とし、地方ではそれを倣うことにしているので、都で受け入れられるものは、遠隔の諸地方で尊重され、そこで評価されないものは、他の諸国ではほとんど重んぜられないのである。

歌壇や連歌壇に限らず、鄙の文化が都の文化を模倣したものであることを述べ、文化の世界では都の地位のほうが高いことを示唆したのだ。

彼の記述や、戦国時代の甲府や駿河府中において小京都の形成が進んでいたこと、すなわち京都の文化が積極的に導入されていたことを踏まえるなら、衰退の動きが見られるとは言っても、文化の面では、都が鄙よりも依然として高い地位にあったと見るべきだろう。そして、これまで述べてきたことからすれば、鄙を旅した連歌師や在国の公家の文芸活動が、こうした都の地位の高さを支えたと理解できるのではないか。

コラム3　元就・信長と文芸

戦国時代の武士たちは、みな和歌や連歌を嗜んでいたわけではない。これらの文芸とは縁遠い武士たちも存在した。

安芸《あき》の国人であったころの毛利《もうり》氏を見てみよう。天文十五年（一五四六）ごろ、毛利元就《もとなり》は家督を嫡子隆元《たかもと》に譲り、その後、新当主隆元を補佐する重臣志道広良《しじひろよし》へ書状を出した。そのなかで、元就は隆元に当主としての有り様を自覚させるため、「当時の儀は、まこと歌（和歌）も連歌も何もかも入らざる世の中に候、いよいよもって未来の儀その分たるべく候間」と記し、続けて、ただひたすらに「弓箭《きゆうせん》（合戦）」のことを心懸けるべきだと主張した（「毛利家文書」）。すなわち今は和歌や連歌などを嗜む必要のない世の中で、これからも、その状況は続くだろう。それゆえ、合戦に関わる事柄を第一に心懸けよと言うのだ。

当時、毛利氏の内部では扶持《ふち》の給付ができないことで、当主・家臣間の主従関係が揺らいでいた。またかつて大内《おおうち》氏の本拠周防山口《すおうやまぐち》に人質として滞在した隆元は、山口の文化的環境にのめり込み、当主としての器量を危ぶまれていた。それゆえ、右のような書状が作成されたのだが（岸田裕之 二〇一四）、注目したいのは、元就が和歌や連歌を嗜む必要はないと主張した点である。

十六世紀の中国地方は、大内氏と尼子《あまこ》氏の抗争により、緊迫した情勢にあった。そのようななか、元就は右のような主張を行ったのだが、それは和歌や連歌を嫌っていたからではない。彼が晩年に至るまで、多くの和歌や連歌を詠んだ点からすれば（井上宗雄 一九七二）、天文十五年ごろの元就は、合戦をはじめとする武事に専念するため、歌壇や連歌壇から離れることも止むを得ない、と考えたのではないか。

尾張《おわり》の織田《おだ》氏も注目される。織田弾正忠家《だんじょうのちゅうけ》の当主信秀《のぶひで》は、天文二年に公家の飛鳥井《あすかい》雅綱《まさつな》や山《やま》科言継《しなときつぐ》を本拠勝幡城《しょばたじょう》に迎え、歌会を催している。また天文十一年に、自身が主催する連歌会に連歌師宗牧《そうぼく》を招くなどの連歌事蹟もあり、信秀が連歌愛好者であった可能性は高いと見られるが、その子信長《のぶなが》は父とは異なり、正統的な和歌や連歌を詠んだ事例が確認できない。彼はこうした文芸から距離を置いていたのであろう。加えて、信長が本拠を尾張の小牧山城《こまきやまじょう》から美濃《みの》岐阜城《ぎふじょう》へ移した永禄十年（一五六七）ごろ、織田弾正忠家の家中《かちゅう》では和歌事蹟が見られず、また連歌と距離を置く者が一定数いたと推測される。その背景としては、信秀・信長父子が今川《いまがわ》氏と争った一五四〇年代後半から六〇年代にかけ、駿河《するが》に向かう公家たちが織田氏の勢力圏内の通過を避けたことが挙げられる（尾下成敏 二〇一七）。また国内外の諸勢力との抗争から、武事に力を入れざるを得なかったという事情も挙げられよう。

このように、十六世紀には、元就のように歌壇・連歌壇から離れようと説く武家領主がいて、また信長のように和歌・連歌とは縁遠い武家領主もいた。こうした文事に目を向けようとしない彼らのようなケースは、文事に心を懸けようとする志向を持ちながらも、それを盛んに行うことが叶わなかった今川氏真《うじざね》のケースとは、異なる動向であろう。なお、付言すると、第七章で述べた戦国時代の武士と和歌・連歌との関わりから推して、元就や信長のような武士たちが、武家領主のなかで常に多数派を占めたとは考えにくい。

コラム4 氏真と都の寺社

戦国時代、伊勢《いせ》神宮《じんぐう》や熊野三山（本宮《ほんぐう》・新宮《しんぐう》・那智《なち》）、西国三十三ヵ所、高野山《こうやさん》（金剛峯寺《こんごうぶじ》）といった鄙《ひな》（地方）の有名な寺社に、遠隔地から多くの人々が参詣《さんけい》したことはよく知られている（新城常三 一九四三）。こうした状況は、都《みやこ》（京都）の寺社についても同様と見られる。

永禄八年（一五六五）、宣教師ルイス・フロイスが三十三間堂《さんじゅうさんげんどう》、東福寺《とうふくじ》、千本閻魔堂《せんぼんえんまどう》（引接寺《いんじょうじ》）などを見物した。その直後、彼は自身が記した書簡のなかで、これら京都の寺社について、つぎのような意味のことを記している。

> 日本人は気晴らしのため、当地（京都）の寺院や古い物を度々見に出かけるのを習慣とし、それらが珍しい故に、諸国から絶えず人々が見物に来るからである。

また同年にフロイスが作成した書簡では、

> これらの寺院（京都の寺社）については、日本の遠隔地においても大なる評判がある（以上、『十六・七世紀イエズス会日本報告集』）。

と記す。すなわち都の寺社は鄙においてもその名を知られ、鄙の住人のなかには、上洛して都の寺社を見物する者が多くいたのだ。野地秀俊は、中世後期に寺社参詣の作法が簡略化されたことが、このような現象の背景にあったと見る（野地秀俊 二〇一三）。

戦国時代の政治・社会状況からすれば、この時代の旅は、常に危険をともなうものであったと言ってよい。しかし、そのような状況下においても、多くの人々が都へ赴き寺や社を見てまわった。それは、神仏に対する信仰心や、都の寺社に対する憧憬が引き起こした行動であろう。十五世紀後半以降の相次ぐ戦乱によって、都をとりまく政治・社会状況が混乱することはあったものの、都の寺社は、鄙の住人たちを都へ引き寄せる存在として機能していたのである。

さて、戦国時代後半の天正三年（一五七五）、今川氏真が都の寺社を見物している。このころの氏真は、かつて激しく争った徳川家康《とくがわいえやす》の庇護《ひご》のもと、遠江《とおとうみ》の浜松《はままつ》にあって本国駿河への復帰を目指していた（井上宗雄 一九七四）。

『今川氏真詠草』（以下『詠草』）は、このときの旅の詳細を伝える記録である。氏真の詠歌を数多く載せるこの『詠草』によれば、天正三年の正月下旬からおよそ三ヵ月近くの間、彼は都とその周辺を旅行している。旅の目的の一つは、『詠草』にあるように「物詣《ものもうで》」、すなわち都の寺社などを参詣することにあった。またこの旅の際、氏真は、都に滞在中の仇敵織田信長のもとへ幾度か出仕し、事実上その傘下に入っているので、駿河復帰に向け信長との関係を強化することも、旅の今一つの目的と見られる。なお、氏真が信長の面前で鞠《まり》を蹴ったり、あるいは信長とともに鞠を蹴ったというのは、信長の在京中の出来事である（『信長公記』、『宣教卿記』）。

氏真が訪れた寺社を見てみよう。『詠草』によると、彼が足を運んだのは、信長の宿所相国寺《しょうこくじ》

のほか、祇園社《ぎおんしゃ》、八坂の塔（法観寺《ほうかんじ》）、清水寺《きよみずでら》、知恩院《ちおんいん》、三十三間堂《さんじゅうさんげんどう》（蓮華王院《れんげおういん》）、東福寺、北野社、石不動（不動堂《ふどうどう》）、金閣《きんかく》（鹿苑寺《ろくおんじ》）、七野社《ななのやしろ》（櫟谷《いちいだに》七野社）、千本閻魔堂、松尾社、西芳寺《さいほうじ》、上賀茂社、愛宕社《あたごしゃ》、千本釈迦堂（大報恩寺《だいほうおんじ》）、清凉寺《せいりょうじ》、二尊院《にそんいん》、大覚寺《だいかくじ》、竜安寺《りゅうあんじ》、等持院《とうじいん》、鞍馬寺《くらまでら》、貴船社《きふねしゃ》、石清水八幡宮《いわしみずはちまんぐう》、泉涌寺《せんにゅうじ》、伏見稲荷社《ふしみいなりしゃ》、野宮社《ののみやしゃ》、天龍寺、仁和寺《にんなじ》、妙心寺《みょうしんじ》、慈照寺《じしょうじ》、吉田社《よしだしゃ》、建仁寺《けんにんじ》、宇治平等院《うじびょうどういん》といった洛外や京郊の寺社であった。

このなかには、等持院のように「将軍代々御影、僧一人も見えず」、あるいは、吉田社のように「零落、諸社名ばかりなり」と『詠草』に記され、天正三年当時、衰退に直面していたことがわかる寺社もある。一方で、多くの男女による千部経聴聞《せんぶきょうちょうもん》が行われたため、氏真がなかなか参詣できなかった清凉寺や、彼が「名所古跡見物多し」「名所多し」と評した清水寺、仁和寺のように、見物人の目を惹《ひ》く名所を有する寺院もあった。なお、氏真は訪問した寺社の大半について和歌を詠み、それを『詠草』のなかに書き残した。訪れた時期が桜の咲く時期と重なったこともあり、彼の詠歌には桜に関わるものが目立つ。

三ヵ月近くにわたった氏真の旅は、徳川・武田《たけだ》両軍の軍事衝突が始まったことで終わりを迎えた。武田勝頼《かつより》の軍勢が三河へ侵攻したとの噂を耳にした氏真は、四月二十三日、今道越《いまみちごえ》を経由して三河へ戻り、翌月の長篠《ながしの》の合戦では、後詰《ごづめ》として参陣した（『詠草』）。

八　京都改造の時代

1　洛中の大規模城館

秀吉の城館

表12は、豊臣《とよとみ》（羽柴《はしば》）秀吉《ひでよし》が大坂城《おおさかじょう》を本拠と定めた天正十一年（一五八三）から、彼がこの世を去る慶長三年（一五九八）までの、秀吉の在京をまとめた表である。ここからは、以下のような点が推測できる。（1）天正十四年の聚楽第《じゅらくだい》築城の年から、在京日数が大幅に増える。（2）天正十五年から文禄元年（天正二十年、一五九二）まで、すなわち聚楽第へ正式に移徙《いし》した年から、唐入《からい》り（朝鮮出兵）のため、肥前名護屋《ひぜんなごや》へ出陣した年までは、在京日数が大坂滞在日数を上回る。（3）文禄二年から慶長元年（文禄五年）まで、すなわち名護屋在陣を終えた年から、慶長大地震が発生した年までは、在京日数が大坂滞在日数を下回る。（4）文禄三年は指月伏見城《しげつふしみじょう》築城の年であるが、この年以降、在京日数が伏見滞在日数を下回る。こうした点のうち、（2）は注目される。秀吉が聚楽第を本拠とし、京都改造を進めた時期と重なるためだ。

洛中《らくちゅう》における秀吉の城館としては、聚楽第のほか、妙顕寺城《みょうけんじじょう》・京都新城《きょうとしんじょう》が挙げられる。なお、これ

表12　秀吉の在京

年	総日数	在京日数	大坂滞在日数	伏見滞在日数	備考
天正11年(1583)	384日	22日	63日	0日	大坂城・妙顕寺城の築城
天正12年(1584)	354日	24日	99日	0日	
天正13年(1585)	384日	54日	160日	0日	秀吉の関白任官
天正14年(1586)	354日	130日	184日	0日	聚楽第の築城始まる
天正15年(1587)	354日	121日	87日	0日	
天正16年(1588)	384日	129日	87日	0日	
天正17年(1589)	355日	150日	89日	0日	
天正18年(1590)	354日	141日	16日	0日	
天正19年(1591)	384日	245日	23日	0日	秀吉が秀次に関白の地位を譲る
文禄元年(天正20年，1592)	355日	95日	42日	1日	朝鮮出兵開始，秀吉が名護屋へ出陣／伏見隠居屋敷の築造
文禄2年(1593)	383日	23日	48日	22日	秀吉が名護屋在陣を終える
文禄3年(1594)	354日	31日	138日	103日	指月伏見城の築城
文禄4年(1595)	355日	24日	46日	127日	
慶長元年(文禄5年，1596)	384日	14日	163日	140日	慶長大地震，伏見山城の築城
慶長2年(1597)	354日	48日	23日	170日	
慶長3年(1598)	355日	4日	0日	170日	8月18日に秀吉が死去

＊豊臣(羽柴)秀吉の在京に関する表である．
＊「総日数」とは，1年間の日数である．「在京日数」とは，秀吉の在京日数を示す．
＊「大坂滞在日数」「伏見滞在日数」とは，大坂・伏見における滞在日数を示す．
＊正確な日数を示すことは困難である．ゆえに，表に示した日数は最大日数となる．
＊作成にあたっては，藤井譲治編2016を参照した．

表13　京都奉行・京都所司代一覧

就任者	就任期間	備考
杉原家次	天正10年8月～天正11年8月 (1582)　　　　(1583)	京都奉行
浅野長政	天正10年(1582)8月～10月	京都奉行
前田玄以	天正11年5月～慶長6年5月頃 (1583)　　　　(1601)	当初は京都奉行，のち京都所司代となり，文禄4年以降は朝廷・寺社を担当した
浅野長政	天正17年9月～天正18年2月 (1589)　　　　(1590)	
増田長盛	文禄4年8月～慶長5年9月 (1595)　　　　(1600)	上京を担当
石田三成	文禄4年8月～慶長4年閏3月 (1595)　　　　(1599)	下京を担当
奥平信昌	慶長5年9月～慶長6年2月 (1600)　　　　(1601)	
加藤正次	慶長6年4月頃～慶長7年12月？ (1601)　　　　(1602)	
松田政行	慶長6年4月頃～慶長8年2月 (1601)　　　　(1603)	
板倉勝重	慶長6年8月～元和5年9月 (1601)　　　　(1619)	

＊天正11年(1583)から慶長20年(1615)までに，京都奉行・京都所司代の地位にあった人物を一覧化した．

＊作成にあたっては，伊藤真昭2003，藤井譲治2012を参照した．

らの城館を拠点とした秀吉のもとで、京都の支配を担当したのは、京都所司《きょうとしょし》代《だい》の前田《まえだ》玄以《げんい》、浅野《あさの》長政《ながまさ》、増田《ました》長盛《ながもり》、石田《いしだ》三成《みつなり》らであった（表13参照）。

天正十一年八月、秀吉は大坂城の大改修に着手するが、その翌月、日蓮宗《にちれんしゅう》（法華宗《ほっけしゅう》）寺院の妙顕寺を改修し自身の城館（妙顕寺城）とした。この城館は下京の西に程近い（巻頭地図2参照）。新城の出現に伴って、妙顕寺は寺之《てらの》内《うち》に立ち退いた。

秀吉が関白の地位に就いた天正十三年ごろの妙顕寺城は、内郭《うちぐるわ》と外郭《そとぐるわ》からなり、外郭の周囲に堀《ほり》をめぐらし、天守《てんしゅ》も構えられていた。同城の規模は不明であるが、秀吉在京時は彼の宿所として用いられ、不在時は京都支配を担う前田玄以の邸宅として用いられた。天正十五年、秀吉が聚楽第へ正式に移徙し、玄以も聚楽の屋敷へ移ると、妙顕寺城は廃城となった（森田恭二 一九八二、横田冬彦 一九九三）。

慶長二年（一五九七）四月、秀吉は禁裏《きんり》の東南で城館普請《じょうかんぶしん》を行った。この城館（京都新城）は、南北六町（約六五四メートル）、東西三町（約三二七メートル）の規模で塀《へい》や石垣《いしがき》、堀を周囲に構えた城館であった（巻頭地図2参照）。慶長二年九月から同三年までは、秀吉・秀頼《ひでより》父子が幾度かこの城館に滞在し、彼らの京都宿所として機能したこともあった。

慶長四年十月以降、京都新城は、秀吉の正室おね（北政所《きたのまんどころ》・高台院《こうだいいん》）の邸宅として用いられ、いわゆる高台院屋敷となる。慶長五年八月、関ヶ《せきが》原《はら》合戦を前にして、おねは、戦闘に巻き込まれるのを避けるべく、同城の石垣や塀・門を破却した。この合戦の後は城館の規模も縮小したようだ（内藤昌・油浅耕三 一九七二）。

聚楽第

天正十四年(一五八六)二月、かつて平安京《へいあんきょう》の大内裏《だいだいり》が存在した内野《うちの》に、秀吉は新たな城館を築き始めた。この普請には多くの大名らが動員され、人足は七、八万人、または一〇万人に達したと言う(『宇野主水日記』)。そして、翌天正十五年正月、秀吉は、この新しい城館を「聚楽」と名付けた(『時慶記』)。この語には、楽園、あるいは悦楽と歓喜の集合という意味が込められていたようだ(杉森哲也 二〇〇八)。同年四月ごろには後陽成《ごようぜい》天皇行幸《ぎょうこう》のための御殿《ごてん》の作事が進められ(谷徹也 二〇一九)、九月には秀吉がおねや母なか(大政所《おおまんどころ》)を伴って聚楽第に正式に移徙し、翌天正十六年の四月には天皇の聚楽行幸が行われた。

天正十九年十二月、秀吉は、関白の地位と聚楽第を甥で養子の豊臣(羽柴)秀次《ひでつぐ》に譲り、文禄元年(天正二十年、一五九二)正月には、後陽成行幸が再び行われたが、その秀次が聚楽第の主として君臨したのは、わずか三年半ほどに過ぎない。文禄四年七月に勃発した、いわゆる秀次事件によって、彼が失脚・落命したためである。このとき、聚楽第は破却された(櫻井成広 一九七一、内藤昌ほか 一九七一)。

この城館は、四周がおよそ千間(約一・八㌔)とされる内郭と、その外側の外郭からなる。内郭には天守があり、周囲には石垣がめぐらされていたようだ(図45参照)。文禄四年段階では、内郭は本丸・南二の丸・北の丸・西の丸の四つの曲輪で構成され、南二の丸・北の丸・西の丸は、本丸の三つの門、すなわち南門・北門・西門の前にそれぞれ設けられていた(内藤昌ほか 一九七一、四章図23参照)。これら三つの曲輪は馬出《うまだし》に相当し、聚楽第の縄張《なわばり》と義昭《よしあき》御所の縄張が近いことを示している(四章参照)。これは本丸の門の前に馬出を設ける聚楽第の縄張は、その後の近世城館の縄張に多大な影響を与えたと言う

図45　「聚楽第図屛風」部分　三井記念美術館所蔵

（中井均 二〇〇一）。

近年、聚楽第跡の発掘調査が進み、北は一条通、南は出水通《でみずどおり》、東は大宮通、西は浄福寺通《じょうふくじどおり》に囲まれた範囲の大半が、同城の内郭と重なることが明らかにされている（森島康雄 二〇〇一、馬瀬智光 二〇〇五）。調査では、屋根に用いられた金箔《きんぱく》瓦《がわら》が出土し、内郭の遺構、たとえば本丸の東堀跡や、本丸南堀の石垣などが検出されている。

聚楽第は、禁裏と東西に相対する位置に築かれ、中立売通《なかたちうりどおり》（正親町小路《おおぎまちこうじ》）を介して、天皇の住む禁裏と結ばれていた（巻頭地図2参照、杉森哲也 二〇〇八）。このような位置に聚楽第が築かれたことは、この城館を本拠とした時期の豊臣政権が、天皇・朝廷との一体化をアピールしていたことを示している。

御土居の形成と構の変化

天正十九年（一五九一）、豊臣政権は、東は鴨川《かもがわ》、北は鷹峯《たかがみね》、西は紙屋川《かみやがわ》、南は九条《くじょう》を限りとする、全長二二・五キロの土塁（土居《どい》）と堀を築いた。京都を取り囲むこの惣構《そうがまえ》は、後に「御土居」と呼ばれることになる（巻頭地図2・図46参照）。工事は閏《うるう》正月に始まり、翌二月には虎口《こぐち》に門を構え、土塁の上に竹などの樹木を植えた惣構が完成に近づいた。このような土塁と堀の出現は、近世の洛中の範囲を、中世の洛中よりも拡げることになった。

御土居を築いた際、虎口は十に限られた。その結果、四条通の祇園口《ぎおんぐち》が土塁で塞がれることになり、祇園会の神幸を行う上で、大きな問題が生じた。そのため、祇園社は計画の変更を求めたが、豊臣政権は譲歩しなかった。

秀吉の死後、御土居の景観は変化する。慶長六年（一六〇一）には四条通の祇園口が貫通し、祇園会の神幸を行う際の支障が解消した。また御土居の虎口が増設され、一六二〇年代の京都の景観を描く「京都図屏風《きょうとずびょうぶ》」によれば、虎口の数は四十となっている（中村武生 一九九七、同 二〇〇一）。

なお、近年になり、御土居の発掘調査が進められ、土塁の基底部の幅は約二〇メートル、高さは残存高で約二メートル、堀の幅は一二・五メートル〜一〇メートル、深さは一・五メートル〜二・五メートルであることが判明している（京都市埋蔵文化財研究所監修 二〇一〇）。

ところで、御土居築造のころは、京都の構《かまえ》に変化が見られる時期でもある。二つの片側町からなる上京の冷泉町《れいせんちょう》のように、慶長年間（一五九六―一六一五）の初年に、釘貫《くぎぬき》を設けていた町も見られる

（「京都冷泉町文書」）一方で、十六世紀後半の終わりごろまでに、洛中の堀のほとんどが完全に埋められるか、または道路の側溝や区画の溝に姿を変えるという点も、発掘調査から明らかにされている（山本雅和 一九九五）。

また寺社の構については、解体への動きが見られる。豊臣政権は、上京・下京やその周辺部に散在していた寺院を寺之内や寺町に移転させた（小野晃嗣 一九四一）。そのおり、空き地となった寺院跡を囲う堀は埋められたと見られる（山本雅和 一九九五）。さらに天正十九年閏正月、秀吉は、摂津《せっつ》天満《てんま》の本願寺《ほんがんじ》（後の西《にし》本願寺《ほんがんじ》）に、下京の南で寺地を与え、本願寺の寺内町も天満から移転させ、京都の本願寺には、この新しい寺内町からの地子《じし》収納権を認めた（小野晃嗣 一九四二）。イエズス会の宣教師ルイス・フロイスは、このとき、秀吉が本願寺に対し、新しい寺内町の周囲に垣《かき》を設けたり、堀を築いたりすることを許可しなかったと伝える（『日本史』）。以上のように、十六世紀後半の洛中では、寺院の構を解体に追い込もうとする動きがあったようだ。

図46　御土居跡
京都市北区大宮土居町の御土居跡である．

二　条　城

表14・表15は、徳川家康《とくがわいえやす》が関ヶ原合戦に勝利し覇権を掌握した慶長五年（一六〇〇）

表14　家康の滞在地，その1

年	総日数	畿内滞在日数	東国滞在日数	備　考
慶長5年(1600)	354日	259日	65日＋α	関ヶ原合戦起こる
慶長6年(1601)	384日	277日	95日＋α	
慶長7年(1602)	354日	230日＋α	43日＋α	
慶長8年(1603)	354日	283日	57日＋α	家康が将軍に就任
慶長9年(1604)	384日	163日	183日＋α	
慶長10年(1605)	354日	204日	107日＋α	家康が徳川秀忠に将軍の地位を譲る
慶長11年(1606)	355日	164日＋α	169日＋α	
慶長12年(1607)	384日	0日	384日	家康，江戸城から駿府城へ移る
慶長13年(1608)	355日	0日	355日	
慶長14年(1609)	354日	0日	322日＋α	
慶長15年(1610)	384日	0日	376日	
慶長16年(1611)	354日	32日	284日＋α	二条城で家康と秀頼が会見
慶長17年(1612)	384日	0日	353日	
慶長18年(1613)	354日	0日	354日	
慶長19年(1614)	354日	66日	278日	大坂冬の陣勃発
元和元年(慶長20年，1615)	384日	144日	180日＋α	大坂夏の陣勃発
元和2年(1616)	355日	0日	106日	4月17日に家康が死去

＊徳川家康の滞在地に関する表である．
＊「総日数」とは，1年間の日数である．「畿内滞在日数」とは，家康の五畿内滞在日数を示す．
＊「東国滞在日数」とは，関東八ヵ国や伊豆・駿河における滞在日数を示す．
＊正確な日数を示すことは困難である．ゆえに，表に示した日数は最大日数となる．
＊αであるが，たとえば「65日＋α」なら，滞在日数が最大で65日以上であることを示す．
＊作成にあたっては，藤井讓治編2016を参照した．

から、彼が亡くなった元和二年（一六一六）までの、家康の滞在地に関するものである。表14を見ると、（1）当初は領国の東国《とうごく》に居た日数よりも、畿内《きない》に滞在した日数のほうが長かったことがわかる。しかし、（2）その状況は慶長九年を境に変化し、慶長十年を除けば、東国滞在日数のほうが長い。とくに慶長十二年から同十五年までの間や、慶長十七年・同十八年・元和二年は一度も畿内に赴いていない。つぎに畿内における滞在地を示す表15を見ると、以下のような点が浮かび上がる。（3）慶

表15　家康の滞在地，その2

年	総日数	在京日数	伏見滞在日数	大坂滞在日数
慶長5年(1600)	354日	6日	5日	249日
慶長6年(1601)	384日	9日	189日	86日
慶長7年(1602)	354日	6日	231日	3日
慶長8年(1603)	354日	38日	242日	2日
慶長9年(1604)	384日	22日	143日	0日
慶長10年(1605)	354日	41日	169日	0日
慶長11年(1606)	355日	17日	151日	0日
慶長12年(1607)	384日	0日	0日	0日
慶長13年(1608)	355日	0日	0日	0日
慶長14年(1609)	354日	0日	0日	0日
慶長15年(1610)	384日	0日	0日	0日
慶長16年(1611)	354日	30日	3日	0日
慶長17年(1612)	384日	0日	0日	0日
慶長18年(1613)	354日	0日	0日	0日
慶長19年(1614)	354日	27日	0日	24日
元和元年(慶長20年，1615)	384日	136日	0日	2日
元和2年(1616)	355日	0日	0日	0日

＊徳川家康の滞在地に関する表である．
＊「総日数」とは，1年間の日数である．「在京日数」とは，家康の在京日数を示す．
＊「伏見滞在日数」「大坂滞在日数」とは，伏見・大坂における滞在日数を示す．
＊正確な日数を示すことは困難である．ゆえに，表に示した日数は最大日数となる．
＊作成にあたっては，藤井譲治編2016を参照した．

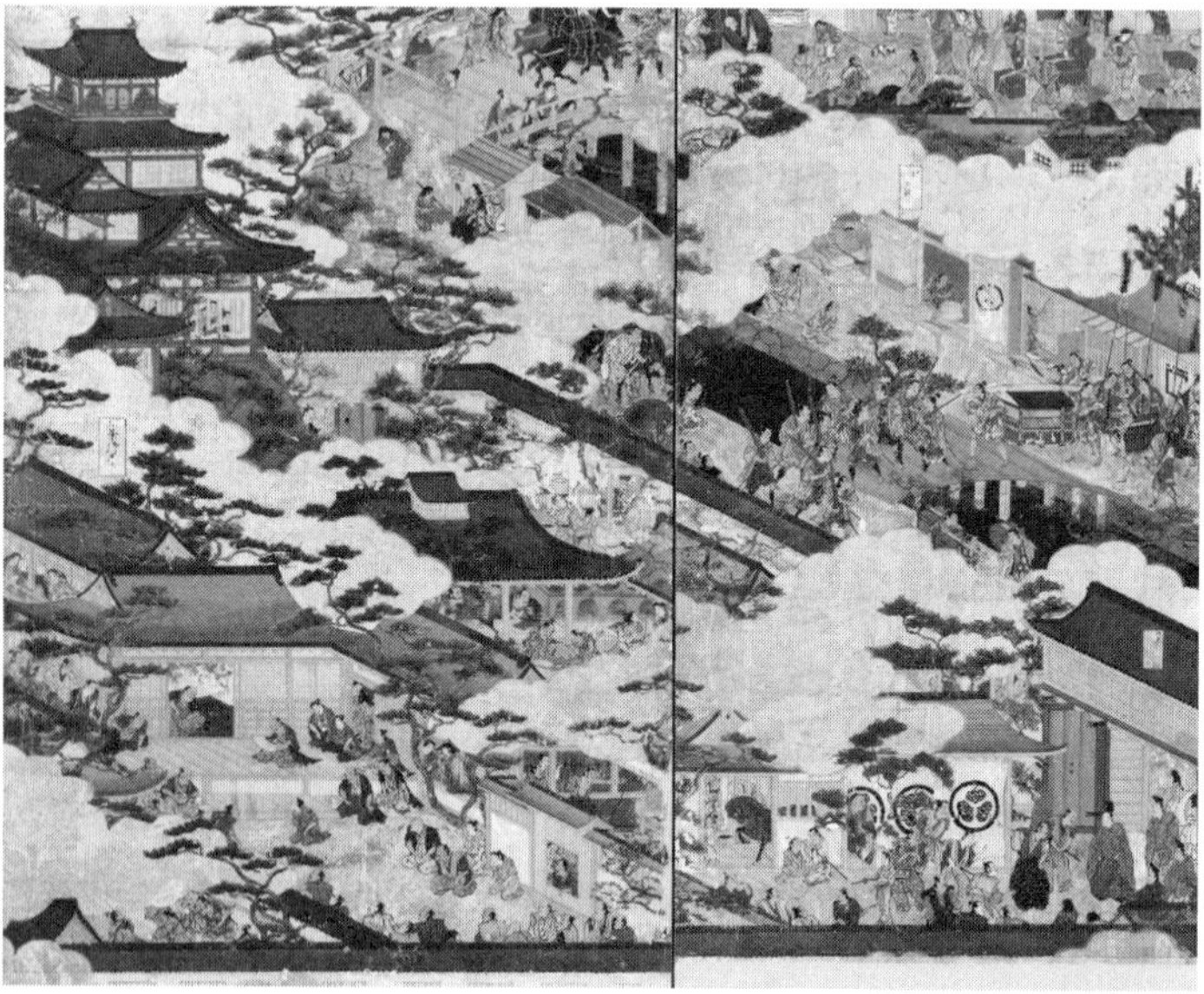

図 47　慶長期二条城　「洛中洛外図屏風」舟木本より左隻の第五扇・第六扇の中部および下部　東京国立博物館所蔵　出典：ColBase（https://colbase.nich.go.jp）

長六年以降、大坂滞在日数が激減し、慶長九年から同十八年までの間や、元和二年は一度も大坂に赴かない。（4）家康が将軍の地位に就いた慶長八年以降、在京日数は大幅に増加するものの、慶長六年から同十一年までの間、在京日数が伏見滞在日数を上回ることはない。（5）豊臣（羽柴）秀頼と二条城《にじょうじょう》で会見した慶長十六年からは、在京日数が伏見滞在日数を圧倒的に上回る。秀吉死後の家康は、豊臣政権からの離脱と、自身を頂点とする新たな政権（江戸幕府）の形成を進めたが、（2）〜（5）は、そうした動きと関わるものであろう。

徳川将軍家の居城二条城は、御土居で囲まれた京都のほぼ中心に築かれた

（巻頭地図2参照）。家康がこの城館の築造を開始したのは、慶長六年五月のことである。家康に従う大名たちが城普請に従事し、中井《なかい》正清《まさきよ》ら山城《やましろ》・大和両国《やまとりょうごく》の大工たちが城館の作事を担った（川上貢 一九七四）。慶長八年の春には、ほぼ完成していたらしく、同年三月、家康が初めて入城した。なお、彼のもとで京都の支配を担った者のなかに、京都所司代《しょしだい》板倉勝重《いたくらかつしげ》がいる。板倉は二条城の北側の自邸で政務を執り行った（表13参照、『鹿苑日録』、『洛中絵図』）。

家康期の二条城は、現在の元離宮二条城・二の丸御殿のあたりに築かれた。三町四方の規模を持つこの城館は、天守・小天守を設け、四方には石垣を築いたものの、単郭構成で堀も一重であった（図47参照）。この二条城が本丸と二の丸の複郭構成となり、今の東西約六〇〇メートル、南北約四六〇メートルの規模に拡大したのは、寛永元年（元和十年、一六二四）五月以降のことである（川上貢 一九七四）。

2 巨大都市の形成

近世武家国家の首都

天正年間（一五七二―九二）の後半、豊臣秀吉は、「京都改造」と呼ばれる都市改造政策を断行した。この政策に関する従来の研究成果（小野晃嗣 一九四一、藤岡通夫 一九八七、朝尾直弘 一九八八、同 二〇〇四a、横田冬彦 一九九三、同 一九九六、鎌田道隆 二〇〇〇、中村武生 二〇〇一、杉森哲也 二〇〇八、登谷伸宏 二〇一五）によれば、おもに洛中を対象とした改造政策は、以下のようなものである。

①武家地の形成　つぎの三つ、すなわち、（ア）聚楽第築城と大名屋敷の建設、（イ）諸大名に対する在京の強制、（ウ）「奉公人屋敷《ほうこうにん》」の建設である。なお、在京の強制によって、諸大名は妻とともに京都在住を義務づけられ、彼らにとって、京都屋敷は国許の城館とならぶ重要な拠点となった。

②寺院地の形成　すでに述べたが、寺之内・寺町における寺院地の形成や、本願寺の京都移転からなる。このとき、上京の革堂《こうどう》（行願寺《ぎょうがんじ》）が寺町へ、日蓮宗《にちれんしゅう》寺院の多くが寺之内・寺町へ移転した。また寺町の形成に伴い、余部《あまべ》（天部）村の移転も行われた。

③町人地の形成　聚楽第の築城にともなう形で、惣町の一つ聚楽町の形成を進め、また一町（約一〇九メートル）四方の正方形街区のなかに、南北に道路を貫通させて、短冊《たんざく》状の町割《まちわり》景観を作り上げた。さらに天正十九年（一五九一）には禁裏に近い六丁町《ろくちょうちょう》（六町）や、聚楽町などの再配置を行った。

④検地と地子免除の実施　つぎの三つの政策が重要である。（ア）検地を行い、町《ちょう》ごとの屋敷地・畠地の別を把握する。（イ）公家《くげ》領・寺社領を洛外の吉祥院《きっしょういん》・西院《さいいん》などへ移す。（ウ）上京・下京・六丁町・聚楽町への地子賦課を免除する。なお、検地により、町は都市支配の基礎単位とされた。

⑤御土居の築造　さきに述べたように、洛中の範囲を拡げることになった。

⑥禁裏周辺の改造　つぎの三つの政策が実施された。（ア）正親町天皇の譲位《じょうい》に備えて、院御所を造営する。（イ）禁裏や院御所の周囲で、公家の集住地である公家町の建設を行い、これらを守る惣構を設けた。惣構は東側に堀を設け、出入口に門を構えたものである。（ウ）禁裏の改築を行い、新しい禁裏（天正度内裏）を完成させた（以上については、表16を参照）。

表16　洛中改造の経過

年　代	場	出　来　事
天正11年(1583)	寺院地	妙顕寺城の築城に伴い，妙顕寺を寺之内へ移転させる．
天正12年(1584)	禁裏周辺	禁裏の東に院御所を造営する．
天正13年(1585)	禁裏周辺	禁裏や院御所の周囲で，公家の集住地である公家町の建設をおこなう．またこの頃，これらの建造物を守る形で惣構を設けた．
天正14年(1586)	武家地	聚楽第が築かれる． 聚楽第の内外に，大名屋敷が設けられる．
	町人地	堺や京都の上層町人が聚楽第の近くに居住させられ，聚楽町が形成される，
天正15年(1587)	町人地等	洛中検地をおこない，町ごとの屋敷地・畠地の別を把握する．
天正17年(1589)	武家地	諸大名に対し，妻を伴う形での在京を強制する． 聚楽第の西に，大規模な「奉公人屋敷」地が建設される．
	町人地等	洛中検地を行う．
	禁裏周辺	禁裏の改築に着手する．
天正18年(1590)	町人地	この頃，正方形街区のなかに，南北に道路を貫通させる．
	その他	寺町の形成に伴い，余部村が鴨川東岸の地へ移される．
天正19年(1591)	御土居	御土居を築造する．
	武家地と町人地	大名屋敷の建設が進み，六丁町(六町)・聚楽町などの再配置がおこなわれる．
	寺院地	本願寺とその寺内町が下京の南へ移る．
	町人地	洛中における公家・寺社の所領を収公し，彼らには，替地を山城の吉祥院・西院などで与える． 上京・下京・六丁町・聚楽町への地子賦課を免除する．
	禁裏周辺	新しい禁裏(天正度内裏)が完成する．
文禄4年(1595)	武家地と町人地	聚楽第が破却され，大名屋敷や奉公人屋敷，聚楽町の一部が伏見へ強制的に移される．
	寺院地	この年以前，寺町や寺之内の形成が進む．

＊秀吉の京都改造政策のうち，おもに洛中の改造についてまとめた年表である．文禄4年の聚楽第破却前の出来事を一覧化した．

＊典拠は，小野晃嗣1941，藤岡通夫1987，朝尾直弘1988，同2004a，横田冬彦1993，同1996，鎌田道隆2000，中村武生2001，杉森哲也2008，登谷伸宏2015である．

秀吉は、洛外《らくがい》の改造も行った。

⑦大仏造立　秀吉が大仏の造立を構想するのは、天正十四年のことである。同十六年には、東山《ひがしやま》の蓮華王院《れんげおういん》（三十三間堂《さんじゅうさんげんどう》）の近くで工事が本格化し、文禄三年（一五九四）ごろには完成に近づいたようだ（三鬼清一郎 二〇一二）。なお、このときに造立された大仏《だいぶつ》と大仏殿などの建造物は、当時「大仏」「大仏殿」と呼ばれていた。「方広寺《ほうこうじ》」と呼ばれるようになるのは、十七世紀後半のころである（河内将芳 二〇〇〇、同 二〇〇八）。

⑧洛外の検地と地子免除　豊臣政権は、洛外においても検地を実施した。たとえば北野社領《きたのしゃりょう》では、天正十三年以降、検地が行われ、同社領の一部では、町人への地子賦課が免除されている（三枝暁子 二〇〇八）。

このようにして、武家地・町人地・寺院地・公家町などの身分別の居住区が形成され、聚楽第と諸大名が住む大名屋敷群を中核とする、近世武家国家の首都が姿を現した（横田冬彦 二〇〇一）。

秀次事件後の展開

文禄四年（一五九五）七月のいわゆる秀次事件によって、聚楽第は破却され、同城の内外に設けられた大名屋敷は伏見へ移転させられた。また「奉公人屋敷」や聚楽町の一部も伏見へ移された（杉森哲也 二〇〇八）。武家国家の新たな首都伏見では城下の開発が進み、伏見の北端と京都（大仏）の南端が接続することになった（九章参照）。

さて、文禄四年の後半から、慶長十九年（一六一四）十月の大坂冬の陣勃発までの間に、豊臣・徳川の両家は、つぎのような建造物を築いている。

①京都新城・二条城　すでに述べたが、秀吉は京都新城を、家康は二条城を築いた。慶長九年ごろからは、祇園会神輿が二条城前の広場を経由するようになった。その光景は、慶長・元和（一五九六―一六二四）ごろ作成の第二期洛中洛外図のなかで描かれている（図47参照、水本邦彦　二〇〇二）。

②大仏殿　文禄五年（慶長元年、一五九六）の慶長大地震により大仏は大破した。そして、慶長三年（一五九八）の秀吉の死後、大仏の復興が始まったが、火災などにより進展せず、慶長十三年以降は、豊臣と徳川が協力する形で復興が進められた。慶長十九年四月には大仏殿の鐘の鋳造が行われ、同年八月には大仏開眼供養が実施されるはずであった（口絵4参照）。

しかし、開眼供養は家康の命によって突如延期となり、やがて徳川と豊臣の軍事衝突、すなわち大坂冬の陣が起こった（『当代記』、『義演准后日記』）。

なお、文禄四年の秀次事件以降、妙法院内の大仏経堂では、秀吉の母方の祖父母の月命日である二十五日・二十九日に、真言宗《しんごんしゅう》・天台宗《てんだいしゅう》・律宗《りつしゅう》・禅宗《ぜんしゅう》・日蓮宗・浄土宗《じょうどしゅう》・遊行《ゆぎょう》（時宗《じしゅう》）・一向宗《いっこうしゅう》（浄土真宗《じょうどしんしゅう》）の僧侶が出仕して、恒常的に法会《ほうえ》が行われるようになった。豊臣政権はこの法会、すなわち大仏千僧会《せんそうえ》を「国家の祈禱《きとう》」（「妙顕寺文書」）と同様のものと位置づけた（河内将芳　二〇〇〇）。

③豊国社《とよくにしゃ》　慶長三年八月の秀吉死去前後から、豊臣政権内では、彼を神として祀る動きが見られるようになり、翌四年、大仏殿近くの阿弥陀ヶ峯において、故秀吉（豊国大明神）を祀る豊国社の遷宮《せんぐう》が執り行われた。慶長九年の秀吉七回忌には、盛大な臨時祭礼が行われている（三鬼清一郎　二〇一二）。

これらの建造物のうち、二条城や大仏殿は、近世に描かれた洛中洛外図屏風のなかで、景観の中心に据えて描かれた（五章参照）。

市街地の拡大

京都改造の前後には市街地の面積が拡大し、都市景観が大きく変わることになる。まずは、杉森哲也の研究（杉森哲也 二〇〇八）によりながら、この点を見てみよう。

上京の町組西陣《にしじん》組を構成する町のうち、文政三年（一八二〇）に古町とされていたのは、一六三の町であった。このうち、元亀三年（一五七二）以前に成立していたのは、わずか二十四町に過ぎない。その後、町並みは拡がり、天正十九年（一五九一）の地子免許までの約二十年間で三十三町が、地子免許後から元和元年（慶長二十年、一六一五）までのおよそ四半世紀で七十五町が成立している（図48参照）。一方、上京の町組一条《いちじょう》組は、元亀三年段階では、四つの町で構成されていたが、上京の南側の惣構を越える形で町並みを拡げ、慶長（一五九六―一六一五）の初年までに、親町《おやまち》八町からなる町組《まちぐみ》となった（図49参照）。そして、慶長十年（一六〇五）ごろまでに構成町数を増やし、上一条組と下一条組に分かれている。

こうした構成町数の増加や町組の分化は、十六世紀後半から十七世紀前半までの間に、上京の市街地が拡大したことを示していよう。

上京以外では、聚楽町の形成が注目される。すでに述べたように、同町の出現は、聚楽第の築城を契機とする。聚楽町は、空地《くうち》において町並みを急速に拡大させ、天正二十年（文禄元年）までのおよそ七年間で、二つの町組と九十七もしくは九十八の町からなる惣町に成長した（杉森哲也 二〇〇八）。聚楽町の形成と同様の動きは、今の中京の各所で見られたようだ。たとえば慶長六年の二条城築城

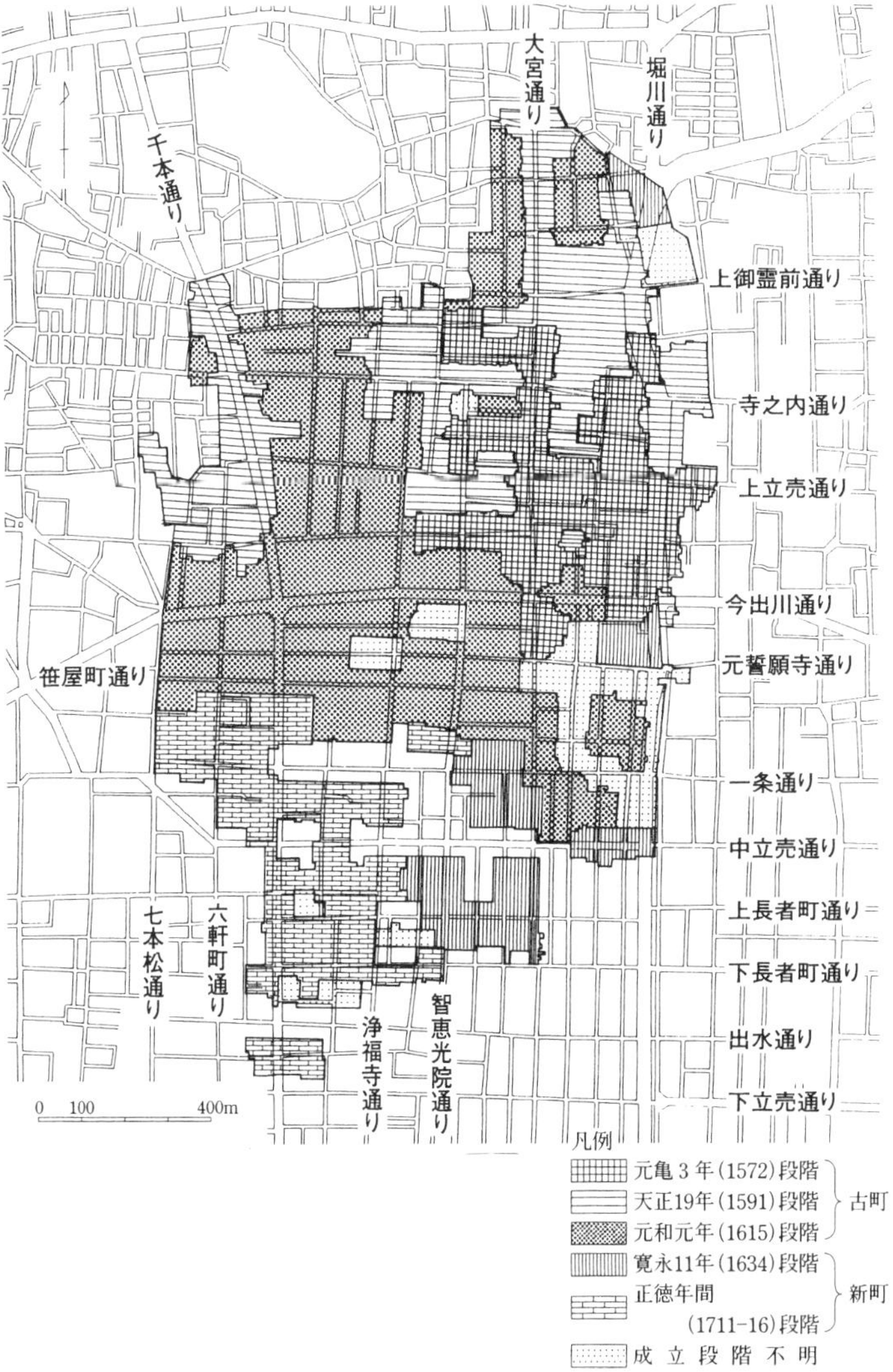

図48　西陣組の発展過程　杉森哲也2008より

の際、城普請開始に先立って、中京の東西に拡がる四、五千軒の町屋《まちや》が立ち退かされているが（『義演准后日記』）、この出来事は、天正の後半以降、かつて空地が目立っていた中京において、町屋の密集域が形成されたことを示す（横田冬彦 一九九三）。

市街地の拡大は、もともと洛外であった西京のあたりでも見られる。天正十九年の北野社領西京付近に「新町《しんまち》」（『北野社家日記』）、すなわち新しい町が出現した。また同じころ、同社の社家松梅院《しょうばいいん》の命令により、西京馬場通・大将軍《たいしょうぐん》付近に家が建てられている（三枝暁子 二〇〇八）。

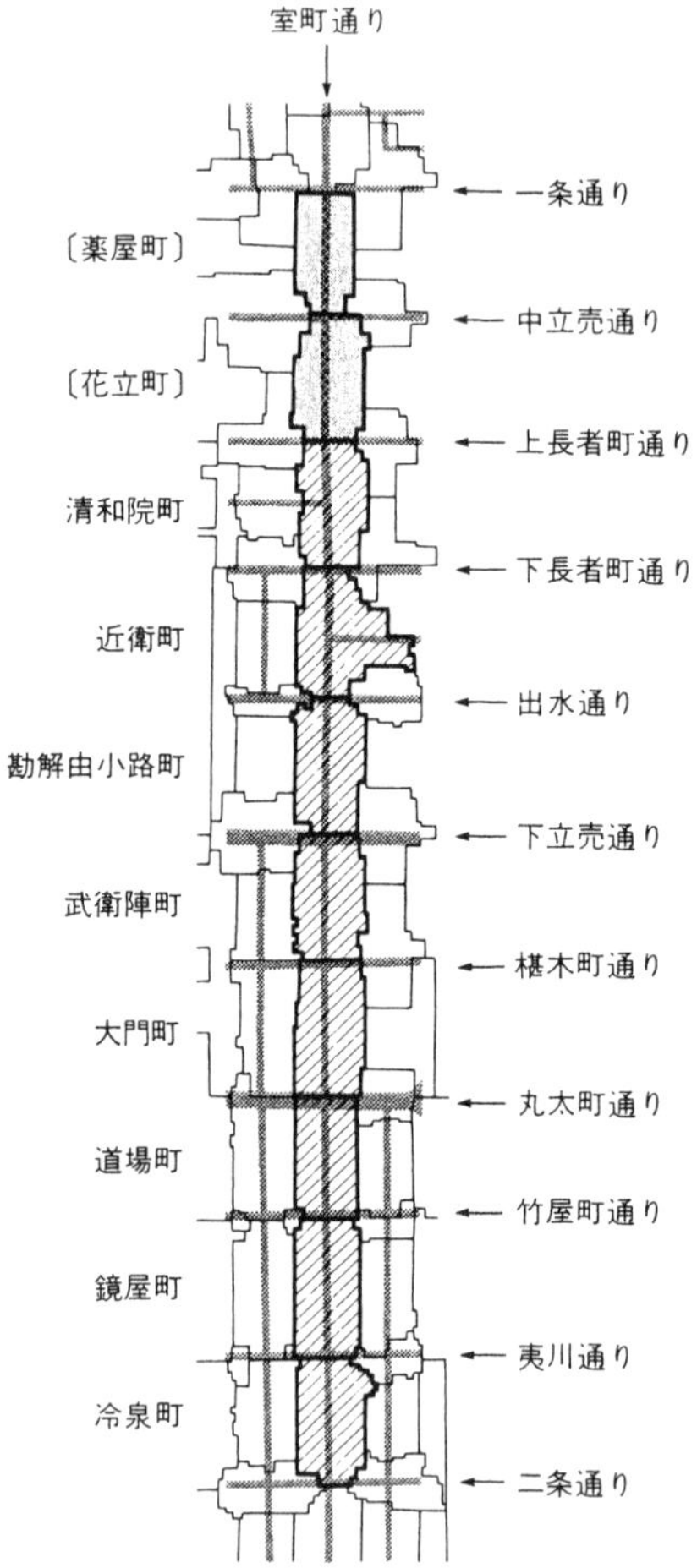

図49 慶長初年の一条組 杉森哲也2008より 町名・通り名は現在のもの

右のような動向から浮かび上がるのが、豊臣政権期における家屋数の増加である。この点については、イエズス会の宣教師のフロイスや、ジョアン・ロドリーゲスの証言があり、両人とも、その著作のなかで、聚楽第が存在したころの京都では、家屋の数が著しく増加したと書き残している（『日本史』『日本教会史』）。これまで述べた点から見て、二人の宣教師の証言は事実であろう。なお、天正十九年ごろの京都の町人地の家屋数について、フロイスは、その著書『日本史』のなかで三万軒を超えると記す。

このような、家屋の数の増加は、京外からの人口流入によるものであろう。そのうち事例が判明する、一五九〇年代初めの高倉天守町《あまかみ》（天守町）・大宮《おおみや》通り二丁目横町・二条通り土場西町・坊城《ぼうじょう》通り二丁目町・みこく石町（御供石町）は、畿内やその周辺地域からの流入者が多い（「大中院文書」）。こうした、豊臣政権下における家屋数の著しい増加は、諸大名の京都集住という動向と決して無縁ではなかろう（横田冬彦 一九九三、同 一九九六）。

なお、御土居で囲まれた洛中の内には、町だけでなく、上野・紫竹《しちく》・壬生《みぶ》・中堂寺・八条・塩小路などの年貢を納める農村も存在した。畠などの耕地も拡がるこれらの村は、京中（都市域）とは区別されていた（朝尾直弘 二〇〇四a）。

3　近世都市京都の諸相

統一政権と町人

近世都市に住んだ商工業者は、通常「町人」と呼ばれる（図50参照）。町は、誰がその町人身分であるかを、第一義的に決定した存在である（朝尾直弘 二〇〇四b）。町人は町に対し、町の警備などの役儀を果たさなければならなかった（『京都冷泉町文書』）。

最初に、京都における支配者（土地領主、主人など）と町人ら被支配者の関係を見ておく。タテ型の秩序（五章参照）は、豊臣政権期には大きく変化した。

タテ型の秩序のうち、③（主従制《しゅじゅうせい》）を見ることにする。天正十三年（一五八五）以降、豊臣政権は、町中に「奉公人」が居住することを禁じる法令を出した（「川端道喜文書」等）。このころ、町が豊臣政権へ提出した文書のなかには、町中に「奉公人」が居ないことを誓約したものがある（「大中院文書」等）。こうした事実に注目した仁木宏は、豊臣政権は、京都に住む都市民が被官（奉公人）となることや、被官であり続けることを事実上禁止したと指摘している。かくして、タテ型の秩序③が解体へと向かったのである。

さらに豊臣政権は、天正十九年の洛中地子免許に先立って、同地の公家領・寺社領を収公し、公家・寺社による地子銭《じしせん》の徴収を否定した。これにより、洛中の上京・下京・聚楽町・六丁町に負担を課す領主は、統一政権（豊臣政権・江戸幕府）に限られ、それ以外の領主が町人に賦課を行うことはで

図 50　五条室町辻の家屋　「洛中洛外図屛風」舟木本より左隻の第二扇中部
東京国立博物館所蔵　出典：ColBase（https://colbase.nich.go.jp）
家屋のなかで，町人たちが生業にいそしんでいる様子を描く．

きなくなった。すなわちタテ型の秩序の①（土地をめぐる奉仕と保護の関係）が解体したのだ（仁木宏 二〇一〇）。

このように見ると、町人ら被支配者の負担が、中世と異なることは明らかだ。

統一政権に対する負担の内容を見てみよう。洛中の家持には町人足役《ちょうにんそくやく》が賦課された。これは土手普請、城館普請、道路普請、合戦、移徙、天下人の出迎えなどの際に課された役だ。陣取《じんとり》（武士団の寄宿）も町人に課されることがあった（吉田伸之 一九九八）。このほか、統一政権は、天正十四年の後陽成天皇即位の際、町人たちに町の夜番を命じている（「饅頭屋町文書」）。

統一政権への音信や、儀礼の際の負担も注目される。十六世紀後半から十七世紀初期、上京・下京などの町人は豊臣・徳川両家に音信を行い、また年頭（正月）や八朔《はっさく》（八月）のおり、拝謁や献上を行ったが、それらの経費は個別町に割り当てられたため、町人が負担することになった（秋山国三 一九八〇、牧知宏 二〇〇八）。

被差別民をめぐる動向

近世初期の京都では、どのような人々が強烈な差別を受けたのであろうか。秀吉の七回忌にあたる慶長九年（一六〇四）の八月、彼を祀《まつ》る豊国社では盛大な臨時祭礼が行われ、大仏殿では被差別民たちに施行《せぎょう》が行われた。この祭礼の記録である『豊国大明神臨時祭日記』は、施行を受けた者たちとして、「乞食《こじき》、非人《ひにん》、鉢《はち》たたき、唱門師（声聞師《しょうもじ》）、猿つかい、盲人、居去《いざ》り、腰引《こしひき》、物云《い》わず、穢多《えた》、皮剥《かわはぎ》、諸勧進《かんじん》の聖」を挙げ、豊国社の社僧梵舜《ぼんしゅん》はその日記のなかで、これらの人々を「非人」と記している（『舜旧記《しゅんきゅうき》』）。ここから、「乞食」から「諸勧進の聖」までの人々が、強烈な差別の対象となっていたことがわかる。

河原者《かわらもの》（穢多）について見てみよう。京都改造は河原者たちの生活の場を変えたようだ。すでに述べたように、余部村は天正十八年（一五九〇）までに鴨川《かもがわ》東岸の地へ移されている。これは寺町の造成に伴う措置である。なお、豊臣秀吉やその近臣らは河原者を被官とし、彼らに対し主人として臨むことがあったようだ（川嶋将生 二〇〇八）。

徳川家康は、慶長六年に四座雑色《しざのぞうしき》を京都支配の末端組織として位置づけた。これは洛外の行政、洛中洛外の司法・検察を司った組織である。この四座雑色の頭四人は「上雑色」と呼ばれ、五十嵐・荻野・松尾・松村四家がこれを世襲した。彼ら上雑色は、洛中洛外の検断《けんだん》などの際、河原者（穢多）を使役して、その任にあたった（辻ミチ子 一九五九）。河原者は支配の末端に位置付けられたのだ。

つづいて、長棟堂《ながむねどう》の非人について見てみよう。大仏造営のころ、豊臣政権は、旧六条坊門小路を新たな五条通《ごじょうどおり》とし、旧五条橋の南に新たな五条橋を架けたが、このような政策は、長棟堂で暮らしていた非人たちにも影響を及ぼしたであろう。というのは、従来、旧五条橋のあたりで物乞《ものご》いを行っていた長棟堂の非人たちは、大仏へ通じる新たな道路と橋が出現したことで、大幅な収入減に直面したと見られるからである。また十六世紀の終わりごろに、長棟堂の近くに火屋《ひや》（火葬場）が設置されたことも、同様の問題を招いたようだ。そこで、「物吉《ものよし》」と呼ばれるようになった長棟堂の癩病者たちは、京中の正月の門付《かどづ》けや、勧進による収入を主とする生活への転換を進めることになる（横田則子 一九九一、図51参照）。

図51　江戸時代の物吉　『人倫訓蒙図彙』巻7より　国立国会図書館デジタルコレクション

京都改造のころから見られるようになる町式目《ちょうしきもく》も注目される。これは町の掟《おきて》だ。町式目のなかには、座頭《ざとう》、舞々《まいまい》、猿楽《さるがく》といった芸能者や、青屋《あおや》（染物業）、算置《さんおき》（占い師）らに対し、家屋を売買してはならないという条文がある（「下本能寺前町文書」）。こうした職種の人々も差別の対象となった人々であろう。なお、町によるこうした人々の排除を統一政権も容認していたようだ（朝尾直弘 二〇〇四b）。

治安の悪化

天正十年（一五八二）以降、京都を含む山城国は、秀吉の支配下に置かれた。しかし、武士・奉公人らは、預物《あずけもの》などの糺明《きゅうめい》を名目にしたり、領主層の権威を借りるなど、公務や公的地位を利用して、非分《ひぶん》狼藉《ろうぜき》を繰り返していた。天正年間（一五七三—九二）の後半も、前代と同じ状況を呈していたのだ（仁木宏 二〇一〇）。

京都改造と市街地の拡大は、治安をさらに悪化させた。奉公人らが町人地に寄留し、非分狼藉を起こしかねない存在となったからだ。そして、京都をはじめとする上方《かみがた》では、辻切りやすりが多発し（横田冬彦 一九九三）、石川五右衛門《いしかわごえもん》のような盗賊も現れた。五右衛門らの一団は、頭目《とうもく》が十五名おり、それぞれが三、四十人を率いていたという。まさに軍隊に近い存在と言えよう（藤木久志 二〇〇五）。

家康が新たな政権を形成していたころも、治安が保たれていたとは言い難い。たとえば慶長六年（一六〇一）、同八年と、京都では盗賊の徘徊《はいかい》が目立っている。また慶長十一年、祇園《ぎおん》林（図52参照）において、家康に仕える京都の町人茶屋清次《ちゃやきよつぐ》・後藤光次《ごとうみつつぐ》の妻女たちが無頼《ぶらい》の徒に襲われ、乱妨狼藉《らんぼうろうぜき》の対象になるという事件が勃発した（『慶長見聞録案紙』）。犯人は領主層の武士たちであったが、彼らは「かぶき」「当世異相《とうせいいそう》」と言われる存在であった（『当代記』、鎌田道隆 二〇〇〇）。こうした記述からすれば、彼らは異様な風体《ふうたい》をしていたのであろうか。なお、「かぶき」は、かぶき者のことである。かぶき者とは、慶長年間（一五九六—一六一五）に出現した常軌を逸した行動に走る者たちの集団を言う（守屋毅 一九七六）。

このように、治安の悪化に直面した統一政権であるが、何も無策であったわけではない。豊臣政権は、武士・奉公人のさまざまな非分狼藉を抑止するための法令を幾度も出した（仁木宏 二〇一〇）。さきに述べたが、聚楽第近くに「奉公人屋敷」を設けて豊臣家の奉公人を同所に集めたのも、治安維持

図 52　祇園社　「豊国祭礼・祇園観桜図屛風」より左隻第５扇・第６扇　名古屋市博物館所蔵

祇園林に隣接する祇園社を描く．開花した桜も描かれている．

のためであろう（横田冬彦 一九九三）。慶長二年には、奉公人のうち侍を五人組《ごにんぐみ》、下人を十人組《じゅうにんぐみ》に編成し、辻切り・すり・盗賊の発生を防ごうとした（九章参照）。

江戸幕府の草創期には、洛中洛外の町人地等で借屋を借りる奉公人たちがいたが、京都所司代板倉《いたくら》勝重《かつしげ》は、「切手《きって》」と呼ばれる文書を出し、奉公人たちの借屋行為を管理しようとした。目的の一つは非分狼藉の防止であろう（朝尾直弘 二〇〇四b）。また慶長八年に、家康は洛中の家持・借屋人に命じ十人組を結成させた。これは、この年に盗賊の徘徊が目立ったことを背景とする措置であった（『当代記』）。さらに江戸幕府は、かぶき者を弾圧の対象とした（守屋毅 一九七六）。

近世初頭の京都の町式目のなかには、武士への家屋の売却を禁じた条項がある。武士を排除する町も存在したのだ（朝尾直弘 二〇〇四b）。こうした事実も、治安の悪化と無関係ではない。町も治安に留意していたのであろう。

キリシタン弾圧と陰陽師狩り

京都改造と必ずしも関わる政策ではないが、統一政権によるキリシタン弾圧と陰《おん》陽師《みょうじ》狩りについても見ておこう。

天正十五年（一五八七）、秀吉は、宣教師の国外追放などを命じるバテレン追放令を発令し、これにより、イエズス会の宣教師たちは、京都の姥柳町《うばやなぎちょう》の教会からの退去を余儀なくされた。しかし、天正二十年（文禄元年）以降、この法令は次第に骨抜きとなり、文禄年間（一五九二—九六）や慶長年間（一五九六—一六一五）の初年には、宣教師の京都滞在が可能な状態になっていた。

秀吉の死後、覇権を掌握した家康は、慶長十七年以降、禁教政策を強化し、翌十八年には宣教師の国外追放を命じた。京都でもキリシタンに対し棄教が命じられ、これに従わない者は陸奥《むつ》の津軽《つがる》に追放された。また四条の町中と西京にあったイエズス会の教会は取り壊され、宣教師らは国外へ追放された（『十六・七世紀イエズス会日本報告集』、『当代記』）。なお、京都では、キリスト教の一派であるフランシスコ会も布教活動を行っていた。同会は文禄三年（一五九四）に京都での布教を開始し、慶長元年（文禄五年）には、いわゆる二十六聖人の殉教事件のような迫害も受けたが、十七世紀初めには京都で布教を再開した。しかし、幕府の禁教政策により、イエズス会と同様、国外追放の処分を受けた（五野井隆史 一九九〇）。

陰陽師狩りについて見る。文禄二年、秀吉は全国を対象にいわゆる陰陽師狩りを開始した。すなわち諸国の陰陽師（声聞師）を妻子とともに、いったん京都に召し寄せた上で尾張《おわり》や豊後《ぶんご》などの国々に移住させ、農業に従事させようとしたのだ。このとき、尾張へ遣わされた陰陽師は百三十名以上に達し、荒廃した田畠の復旧にあたるよう命じられた（『駒井日記』、三鬼清一郎 一九八七）。

ところで、この陰陽師狩りは、文禄三年からしばらくの間、禁裏に声聞師が参入できないという事態を招き、正月の千秋万歳《せんずまんざい》が禁裏で一時行われなくなっている。こうした状態が解消へ向かうのは、慶長三年の秀吉死去の後であり、翌四年ごろから声聞師たちの帰洛が始まった（源城政好 二〇〇四）。

コラム5　豊国社と大仏殿のゆくえ

関ヶ原の合戦後、徳川家康は京都の掌握を着々と進めたが、その後も、大坂の豊臣家と京都の住人たちとのつながりが断ち切られたわけではなかった。たとえば家康の将軍就任後も、豊臣秀吉を祀る豊国社に参詣《さんけい》する町人たちがおり、慶長十九年（一六一四）までは、上京の町人たちが豊臣秀頼《ひでより》に年頭の挨拶を行っていた（「京都冷泉町文書」）。さらに大坂冬の陣が始まる直前の慶長十九年十月二日には、京都の住人らが豊国社に踊を奉納し（『舜旧記』）、慶長二十年（元和元年）の大坂夏の陣直前には、豊国詣を行う町人たちがいたようだ（「京都冷泉町文書」）。秀頼が滅ぼされた夏の陣の際、豊臣方となって大坂城へ入城する京都在住の奉公人・町人らがいたことも注目される（「三条町武内家文書」）。

それゆえ、秀頼滅亡の直後、江戸幕府による豊臣方の残党狩りは、京都においても熾烈を極め、この地に潜んでいた数多くの武士が討ち死、あるいは処刑という運命をたどった（『駿府記』、『旧記雑録後編』）。また豊臣方に属して大坂城に立て籠もった奉公人・町人らについては、親兄弟や妻子も含めて詮議が行われ（「三条町武内家文書」）、さらに、夏の陣のころに放火の罪で処刑された町人たちもいた（『東大寺雑事記』）。

こうした騒動のなか、豊国社は廃絶への道をたどることになる。家康は同社破却を決意し、元和元年（慶長二十年）八月以降、鐘《かね》や屏風・校倉《あぜくら》などが社外へ移され、社殿を釘付けにして朽ちるに任せる処置がとられた（『駿府記』、『舜旧記』）。そして、秀吉の母方の祖父母の弔《とむら》いとして、大仏経堂で行われていた大仏千僧会は、秀頼滅亡によって停止されたようだ（河内将芳 二〇〇〇）。また同年七月には、家康・秀忠《ひでただ》父子を呪詛《じゅそ》したとの嫌疑がかけられていた照高院門跡興意《しょうこういんもんぜきこうい》が、大仏殿の住持を罷免《ひめん》され、妙法院《みょうほういん》門跡常胤《じょういん》が新たな住持となった（『駿府記』）、ついで元和五年、豊国社も妙法院門跡の管理下に移された（『舜旧記』）。

戦後のこうした措置により、京都における豊臣家ゆかりの建造物は、秀吉の妻おねの住む高台《こうだい》院《いん》屋敷（もと京都新城）に限られた。その高台院屋敷も、寛永元年（元和十年、一六二四）九月のおね死去によって廃絶することになる（内藤昌・油浅耕三 一九七二）。

さて、家康が亡くなった元和二年（一六一六）、イギリスのリチャード・コックスが京都を訪れている。日本とイギリスは、慶長十八年（一六一三）から元和九年までのおよそ十一年間、通商関係を結んでいた。イギリス側にあって対日貿易のキーマンとなったのが、イギリス東インド会社平戸商館の館長のコックスである。日本滞在中、彼は幾度か京都を訪れ、来日中に執筆した日記（『イギリス商館長日記』）には、そのことに関する記事も見られる。

元和二年、コックスは江戸へ参府し、その帰途、京都へ立ち寄った。これは九月二十九日から十月十三日までのことである。注目したいのは、十月四日のコックスの行動だ。この日、彼は大仏殿や旧豊国社などを見物している。

コックスはその日記のなかで、大仏殿について、かつて見た建物のうちでは、最大のものと述べ、銅で鋳《い》られ全身に鍍金《めっき》された大仏については、驚くばかりの大きさと評した。また旧豊国社では、格子《こうし》の外側から社殿の中を見たが、その際、細工の見事さに感動し、寺社のなかでは最も優れているという意味の感想を記している。

どうやら、大仏殿、豊国社といった近世初期に築造された建造物は、西洋人のコックスの目から見ても、驚嘆に値するものであったらしい。

コラム6　高札・触口・ふれながし

戦国時代の京都では、為政者や町の住人らが高札《こうさつ》を掲示して、その意思や情報を示すことがあった。

永正十七年（一五二〇）二月に室町幕府は徳政令《とくせいれい》を出し、銭《ぜに》を借りた側である借主に対し、「拾分一《じゅうぶいち》」銭（借銭の十分の一に相当）の納入と引き換えに、債務の破棄を認めた（「蜷川家文書」）。この時、債務の破棄にともない、質物の請け出しに関する法令も定められたが、その法令は高札として、上京の立売辻《たちうりつじ》と下京の四条町辻に掲げられている（「室町家御内書案」）。

この高札を掲げるという手段は、当時、市中における法令遵守を実現させる上で有効と考えられていたようだ。また市中の側においても、高札を掲げることは、法令の内容など特定の情報を不特定多数の人々に知らしめるためには、最も合理的な方法と考えられており、文書の発給という形で幕府の命令を伝えられた者たちは、その命令を板に写して、人目につくよう掲示することがあった。たとえば永禄三年（一五六〇）、幕府はイエズス会の宣教師たちに禁制《きんぜい》を出し、キリスト教の布教活動を妨害から守ることを伝えたが、その禁制の写しは板に書かれ、下京の姥柳町の教会の戸口に掲げられた（『日本史』、「室町家御内書案」）。

ところで、今のように、識字率が高くなかったと見られる十六世紀や十七世紀の前半に、高札の内容を不特定多数の人々に知らしめる、具体的に言えば、高札を読みあげる役割を果たしたのは誰だろうか。

永正十七年二月に出された質物《しちもつ》の請け出しに関する法令（前述）を、立売辻と四条町辻で高札として打ったのは、幕府の政所公人《まんどころくにん》と雑色《ぞうしき》であった（「室町家御内書案」）。おそらく、この高札を読みあげ、衆人にその内容を知らしめたのは彼らであろう。また寺社が抱える触口《ふれくち》もそうした役割を担っていたと見られる。「触」や「口」という文字から、彼らは口頭で法令などの内容を伝えたと見られる。なお、触口は近世の初期にもおり、そのなかには組町《くみちょう》（町組）に雇用されている者がいた。

近世初期の慶長十一年（一六〇六）になると、「町人ふれながしの者」が京都で活動していたことが知られる。この人物は高札や触書《ふれがき》などの内容を衆人に伝える存在と見られるが、伝達の際、彼は「礼銭《れいせん》を取り、依怙《えこ》せしむる」、つまり礼銭の有無（あるいは礼銭の額）により、伝える情報の量に手心を加えていたようだ。このような彼の行為は、何者かが目安《めやす》を上げることで露顕したが、処罰には至らなかったと言う（『当代記』）。

こうした「町人ふれながしの者」の行為が訴えられたことは、当時、高札や触書などに記されるような、特定の情報を伝達する町人は、町にこれを公平に伝えるべきだとする社会通念が成立し始めていたことを推測させる。また礼銭で依怙が行われたことは、市中がみな平等に特定の情報を得ていなかったことを示すものである（宇佐美英機 二〇〇八）。

ところで、「町人ふれながしの者」が「礼銭を取り、依怙せしむる」のは、識字率の低さから可能になったことであろうが、だとしたら、彼のような行為は、戦国時代や近世初頭では、稀《まれ》なことではなかった可能性があろう。

九　首都としての伏見

1　豊臣の伏見

築城以前

中世の伏見《ふしみ》といえば、伏見宮家領伏見荘《ふしみのみやけりょうふしみのしょう》のイメージが強い。その理由は応永二十三年（一四一六）から文安五年（一四四八）まで在荘した貞成親王《さだふさしんのう》の『看聞日記《かんもんにっき》』によって、宮家の人々や伏見の侍衆《さむらいしゅう》・寺庵衆《じあんしゅう》の動静がうかがえ、京郊荘園の典型例として多くの研究が積み重ねられてきたためだ。この伏見御所・仮御所は現在の桃山町泰長老《たいちょうろう》付近にあったと考えられている。その後、十五世紀後半には、土豪《どごう》の津田兵庫助《つだひょうごのすけ》が伏見に城を構え、細川京兆家《ほそかわけいちょうけ》などと関係を有していた（横井清 二〇〇二、馬部隆弘 二〇一八）。戦国期に入ると伏見も戦乱に巻き込まれ、伏見御所は火事にあい、荘園領主の権益も縮小していった。

織田《おだ》信長《のぶなが》入京後は、足利義昭《あしかがよしあき》家臣の三淵藤英《みつぶちふじひで》が伏見に櫓《やぐら》や塀《へい》のある城郭を築き、城南地域を管轄した（金子拓 二〇一五）。その場所は現在の桃山町古城山《こじょうさん》であったとされる。藤英死後、同地域は信長の直轄領や家臣の給地となったと思われる。

本能寺《ほんのうじ》の変《へん》後、羽柴秀吉《はしばひでよし》が京郊地域を抑えるようになると、伏見宮や寺社からの訴えを京都所司代《きょうとしょしだい》の玄以《げんい》が裁許するなど、諸権益の保障を行った。天正十三年（一五八五）九月には京郊地域の検地《けんち》が行われ、検地奉行の一人であった松浦重政《まつらしげまさ》がこの前後から伏見代官として活動しているのが確認できる。松浦は普段は淀城《よどじょう》にあったが、天正十七年には大坂城留守居《おおさかじょうるすい》に転任したため、代わって十月からは長谷川宗仁《はせがわそうにん》が伏見代官となった。同月には再度京郊検地が実施され、伏見には御牧景則《みまきかげのり》が検地奉行として派遣された（『鹿苑日録』、『兼見卿記』など）。

さて、豊臣《とよとみ》期の伏見城は通常、伏見隠居屋敷、指月《しげつ》伏見城、木幡山《こはたやま》伏見城の三段階に区分されるが、まずは天正二十年八月に普請が開始された隠居屋敷について見てみよう（表17参照）。その場所は伏見御所跡地の周辺と考えられ、石垣などの防御施設も備えていた。普請《ふしん》を担当したのは主に秀次やその配下の大名であり、文禄二年（一五九三）七月には、伏見の蔵光庵《ぞうこうあん》が召し上げられ、そこに秀次《ひでつぐ》の屋敷が建てられた（『多聞院日記』、「大中院文書」など）。九月には秀吉が伏見を訪れ、秀次に日本の五分四を与えると約束しており、この時点での秀吉と秀次の関係は表面上、協働や融和の傾向が強いと考えられる。また、同年八月、伊達政宗《だてまさむね》は秀吉の居所の中心が伏見になり、自らの屋敷も与えられると予想しているが、それは現実のこととなっていく（跡部信 二〇一六、「仙台市博物館所蔵文書」）。

伏見築城

文禄三年（一五九四）正月、秀吉は伏見屋敷を城郭（指月伏見城）に拡張することを決定し、多くの大名らを普請に動員する。宇治川《うじがわ》や淀川《よどがわ》沿いのいわゆる文禄堤の普請も並行して進められ、淀城の天守と櫓を壊して転用するなど、淀川を介して大坂と京都を連結するという

年　月	出　来　事	典　拠
文禄4・5	大坂城・伏見城・多聞山城の普請割が公表	「大阪城天守閣蔵文書」『古蹟文徴』
文禄4・7	秀次が切腹，聚楽第の殿舎が伏見へ移される	『言経卿記』「賀茂別雷神社文書」など
文禄4・8	洪水により，向島への橋が決壊し，向島伏見城の普請が中断したとされる	『慶長記』
文禄4・9〜	大名屋敷が続々と建設される	「立花家文書」など
文禄4・12	諸大名は秀頼のいる伏見で越年	『義演准后日記』
文禄5・1	秀吉の体調不良により，普請は2月まで延期	『義演准后日記』
文禄5・2	向島伏見城の普請が再開	『義演准后日記』『生駒家宝翰集』など
文禄5・5	秀吉・秀頼が参内し，伏見で惣礼を受ける	『義演准后日記』など
文禄5・6	堤普請が終了する	「吉川家文書」
文禄5・6	遊撃将軍沈惟敬が指月伏見城で秀吉と対面	『義演准后日記』など
文禄5・閏7	武者揃の用意のため，大名らが集まる	「片岡家文書」など
文禄5・閏7	伏見地震により，指月・向島伏見城が大きく損壊	『義演准后日記』など

旧来の淀城の機能は伏見城に吸収された。秀吉は、天正十六年（一五八八）段階から淀城周辺に大名が邸宅を構えることを計画していた可能性が高く、この構想が伏見に引き継がれたと考えられる。また、指月の対岸の向島《むかいじま》にも城と屋敷を建てさせ、両者を橋で繋《つな》いで宇治川を城下に取り込もうとした（谷徹也 二〇一九、『日本年報補遺』）。

なお、同時に大坂城などでも普請が進められ、大名らの負担や膨大な労働人夫を分散させつつ、競争意識を高める狙いがあったと思われる。文

表17　伏見隠居屋敷・指月伏見城の築城と関連事項

年　月	出　来　事	典　拠
天正20(1592)・7	秀吉，大政所危篤・死去により帰京	『兼見卿記』など
天正20・8	伏見隠居屋敷の普請が開始	『多聞院日記』など
天正20・9	伏見隠居屋敷普請の一時中断	『多聞院日記』など
文禄2(1593)・8	お拾い誕生の報を聞き，秀吉帰京	『時慶記』など
文禄2・9	伏見隠居屋敷の普請・作事が再開	『家忠日記』など
文禄2・閏9	秀吉，伏見隠居屋敷に移徙（転居）	『駒井日記』
文禄2・閏9～	諸大名の屋敷も急速に普請が進む	『引証記』『兼見卿記』
文禄3・1	秀吉，大坂城・指月伏見城の普請割を公表	「上杉家文書」など
文禄3・3	指月伏見城の普請が開始	『駒井日記』など
文禄3・3～6	諸国から材木や人夫が集められる	『土佐国蠹簡集拾遺』「瀧口文書」
文禄3・4	お拾い（後の秀頼）の伏見移徙が計画も，頓挫	『駒井日記』など
文禄3・8	指月伏見城普請が大詰めを迎える	『家忠日記』「堀内文書」など
文禄3・8～	宇治川の堤普請も同時に進む	『家忠日記』など
文禄3・9	秀吉，指月伏見城に移徙	「毛利家文書」
文禄3・11	お拾い，指月伏見城に移徙	「立花家文書」など
文禄3・12～文禄4・2	在聚楽の馬廻・小姓衆が伏見へ妻子引越を命じられる	「荻野研究室収集文書」など
文禄3・12	普請は12月20日まで終了し，翌正月3日から再開	「島津家文書」
文禄4・3	伏見城に公家らが移徙と年始の礼参	『御湯殿の上の日記』など
文禄4・4	伏見向島に桜を植える計画が出される	『駒井日記』
文禄4・4～8	川端に長蔵が建てられる	『駒井日記』「今井家文書」

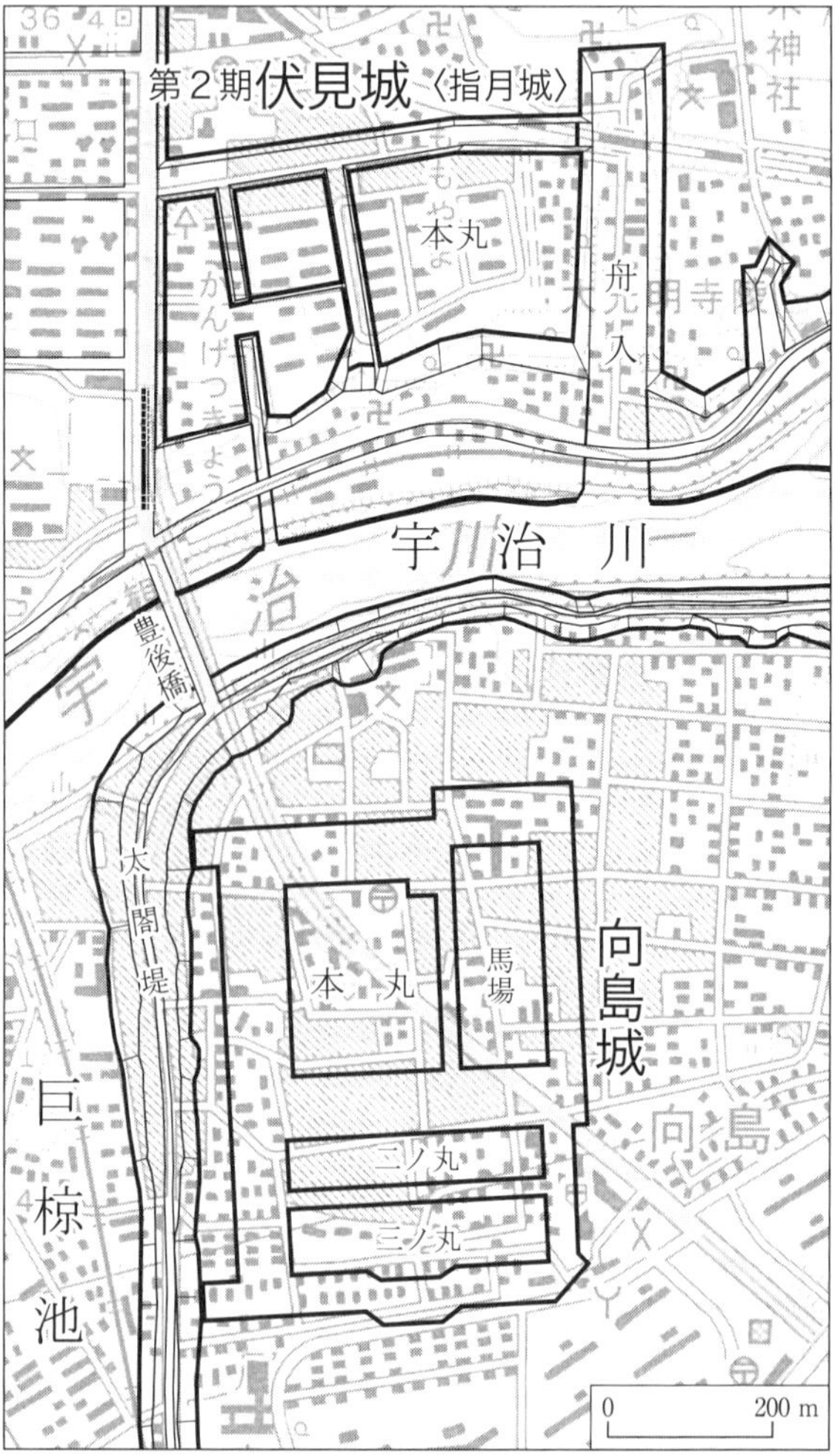

図53　指月伏見城と向島伏見城　山田邦和作成

禄四年（一五九五）七月に秀次事件が起きるが、このとき、秀次配下の大名の多くは普請に動員されており（白峰旬　一九九八）、彼らが事件後に連座しなかった理由の一端が窺われる。

文禄五年五月、伏見城の秀吉・秀頼《ひでより》の元に全国の武士・公家《くげ》寺社らが参礼する伏見惣礼《そうれい》が行われ、秀頼への継承が天下に知らしめられた。その一方で、度重なる普請に人夫は疲弊《ひへい》し、病死や逃亡が相次ぎ、処刑されるものも出ていた（『義演准后日記』、『日本年報補遺』など）。華麗な殿舎や儀礼の裏側には、公役《くやく》による搾取と犠牲があったことを見逃してはならない。閏《うるう》七月には明《みん》の使節団が伏見城に迎えられ、武者揃《むしやぞろえ》（軍事行進）を見せつける準備が整えられていた（谷徹也 二〇一八a）。

巨大地震が畿内《きない》を襲ったのは、まさにそのときであった。指月伏見城は天守など主要殿舎が大破し、向島伏見城も石蔵が沈下する被害を受け、城下では二千人が行方不明となったとされる。これを世に、伏見地震（慶長地震）と呼ぶ（河内将芳 二〇一六、松岡祐也 二〇一七）。

再建地はどこか

一般に、伏見城の再建地（現在の伏見桃山陵《ふしみももやまりょう》周辺）は木幡山《こはたやま》とされるが、それは正しいのだろうか。

当時の史料を見ると、再建場所は「伏見山」と記されており、そこには二本松《にほんまつ》が生えていたとされる。これまでの研究では伏見山と木幡山が同一視されてきたが、慶長三年（一五九八）三月から木幡山の引き下げ作業に大名が動員されており、その理由は木幡山が再建地よりも高い位置にあり、城を見下ろせてしまうことにあったとされるため、別の山を指す可能性が高い。実は、和歌や文学の世界では、古くから伏見山は木幡山とは異なる山として認識されており、松の名所として知られていた。そして、松は豊臣期までその名残りを留めていたことが確認でき、先の二本松と対応してくる。「松の丸」という名称はこの松の旧跡から来たものであろう。よって、再建された伏見城は木幡山伏見城ではなく、伏見山城と呼称するのが適切といえる（谷徹也 二〇一八b）。

図54　木幡山と伏見山の位置　明治42年2万分1地形図に加筆

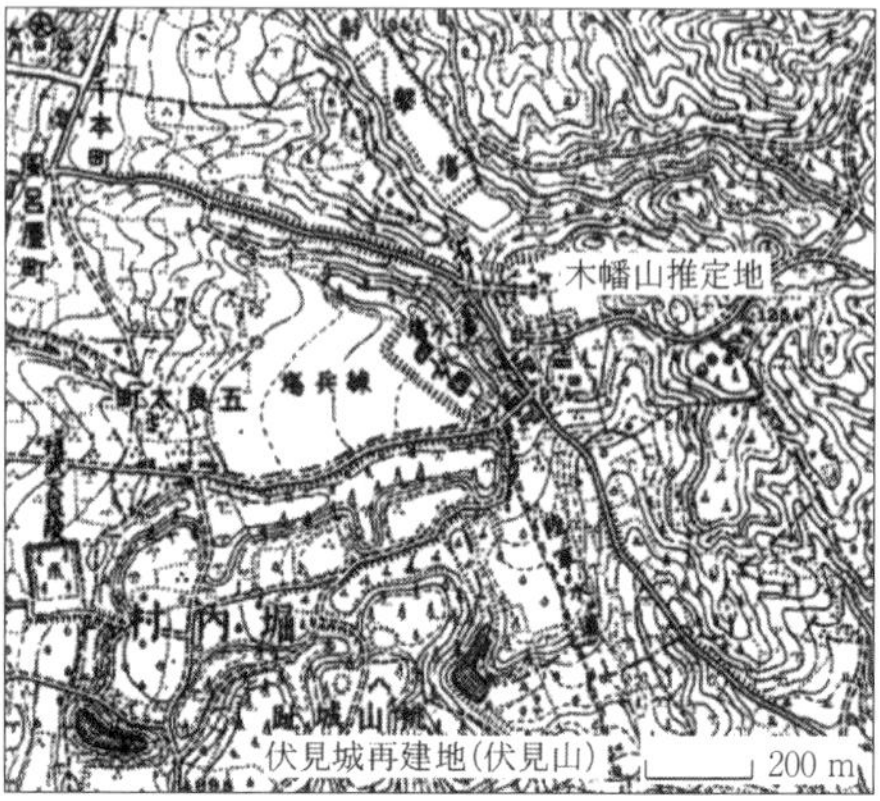

図55　伏見山城の天守閣　「洛中洛外図屛風」より　個人蔵・名古屋市博物館提供

表18　伏見山城の築城と関連事項

年　月	出　来　事	典　拠
文禄5・閏7～	伏見山に城の再建が開始され，大名屋敷も復旧作業が進む	『義演准后日記』「三輪伝書」など
文禄5・8	向島・河川の堤普請も再開される	「石水博物館所蔵文書」など
文禄5・10	伏見山城の本丸石垣普請が完成したとされる	『当代記』
慶長2（1597）・1～	三条屋敷（京都新城の前身）と同時普請が開始．全国から材木や人夫が集められる	「上杉家文書」「秋田家文書」など
慶長2・4～5	伏見山城の本丸・西の丸の御殿がほぼ完成する	『鹿苑日録』
慶長2・5	秀吉と秀頼が伏見へ移徙し，大名や公家らの年頭惣礼が行われる	『義演准后日記』
慶長2・9	伏見山城では普請が継続されている	『鹿苑日録』
慶長2・12	学問所が完成する	『鹿苑日録』
慶長2・12～慶長3・1	諸大名に普請のための上京が命じられる	「真田家文書」など
慶長3・3～	木幡山の引き下げ普請が行われる	「真田家文書」など
慶長3・7	伏見の普請担当大名の大半が大坂へ移される	「西笑和尚文案」
慶長3・7～9	伏見山城で用いる竹が徴発される	「南禅寺文書」
慶長3・8	秀吉死去	『舜旧記』など
慶長3・12	「五奉行」，翌年の伏見普請計画を大名に通達	「上坂文書」
慶長4・3	徳川家康，伏見向島城に移徙するという	『当代記』
慶長4・閏3	家康，伏見山城西の丸に移る	『言経卿記』など
慶長4・閏3	「五奉行」，諸大名に伏見に妻子を置くよう命じる	「宮部文書」など
慶長4・9	家康，大坂城二の丸に移る	『義演准后日記』など
慶長5・3	伏見にいた大名が次々と大坂へ移る	「真田家文書」など
慶長5・5	「五奉行」，伏見普請の配当米の支給を命じる	「芦浦観音寺文書」

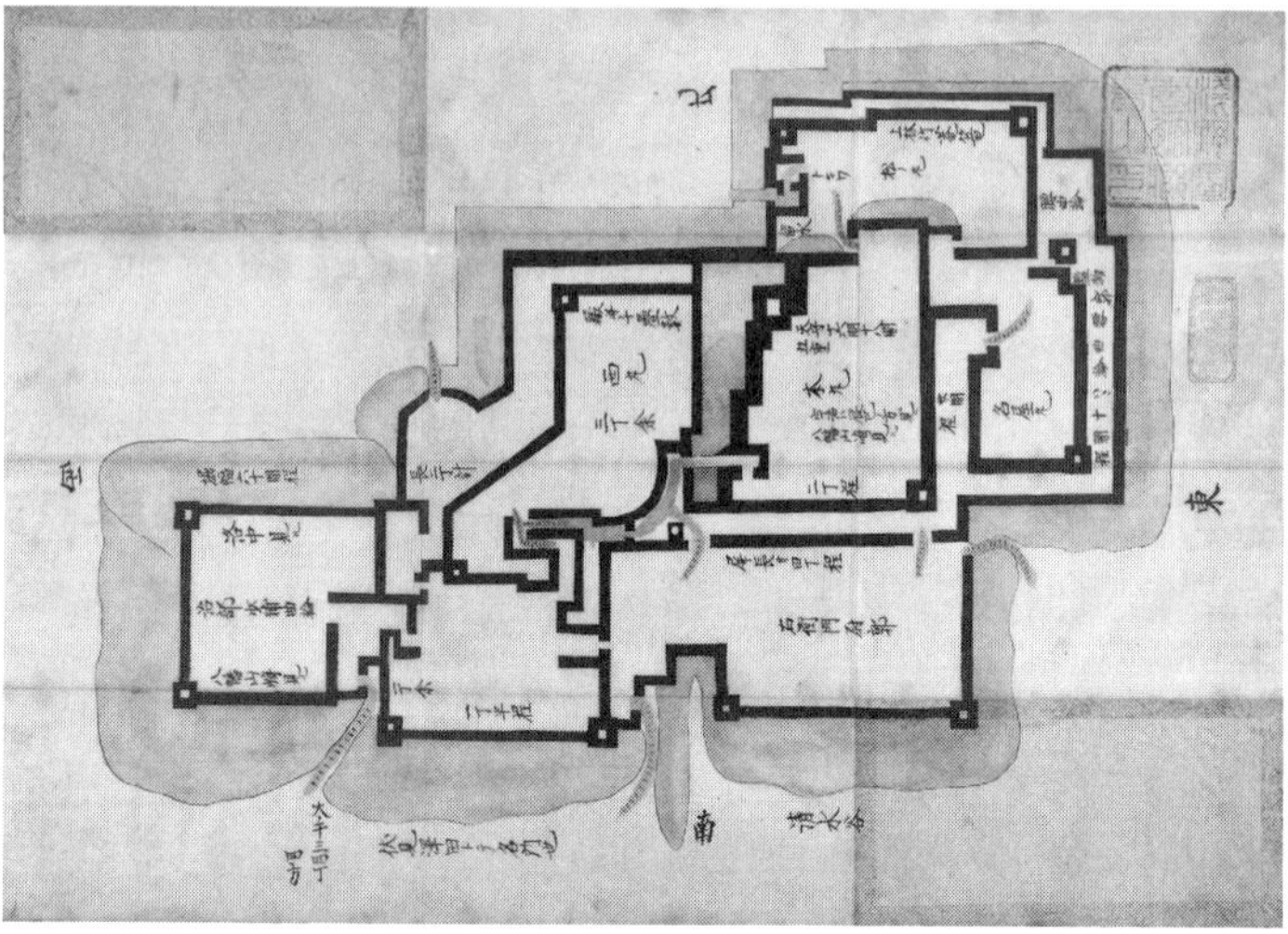

図 56　伏見山城の郭　浅野文庫「諸国古城図（山城伏見）」広島市立中央図書館所蔵

図 57　右衛門尉丸（増田長盛郭）南面石垣　明治天皇陵のため宮内庁の許可により撮影　京都市文化財保護課提供

再建にあたって、秀吉は瓦葺《かわらぶき》や華麗な装飾を禁止した。しかし、それは城下や一部の殿舎を対象としたものであったと思われ、天守《てんしゅ》をはじめ城内の殿舎は人力で作り上げたとは思えない壮麗さと規模を備え、聚楽第《じゅらくてい》同様、始皇帝の咸陽宮《かんようきゅう》にも勝ると称された（『看羊録』、『寺辺之記』など）。また、伏見山城の普請は秀吉の没後も続けられた（表18参照）。近年、豊臣期の伏見山城を描いたとされる屏風《びょうぶ》が再発見された。全体の景観は慶長末ごろを示すものの、城の内部は豊臣期がモチーフと見られる（津田卓子二〇一二）。黒塗の五重の天守や千畳敷と思われる広間《ひろま》、極楽橋などが並び、豊臣の治世を偲ぶ意匠が感じられる。

大名屋敷

伏見には大名屋敷が多く建設された。先ほど触れた伊達政宗は文禄二年（一五九三）閏九月には伏見で屋敷を拝領し、名護屋《なごや》から帰陣した細川幽斎《ゆうさい》（長岡藤孝《ながおかふじたか》）も同年十一月に屋敷の普請を命じられた。同三年末以降には馬廻《うままわり》・小姓衆《こしょうしゅう》も妻子同伴での在伏見を命じられ、以前は大坂に屋敷を有した秀吉右筆《ゆうひつ》の白江正重《しらえまさしげ》も同四年三月までに伏見に居所が移っている。よって、このころまでに伏見への屋敷と妻子の移転は完了したと見てよい。また、武士以外も伏見での屋敷獲得を模索した（『兼見卿記』、『言経卿記』、『時慶記』）。

秀吉は大名屋敷に御成《おなり》（訪問）を行ったが、伏見でも文禄二年閏九月以降、相当な頻度で確認できる。秀次事件以後は京都での御成は見えなくなり、伏見が武家の本拠地として一元化した（横田冬彦二〇〇一）。大名の屋敷には、伏見留守居が置かれ、侍・中間《ちゅうげん》・坊主《ぼうず》などが駐在した。たとえば、徳川《とくがわ》家康《いえやす》の家臣では、阿部正勝《あべまさかつ》や全阿弥《ぜんあみ》（内田正次《うちだまさつぐ》）のほか、山口直友《やまぐちなおとも》・西尾吉次《にしおよしつぐ》・牧野康成《まきのやすなり》・永井直《ながいなお》勝《かつ》・村越直吉《むらこしなおよし》らが奏者《そうしゃ》として伏見で活動していた。ただし、彼らも自身の住居を別に有していた可能性が高く、伏見の江戸町では家康や宇喜多秀家《うきたひでいえ》の家臣、聚楽町には毛利輝元の家臣が借家をしており、町年寄《まちどしより》や町人の同意のもと、居住を認可されているのが確認できる（『言経卿記』、「若山家文書」）。

京都所司代の玄以も、伏見に屋敷を持っていた。文禄三年二月ごろから伏見と京都を往復する様子が見えるが、同四年十二月以降は在伏見が多くなり、筆頭下代《したたい》の松田政行《まつだまさゆき》の拠点も伏見にあったようである（『兼見卿記』、『中山親綱記』）。秀次事件以後、所司代の機能は石田・増田にも分有され、玄以は公家寺社の担当となったことに加え、京都の位置づけが低下したためと思われる（伊藤真昭 二〇〇三）。よって、文禄五年から慶長五年（一六〇〇）にかけて、玄以を含めた所司代三名は在京せず、基本的には在伏見という状況が生じていたのである。

また、筒井定次《つついさだつぐ》の伏見屋敷の出納帳《すいとうちょう》からは、城下の賑わいが浮かび上がる（「押坂家旧蔵文書」）。伏見屋敷には、表門・玄関・式台《しきだい》・腰掛、広間・御目見部屋《おめみえべや》、年寄衆や小姓衆の部屋・数寄屋《すきや》、風呂・料理の間・台所・台所衆の部屋、米蔵《こめぐら》・金蔵《かねぐら》などが備わっていた。家臣らは伏見の京町で刀、伏見町で金箔《きんぱく》を買い、六地蔵町の鍛冶屋《かじや》を利用し、京都や大坂・堺・奈良へも頻繁に往来していた。また、鉄砲衆や中間衆、伊賀《いが》の無足人衆《むそくにんしゅう》は六地蔵で宿を借りるか普請場の小屋に住んでおり、人口の密集具合が読み取れよう。

城下の開発

伏見城下の開発は天正二十年（文禄元年、一五九二）段階から進められ、諸寺社が移転させられているが、文禄四年以降に急速な発展を遂げたと思われる。京都の聚楽町河西組を統括していた三雲久継は、同年に伏見へと移り、伏見に聚楽町を中心とした聚楽組を作り上げた。また、伏見近郊の深草《ふかくさ》村の庄屋であった高田久高も、城下の開発を担い、高田組を組織した。このように、近隣からの移住と開発によって街区が整備・拡張され、伏見の北端が京都（大仏《だいぶつ》）の南端と接続した一方、京都では人口や賑わいが減少した。伏見は「伏陽《ふくよう》」や「新京《しんきょう》」とも呼ばれ、首都として発展したのである（上田穣 一九七一、『日本年報』、『鹿苑日録』など）。

豊臣期の伏見市政については、なお不明な点が多いが、普請奉行が行政に携わっていた様子が見受けられる。佐久間《さくま》政実《まさざね》・山城忠久《やましろただひさ》・伏屋為長《ふせやためなが》・石尾治一《いしおはるかず》らは、以前から城割《しろわり》や通行に関する職務を担っていた直臣層であり、伏見城普請では木材・石の徴発・管理や道具の受け渡しを担った。普請後も伏見で屋敷や土地の管理にも関わり、寺町六丁目の大工を徴発するなど、城下の整備と夫役徴発《ぶやくちょうはつ》を担っていたものと思われる。また、玄以・石田ら奉行や長谷川守知《はせがわもりとも》なども伏見市政に関与したことが知られる（「西笑和尚文案」）。

水都たる伏見では港が発達し、大坂との船の往来が活発化した。そして、政権は宇治川や小椋池《おぐらいけ》に点在する葭島《よしじま》をも活用した。石川光吉《いしこみつよし》が葭島の代官に任じられ、その下代を伏見村と富森村・下三栖《しもみすの》荘《しょう》の庄屋らが請け負っていた。彼らは関ヶ原《せきがはら》戦後、山岡景友《やまおかかげとも》を通じて家康から先例通り権益を安堵《あんど》され、運上米五百石を納めた（「西笑和尚文案紙背文書」）。

混迷する伏見

伏見には人口が密集したため、さまざまな問題も生じた。慶長二年（一五九七）七月には、伏見で踊りがあったが、喧嘩による三百人もの死者が出たため、奈良では踊りが禁止になった。翌年の同日にも喧嘩で伏見は混沌となっており、秀吉の死を見越した治安の乱れはもちろん、室町期より続く盆の風流踊《ふりゅうおどり》が騒擾《そうじょう》に発展しやすかったことが窺える。また、慶長二年十二月には、京町一丁目の町人と友阿弥の下人《げにん》が冗談を言い合ううちに口論となった。主人の友阿弥は下人を手討ちにし、京町に引き渡そうとしたが、京町の住民が西笑承兌《せいしょうじょうたい》らに仲介を頼み、許された（『祐国記』、「西笑和尚文案」など）。喧嘩をしたのは武士も同様で、福島正則《ふくしままさのり》は伏見で丸毛親吉《まるもちかよし》、大坂で立花宗茂《たちばなむねしげ》と喧嘩をし、後者の際は死者十人、怪我人七十人を数える大乱闘となった（『鹿苑日録』）。

上方《かみがた》では辻切《つじぎ》り・すり・盗賊が流行しており、文禄五年（慶長元年、一五九六）七月には伊達政宗の配下が木下勝俊《きのしたかつとし》・島津《しまづ》屋敷の前で夜討ちにあった。政権は慶長二年三月、武家奉公人のうち、侍を五人組、下人（中間・小者《こもの》など）を十人組《じゅうにんぐみ》に編成し、悪党行為をしないように相互監視させた。翌年五月には、近所に住む馬廻衆の青木一重《あおきかずしげ》と堀田盛重《ほったもりしげ》・平野長勝《ひらのながかつ》（長泰《ながやす》）が屋敷の夜番に関する約定を交わしている（「伊達家文書」、「上坂家文書」、「川瀬文書」）。人口増加は悪事の温床ともなりえたのである。

伏見はまた、災害都市でもあった。慶長三年四月には堀秀治《ほりひではる》屋敷で火災が起き、政権は火の用心の法令を出した。しかし、翌年四月も森忠政《もりただまさ》邸から出火、結城秀康《ゆうきひでやす》邸が類焼し、同十二月には舟入《ふないり》近辺の太田一吉《おおたかずよし》邸から出火し、増田長盛《ましたながもり》の上下屋敷、小西行長《こにしゆきなが》・土方雄久《ひじかたかつひさ》の屋敷に延焼する大火事となった。他方、水都と不可分の問題として、水害も多く発生した。文禄五年五月には洪水により、伏見周辺の道が通行できなくなり、同八月にも伏見や八幡《はちまん》・淀《よど》の家が流され、多数の死者が出た。慶長二年八月には、大雨で織田有楽《おだうらく》屋敷の北にある伏見城の数寄屋門が崩壊し、翌年五月にはまたも大雨で大《おお》亀谷《かめだに》では土砂崩れが起き、普請小屋にいた四百人ほどが犠牲となり、石田三成《いしだみつなり》新屋敷の南の石垣も崩れた。木幡の新在家では浸水し、舟で通行する事態となった（『義演准后日記』、『看羊録』、「西笑和尚文案」など）。

秀吉は死の直前の慶長三年八月、伏見城には家康が留守居を統括し、五奉行の玄以・長束正家《なつかまさいえ》と残り一人が番をし、西国大名らの妻子を置くこととし、大坂城には秀頼が入って前田利家《まえだとしいえ》が補佐をし、五奉行の残り二名が留守居となり、東国《とうごく》大名らの妻子は大坂に移すよう命じた。世間では秀吉の死の噂が流れ、略奪や逃亡により伏見は混沌となった。大坂城の普請が再開されたことで騒ぎは一時的に収まったが、同月十八日、秀吉は死去する（横田冬彦 二〇〇一、『日本年報』など）。

秀吉死後の伏見では、大亀谷の寺で殺人・略奪が起こるなど、治安悪化が加速した。鉄砲《てっぽう》の試し打ちは大亀谷道（車道）の南の瀧谷や山科本願寺《やましなほんがんじ》の古屋敷のみでするように大名に触れられたが、一月余りで京都・伏見・大坂近辺での鉄砲打ちは全面禁止となった。それでも治安は良くならず、大大名に対し、鉄砲や博打《ばくち》、道路での覆面《ふくめん》や相撲《すもう》などを禁止する法令が出された（「伊達家文書」、「毛利家文書」）。武士や奉公人たちの密集は明らかな伏見の混乱の主因であった。

そんな中、伏見で騒動が起きる。慶長四年閏三月、石田三成が大坂から伏見に移り、福島正則らが切腹を迫ったのである。北政所《きたのまんどころ》の仲介もあって三成は佐和山へ引退し、徳川家康は向島伏見城から伏見山城の西の丸へ入った（『北野社家日記』、『言経卿記』など）。

同年九月、大坂西の丸に入城した家康は置目《おきめ》改めを実施、伏見城には代わりに結城秀康らが入った。

翌年六月には下国していた上杉景勝《うえすぎかげかつ》を討伐するため、大坂を出陣し、伏見を経由して東国へと向かったのである。

2 徳川の伏見

関ヶ原の戦いと戦後処理

慶長五年（一六〇〇）七月十七日、大坂の三奉行（玄以・増田長盛・長束正家）が「内府ちがいの条々」を諸将に送り、家康の専横を糾弾《せんおう》した。翌日、伏見では家康が留守居に残した鳥居元忠《とりいもとただ》らが籠城《ろうじょう》、郭内《かくない》の玄以・増田の屋敷に火を放ち、戦端が開かれる。戦闘は十日以上続き、反家康方は城付近に築山《つきやま》を設け、昼夜を問わず鉄砲や大筒《おおづつ》で攻め続けた。ついに三十日夜より翌昼にかけて、松の丸から本丸月見櫓・千畳敷など南西方向に火が燃え移り、落城。その後、伏見城奉行として入った石田正澄《まさずみ》と新庄直頼《しんじょうなおより》が金銀などを灰の中から掘り起こし、掃除普請が行われた（『言経卿記』、『義演准后日記』など）。

九月十五日の関ヶ原の戦いで家康方が勝利すると、毛利《もうり》勢は伏見に放火し、大名屋敷も炎上した。二十七日、家康は大坂へ入城し、伏見には秀忠《ひでただ》が入った。城内には仁王門や鐘楼《しょうろう》などわずかに焼け残った建物もあったが、ほとんどは灰燼《かいじん》に帰した。十月下旬に普請が開始され、仮屋が建設されたものと思われ、翌年三月末に家康は戦後初めて伏見に入城した（『言経卿記』、『義演准后日記』など）。

戦後処理のために伏見を統治したのは、家康四男の松平忠吉《まつだいらただよし》であった。慶長五年九月には醍醐《だいご》・伏見方面の警備を担当していた忠吉は、十月に伏見の聚楽町に禁制《きんぜい》を出し、狼藉《ろうぜき》の停止と住民の帰町を命じた。また、松田政行（玄以の筆頭下代《しただい》、のち京都所司代）とともに京都近郊の指出《さしだし》にも関与している。その目的は不知行地や反家康方が有していた諸権益を収公することにあり、忠吉家臣の加藤吉繁《かとうよししげ》や小《お》笠原吉次《がさわらよしつぐ》（下村信博 一九九〇）、山本伝蔵らが主に洛外の武家領や公家寺社領を調査した。同月末、小笠原は片桐且元《かたぎりかつもと》・小出秀政《こいでひでまさ》・大久保長安《おおくぼながやす》の命を受けて、上山城《かみやましろ》代官所の引き渡しもしている。同じころ、三宝院義演《さんぽういんぎえん》は醍醐寺に赴いた忠吉の返礼のために伏見を訪れているが、このときの忠吉の居所は城内ではなく、城下の屋敷であったと考えられる（「三雲家文書」、「今村家文書」、『義演准后日記』など）。

図58　松平忠吉像　性高院所蔵

戦後、忠吉は尾張清洲《おわりきよす》六十二万石を拝領し、兄の秀《ひで》康《やす》と共に上方《かみがた》留守居として軍事的役割が期待された。十一月には秀忠と共に参内《さんだい》や豊国《とよくに》社参を行い、翌正月には大坂の秀頼にも年頭礼に赴くなど、その存在感は増していく。忠吉は常に伏見に在城していたわけではなく、一時的に下国することもあったが、家康が伏見を離れると交替して城に入っており、事実上、伏見城代の位置にあったと見てよい。しかし、慶長九年ごろから病気となり、十二年三月に没した（名古屋市立博物館 一九九三、『義演准后日記』、『時慶記』など）。

慶長十一年九月には、忠吉の代わりに秀康が伏見に入城した（秀康は豊臣期にも伏見に入っており、当初より両名が城代的位置にあった可能性もある）。しかし、秀康もまた病身のため、伏見城に出向いた人々に対面することもできない状態であり、翌年三月には帰国、そのまま病没してしまう（橋本政宣一九六六、『当代記』、『慶長日件録』）。秀康は家康から上方においてゆっくりと養生するよう命じられており、軍事的役割だけでなく、療養のための滞在という側面もあったと思われる（「島津家文書」）。

伏見幕府

家康は一時的な在京坂を除くと、慶長六年（一六〇一）から十一年までの毎年、五ヵ月から十ヵ月ほどを伏見で過ごしている。伏見城は天下人の居城だったのである。この間、家康は毎年参内し、大名や公家・寺社の年頭礼や節句の御礼、上洛・下向の際の御礼を伏見城で受けた。慶長八年二月には伏見城に勅使が派遣され、家康は右大臣《うだいじん》・征夷大将軍《せいいたいしょうぐん》に任じられ、同七月には千姫《せんひめ》を秀頼に入輿、翌年からは秀頼への年頭礼を行わなくなった（相田文三二〇一六、藤井譲治二〇一二）。

また、慶長十年三月に朝鮮の使者と講和交渉を行った場所も、翌月に秀忠の内大臣《ないだいじん》・征夷大将軍任官の勅使が派遣されたのも伏見城であった。一方、この段階の二条城《にじょうじょう》は将軍拝任御礼の参内のための一時的な居所に留まっていた。家康は諸芸能のほか、日常的に面会や訴訟・親裁を行っており、伏見城は中央政権の政庁として機能していたと評価できよう。

関ヶ原の戦いで反家康方についた諸将も、相次いで伏見へ参上した。慶長六年七月に上杉景勝、翌年十二月には島津《しまづ》家久《いえひさ》（忠恒）が伏見城で家康に謁見《えっけん》、翌々年八月には宇喜多休復《きゅうふく》（秀家）が助命を願

図59　徳川伏見城の天守閣　「洛中洛外図」より　堺市博物館所蔵

い、出頭する。戦後処理はここに完了し、人々は天下泰平の到来を喜んだ（「島津家文書」、『鹿苑日録』など）。

諸大名は家康のもとに参覲《さんきん》するだけでなく、度重なる普請・作事にも動員された。慶長七年六月一日、伏見城の公儀《こうぎ》普請が命じられ、大名らは伏見へ集まった。吉川広《きつかわひろ》家《いえ》は石垣の普請を担当し、毛利宗瑞《そうずい》（輝元《てるもと》、現場を統括したのは福原広俊《ふくばらひろとし》）には「治部《じぶ》少輔《しょう》丸地《まるじ》引《びき》」が命じられたとされ、七月末には作業を終えた（「山口県文書館所蔵文書」、「益田家文書」など）。これ以降、明確なものだけでも、慶長九年七月からの西国大名を中心とした本丸・西の丸などの普請、同十年七月の本丸の作事、同十一年には一万石取以下の武士による石垣普請が行われている。この間、天守の位置が本丸の隅から中央に

図60　徳川期の伏見城下町想定図　山田邦和作成

変更されるなど、現存する縄張りの形状は豊臣期のままではなく、徳川期以降の手が加えられたものであることには留意すべきであろう（内藤昌ほか 一九七一、中井均 二〇一〇）。

では、大名たちにとって伏見はいかなる場所であっただろうか。伊達政宗は慶長六年四月、屋敷や妻子を大坂から伏見への移転命令に接し、遠くないうちに再度江戸へ移すことになると推測した。はたして同十月には江戸屋敷を拝領し、慶長八年正月に江戸への移転を終えている（横田冬彦 二〇〇一）。同六年六月、毛利宗瑞も嫡男の藤七郎（後の秀就《ひでなり》）を伏見から江戸へ送っており、大名たちの本宅《ほんたく》は江戸へと移転された（『萩藩閥閲録』）。この意味で、伏見の国家的位置づけは豊臣期から変質し、武家統合の機能は江戸に重点が置かれるようになったといえるだろう。

伏見在城衆

ここで、伏見城に駐在していた人々に目を向けてみよう。まず、城代にあたる人物には、先に見た松平忠吉・秀康の兄弟がいた。彼らは史料上には「留守居」としか記されないが、この時期の城主は家康であり、家康不在時の代理の地位にあったといえよう。

ついで、常に在城している定番《じょうばん》が検出できる。関ヶ原以降に板倉勝重《いたくらかつしげ》・米津親勝《よねきつちかかつ》・成瀬《なるせ》正一《まさかず》・日下《くさか》部《べ》定好《さだよし》が「留守居奉行」となったとされる。米津は慶長五年（一六〇〇）に堺《さかい》政所、板倉は同六年に京都所司代となり、幕府の畿内支配を統括する位置にあったため、その役から離れていった一方、成瀬と日下部は基本的に伏見にあり、米津に政務を伺う立場にあったようだ。成瀬・日下部の両名はこれ以前にも共に家康の奉行人として主に関東で活躍していた。上方に移ってからは、伏見に訪れる人の馳走をしたほか、代官所から送られた金銀米を伏見城の蔵に納める役割を担当したようであ

る（「上杉編年文書」、「上林文書」、「佐治重賢所蔵文書」）。

成瀬らのほかには、酒井《さかい》重勝《しげかつ》らも定番として在城した（表19参照）。酒井は家康から旗と馬印《うまじるし》を預かり、いざというときに畿内の武士を統括する役割が期待されていたという。定番はいずれも六十歳前後であり、没するまで在城したことから、隠居的な位置にあったと見られる（中部よし子 一九八六）。また、彼らは家康不在の本丸を守っており、「御天守御番」とも称された。あるとき、駿府《すんぷ》の家康が伏見城本丸の庭に生えている紫蘇《しそ》の実を所望した。駿府年寄衆の本多《ほんだ》正純《まさずみ》らは定番に対し、実を天日《てんぴ》干《ぼ》しにして、駿府に送るよう依頼している（『寛政重修諸家譜』、「持田文書」など）。

また、その他の曲輪《くるわ》や番所《ばんしょ》・門を警固する番衆《ばんしゅう》（大番）も配置された。慶長十年九月と翌年九月に出された「伏見城御番所之覚」から詳しい人員配置がわかるが、これらは家康の下向に際して発給されており、留守を固める臨時の番といえよう。本丸では天守以外にも、広間・焼火之間《たきびのま》・門櫓の番が定められ、西之丸・松之丸・名護屋《なごや》丸・村越茂助曲輪（後の日下部曲輪カ）・戸田又兵衛曲輪（弾正丸《だんじょうまる》カ）・御本丸下《ごほんまるした》曲輪（右衛門尉丸《えもんのじょうまる》カ）・小笠原次右衛門曲輪（大蔵丸《おおくらまる》・徳善丸カ）の門番が配置された。番衆の監視役には松平康次《やすつぐ》と成瀬久次《ひさつぐ》が任じられた。番衆たちは畿内に所領《しょりょう》や代官所を有することが多く、上方の幕領支配に関与した。また、彼らを補佐する加番《かばん》が臨時で任命された（中部よし子 一九八六、藤田恒春 一九九三）。

家康在城時には、奏者番《そうじゃばん》が登城する人々に交替で応対した。史料からは山口直友・西尾吉次・城昌《じょうまさ》茂《しげ》・永井直勝らが確認でき、豊臣期の延長線上にあったといえよう。中でも、山口・西尾は「伏見城御番所之覚」にもその名が見え、長く奏者を務めた山口・城の両名は伏見城下に屋敷も持っていたようである。また、家康の側室も伏見におり、長福丸《ながとみまる》（後の頼宣《よりのぶ》）と鶴松（後の頼房《よりふさ》）は伏見城で生まれている。ただし、五郎太（後の徳川義直《よしなお》）の母であるお亀の方（相応院《そうおういん》）が慶長七年二月、家康の数日前に駿府から伏見へ入城したとの噂が事実だとすると、家康に同伴していたと見るべきだろう（「三雲家

表19　伏見城・城下の主要役職在任期間

①城代(〔　〕は在城期間)	
〔松平忠吉〕	慶長5・10～慶長6・3
(家康在城)	慶長6・3～10
〔松平忠吉〕	慶長6・11～慶長7・1
(家康在城)	慶長7・2～慶長8・10
(家康在城)	慶長9・3～閏8
(家康在城)	慶長10・2～9
(家康在城)	慶長11・4～9
〔結城秀康〕	慶長11・9～慶長12・3
松平定勝	慶長12・6～元和3・8
(補佐・松平定行)	慶長19・10～元和3・8
内藤信正	元和3・5～元和5・7
②定番	
成瀬正一	慶長5？～元和6・6
日下部定好	慶長5？～元和2・8
板倉勝重	慶長5？～慶長6？
米津親勝	慶長5？～慶長6？
水野長勝	慶長7・5～慶長14・11
大須賀忠高	慶長7？～不明
酒井重勝	不明～慶長18・5
③大番頭	
渡辺茂・水野忠胤	慶長12・7～慶長14・7
松平重忠・山口重政	慶長14・7～慶長16・7
阿部正次・高木正次	慶長16・7～慶長18・7
渡辺茂・井伊直孝	慶長18・7～慶長20・7
松平重忠・土岐定義	慶長20・7～元和3・7
高木正次・阿部忠吉	元和3・7～元和4・7
水野分長・牧野信成	元和4・7～元和5・7
④伏見町奉行	
舎人源太左衛門	慶長5・10～慶長7？
長田吉正	慶長7？～元和元・12？
芝山正親	慶長7？～慶長19・3
門奈宗勝	元和元・12？～元和5？
山田重次	元和2・10？～元和5？
山口直友(定番兼任)	元和5・1？～元和8・9

文書」、『慶長日件録』、『鹿苑日録』など）。

さて、慶長十二年は伏見城にとって大きな画期となった。家康は新たな隠居所として駿府城を築き、以後は上方に在住しなくなる。家康は同十六年の後陽成天皇譲位《ごようぜいてんのうじょうい》と秀頼との会見の際も二条城に入り、伏見には三日ほどしか滞在せず、秀忠もまた、大坂の陣まで伏見に入城しなかった。慶長十二年閏四月、家康は伏見城の金銀や近習《きんじゅう》の屋敷・家財を駿府に移すよう命じ、異父弟の松平定勝《さだかつ》を新たな城代に据える。しかし、家康実子の忠吉らのときとは異なり、家康の在城もなくなったため、定勝は西の丸への常駐を義務づけられた。七月には「伏見城在番法度《ざいばんはっと》」が定められ、大番頭が二年交替で城番を務めた。番衆も家康の配下に代わって、関東から秀忠配下が派遣されて城内の道具改を実施、伏見城は秀忠の上方における軍事拠点たる性格に変化した（『当代記』、「多門文書」、「島津家文書」など）。

城下の支配

家康は伏見に銀座や学校を設置し、城下町の発展を目指した。慶長六年（一六〇一）当初、伏見で屋敷を建てるためには、京都所司代の認可が必要だった（『西笑和尚文案』）。豊臣期同様、所司代は伏見にも拠点を有していた。所司代の一人である加藤正次《かとうまさつぐ》は少なくとも同年四月〜六月の間は伏見におり、屋敷も有していた。家康の在城期間には、その下で政務を処理していたのであろう。この後に所司代に加わった板倉勝重も屋敷を持っており、伏見は上方における政治の中心であった。また、前述の米津親勝も慶長十年前後までは主に伏見にいたと見られる（藤井譲治 二〇一二）。

伏見の町奉行は一時、松平忠吉家臣の舎人《とねり》源太左衛門《げんたざえもん》が務めたとされる。忍《おし》や清洲《きよす》・名古屋の町奉行を歴任した経歴から、その可能性は十分に考えうる。その後、慶長七年には長田《ながた》吉正《よしまさ》と芝山正親《しばやままさちか》の両名が町奉行として確認できる。芝山は同十九年に堺政所へと転任し、大坂の陣後には門奈《もんな》宗勝《むねかつ》・山田重次《しげつぐ》が町奉行に任じられた。彼らの職務としては、大きく分けて城下の検断《けんだん》・裁許《さいきょ》と屋敷管理が確認できる（「三雲家文書」、「西笑和尚文案」、『梅津政景日記』）。

前者については、伊豆《いず》島流しとなった罪人の移送をしたほか、大坂の陣開戦時には上方の情報を家康に知らせる役目も担った。また、伏見江戸町の町人が西隣の豊光院《ほうこういん》の土居《どい》に勝手に家を建てたり、土を盗んだりした際には、その身柄が町奉行に引き渡されており、公事《くじ》（裁判）も担当していた。さらに、出羽《でわ》の院内銀山《いんないぎんざん》の傾城町《けいせいちょう》には伏見の遊郭・長崎屋の出店があり、手代《てだい》の死去や身請の際には京都所司代と伏見町奉行に連絡したうえで対処がなされている。

後者については、家の売買を保証し、居住や替地などの差配を行っている。また、松屋町に片桐孝《かたぎりたか》利《とし》の家臣が借家をする際にも町奉行に許可を求めている。ほかにも、西笑承兌の被官の家を借りている神田平左衛門尉が退去願いに応じなかった際には、承兌は家康への訴訟もちらつかせながら、家を空けるか家主に許可を求めるかを迫っている。実際、伏見では通りに面する町家とその奥に大名屋敷が接するような形態をとる街区もあり、人口過密のために空家が少ない状況が続いていた。

なお、家の管理については、町奉行だけでなく、普請奉行の牧長勝《まきながかつ》・犬塚忠次《いぬづかただつぐ》・山本重成《やまもとしげなり》らが関与する場合もあり、彼らは伏見に屋敷も有していることから、豊臣期と類似の役割を果たしていた可能性がある。街区整理の必要上、彼らが一時的に管轄したのであろう。

伏見では、この時期にも火事が多発した。慶長八年九月には加藤清正《かとうきよまさ》屋敷が焼失し、同十年十二月には立売町《たちうりちょう》周辺、同十六年十一月には新町《しんまち》や両替町周辺で大火災が発生し、多くの屋敷や町家が被害にあった。また、番衆らの喧嘩がたびたび見られ、刃傷沙汰や闇討ちが横行し、犯人は改易や切腹に処せられている(「下川文書」、『義演准后日記』、『鹿苑日録』、『当代記』など)。こうした問題は豊臣期から継続して見られ、人口密集と表裏の関係にあるため、巨大都市・江戸のプロトタイプと位置づけられよう。

伏見廃城

慶長十九年(一六一四)十月、とある宣教師は伏見について、日本で最良の要塞《ようさい》の一つであり、四人の隊長が六千人の守備隊を率いて町を守っており、その長が松平定勝であると述べている。同じころ、家康は大坂冬の陣に備え、定勝の子・定行《さだゆき》も伏見に在城するよう命じ、大名らの人質を伏見城に置いたとされる。十月末には家康が二条城、翌月には秀忠が伏見城に入った。定番の日下部定好は、家康に従う中井正清《なかいまさきよ》からの情報を定勝や番衆に共有し、戦陣に備えた(『日本年報』、「中井家文書」)。また、同二十年の夏の陣の際には小笠原秀政《ひでまさ》、翌年の家康死去の直前には松平忠実《ただざね》が伏見城に派遣され、緊急時の守りを固めたという。このころ、伏見城では御蔵奉行《おくらぶぎょう》が確認でき、定番の高齢化と欠員により、職制的形態へ移行しつつあった。

元和三年(一六一七)六月、秀忠は東国大名らを引き連れて上京し、姫路《ひめじ》の池田光政《いけだみつまさ》を鳥取へ、桑名《くわな》の本多忠政《ほんだただまさ》を姫路へ、松平定勝を桑名へ転封《てんぽう》した。西国に譜代《ふだい》大名を配置したこの大規模領知替は、天下人としての秀忠の威光を示すものであった。伏見城では寺社に朱印状や帷子《かたびら》などが与えられ、天台論議も行われるなど、秩序の再確認がなされた。

八月末に定勝・定行親子は新たな城代の内藤信正《ないとうのぶまさ》に伏見城西の丸を引き渡し、藤森の宿に移っている。秀忠と朝鮮使節との会見の準備を整えた後、九月に桑名城へ移徙《いし》した(『本光国師日記』、「島津家文書」)。信正を家康の甥とする説もあるが、松平を称さないため、伏見城代は親族大名から譜代大名に転換したといえよう。また、同時に大番頭と番衆(大番)の在城期間が一年に短縮され、伏見城の軍事的役割は後退していくこととなる。

元和五年七月、再度上京した秀忠は内藤信正を大坂城代に移し、番衆や城の施設も移動させた。伏見城は廃城が決定し、かつて奏者番や門番を務めた山口直友が町奉行兼定番に任じられた。翌年にかけて門や石垣の転用と破却が進み、治部少丸の石垣も藤堂高虎《とうどうたかとら》によって京都へ運ばれた(松尾美恵子一九七五、福島克彦二〇一〇)。

元和九年七月、秀忠は家光《いえみつ》を連れて上洛、家光は伏見城で将軍宣下《しょうぐんせんげ》を受け、暹羅国《シャム》(タイ)の使節と対面した。この際には、本丸の殿舎が一部補修され、御対面所など儀礼的施設がわずかに新造された(内藤昌ほか一九七一)。以後、伏見城の建物は完全にその機能を失い、家光は上洛時にも立ち寄ることがなくなる。同年、小堀正一《こぼりまさかず》が伏見奉行に任じられ、寛永二年(一六二五)の検地によって、城跡と城下は伏見町・伏見廻り村として把握されるようになる。尾張・紀伊《きい》徳川家や島津・細川氏、譜代大名などの屋敷が以後も残ったものの、開発と植林が進み、寛文期(一六六一―七三)以降は桃の名所として知られるに至った(伊藤誠之二〇一〇、井上幸治二〇一七)。

コラム7　伏見における交流の諸相

豊臣秀吉《とよとみひでよし》が首都への大名集住を命じた結果、大名を含めた公武・僧俗の交際が盛んとなった。京都では在京時期がまちまちであったのに対し、名護屋での大名の一斉在陣を経た伏見の段階では在京が長期間にわたることもあり、交流がより密になっていった。

たとえば、宮城豊盛の伏見屋敷における飯米目録からは、一族や近江出身の大名（山岡・山崎・小川氏ら）などと会食する様子だけでなく、医師の古田浄慶や狩野派の絵師、刀売り、鉄砲鍛冶・大工らと面会したり、飯を振る舞ったりしていることが知られ、交流の幅の広さが看取される（「永運院文書」）。

本文でも採り上げた筒井氏《つついし》の伏見屋敷の出納帳からは、慶長初期の交流の具体相が窺える（「押坂家旧蔵文書」）。音信の相手として、北政所や淀殿《よどどの》・施薬院全宗《やくいんぜんそう》、徳川家康・秀忠・伊達《だて》政宗《まさむね》・長宗我部《ちょうそがべ》元親《もとちか》・立花宗茂《たちばなむねしげ》などの大大名、五奉行や山中長俊《やまなかながとし》ら政権の奉行層、伏屋為長《ためなが》ら普請奉行などの名が見える。中でも、かつて筒井氏に仕えていた嶋左近《しまさこん》やその家臣の名が注目され、慶長二年（一五九七）には左近の娘が没し、その葬儀が妻の実家のある丹波亀山《たんばかめやま》で行われたことも判明する。また、金箔や漆・畳・布などを調達しているほか、石見金山《いわみきんざん》の大久保長安《おおくぼながやす》との使者の遺り取りや長谷川等伯《はせがわとうはく》の淀川往来に際する弁当の用意など、伏見の大名屋敷における工芸品・生活用品の需要が垣間見える。

徳川家康も秀吉生前から、細川幽斎《ゆうさい》や池田《いけだ》照政《てるまさ》（輝政）・京極高次《きょうごくたかつぐ》、新庄直頼《しんじょうなおより》や山名《やまな》禅高《ぜんこう》（豊《とよ》国《くに》）・閑室元佶《かんしつげんきつ》など互いの屋敷を行き来していた（『言経卿記』）。家康は、関ヶ原後も秀吉と同様、大名屋敷に御成《おなり》を行ったが、結城秀康・池田照政のほかは、金森長近《かなもりながちか》や有馬《ありま》則頼《のりより》など御伽衆《おとぎしゅう》の屋敷であり、秀吉期に比べるとその規模や頻度は格段に縮小している。

また、学校の設置された円光寺については、その周辺に出入りした僧侶の記録が残されており、屋敷や城下の様子が克明に判明するため、少し掘り下げて紹介したい（以下、主に『鹿苑日録』）。

かつて指月伏見城のあった地域の東側には、円光寺《えんこうじ》（三要元佶《さんようげんきつ》）・文殊院《もんじゅいん》（勢誉《せいよ》）・豊光院《ほうこういん》（西笑承兌）が並んでいた。中でも豊光院は秀吉の時代に大光明寺《だいこうみょうじ》として再興され、諸大名の勧進《かんじん》によって慶長二年に完成した。大光明寺自体は関ヶ原のときに戦災にあったと思われ、同九年に相国寺《しょうこくじ》内の万松院《ばんしょういん》跡地に再建されるが、伏見には豊光院が残った。この豊光院には池田照政や黒田《くろだ》如水《じょすい》（孝高《よしたか》）・藤堂高虎ら多くの大名・公家・寺社関係者が集い、登城する前の寄合場の役割を果たしていた。また、同じ区域の東条行長《とうじょうゆきなが》・長頼《ながより》親子・寺沢広忠《てらさわひろただ》（広高、正成）・権田《ごんた》之親《ゆきちか》・浅野《あさの》長政《ながまさ》、近隣に屋敷を有する鍋島勝茂《なべしまかつしげ》・徳山則秀《とくのやまのりひで》・有馬則頼らも頻繁に互いの屋敷を行き来し、伏見は公武・僧俗交流の一大舞台となっていた（籠谷真智子 一九七三、山田邦和 二〇〇一）。

このうちの東条行長は関ヶ原の戦いの後、家康に行長の讒言《ざんげん》をする者がいた（田辺城《たなべじょう》攻めの際に

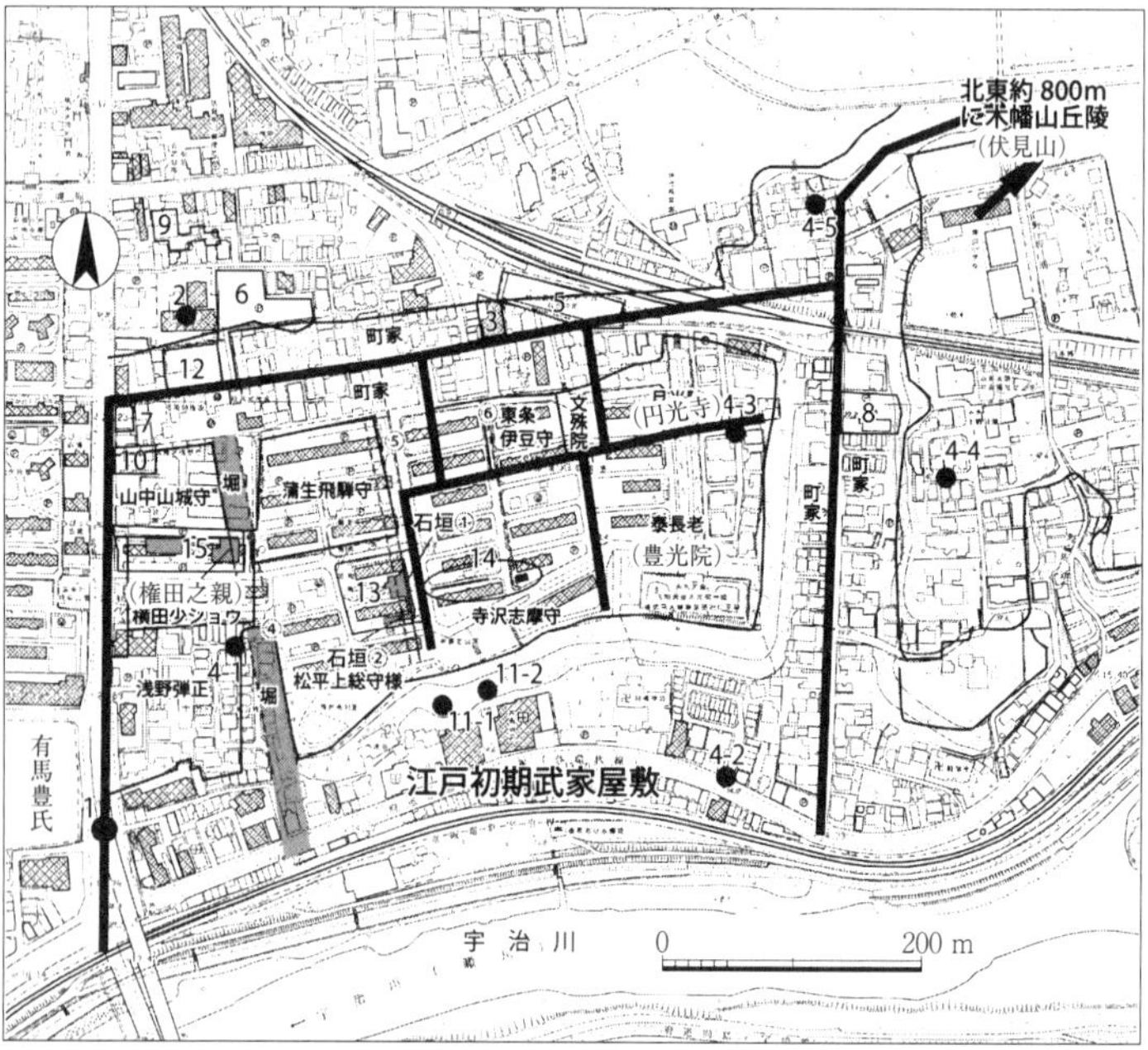

図 61　豊光院の周辺図　馬瀬智光作成・京都市文化財保護課提供に加筆

反家康方と連携していたためか）が、承兌の取成しにより、家康からの厚遇が変わらなかった経緯もあり、承兌らと密接な繋がりを有していた（「西笑和尚文案紙背文書」）。家康と諸大名・公家・寺社との仲介役として活躍し、行長の娘婿が志水《しみず》忠宗《ただむね》であったため、その妹の家康側室・お亀の方を通して内々に訴訟を取りなすこともあった。慶長六年五月末ごろに出家し、同十年四月に式部卿法印に任官された。

家康は豊光院や円光寺にも慶長八年七月と翌年六月に御成をし、知己の大名や公家らが相伴《しょうばん》した。しかし、本文でも触れたように、慶長十年十二月二十六日夜、西隣の街区の有馬豊氏《ありまとようじ》の長屋から火が出て、当該地区にあった大名屋敷・寺院や北側に接する立売町の町家に燃え移り、さらに東方の大名屋敷や江戸町まで広範囲に延焼していった。この火事で文殊院は焼失、円光寺と豊光院も屋根が崩れるなど、多くの被害があった。建物は再建されたものの、この前後から、伏見での会席は頻度が減り、家康の駿府移転後は伏見城での諸礼も減少したこともあり、次第に大名や公家らは伏見から離れていったのである。

中世京都から近世京都へ——エピローグ

中世京都から近世京都への転換という場合、最も注目されるのが、豊臣《とよとみ》政権の京都改造であろう。この政策によって、近世武家国家の首都が姿を現すことになる以上、こうした注目の仕方は、ごく自然と言えるが、ここでは、そうした豊臣政権の政策からいったん離れ、京都市内の城館に目を向けて、中世から近世への移行を見ることにしたい。

十六世紀後半と十七世紀前半は城破や、江戸幕府が発令したいわゆる一国一城令によって、城館の数が減少する時期であり、また城館の規模の拡大という動きが見られる時期でもある。これまでの叙述からすれば、京都やその周辺においても、そうした動きが存在したことは確かである。そこで、城館の変容について今一度見ておくことにしたい。

京都市内のうち旧山城《やましろ》国内に分布する城館遺跡は百五十九存在し、そのうち山や丘陵に築かれた城館遺跡は、今のところ五十五に達する。これらは現在の左京区・北区・右京区・西京区・東山区・伏見区に存在するが、この六つの区では山地が目立つことから、実際に築かれた城館の数は、五十五を上回る可能性がある。こうした山や丘陵に築かれた城館のほとんどは、戦国時代以前に築かれたものと見られる（京都府教育委員会編 二〇一四、同 二〇一五、四章の表1参照）。

十六世紀は、日本の中世を特徴づける山城《やまじろ》が盛んに活用された時期であり、十七世紀はその数が絞り込まれる時期である。こうした動きは、京都市内では、どのように展開したのであろうか。

京都市内の山地や丘陵に築かれた城館は、一五八〇年代に入るころには、その存在が確認できなくなる（京都府教育委員会編 二〇一四、同 二〇一五）。またこのころの文献史料を見ても、山城の存在は確認できない。これは、織田信長《おだのぶなが》のもとで、京都周辺の争乱がいったんは終息したためであろう。そして、一五九〇年代には最後の山城伏見山城《ふしみやまじょう》が築かれるが、同城は、十七世紀前半には幕府の大坂城《おおさかじょう》再築にともない廃城となった。このように、京都市内では、山城の減少ではなく山城の消滅という動向が、十六世紀後半から十七世紀前半までの間に見られたのである。

一方、京都市内の平地城館に目を転じると、将軍や天下人の城館の規模の拡大という動向が目を惹く。足利義政《あしかがよしまさ》の居た室町殿《むろまちどの》は東西が四十丈、南北が六十丈であった。これに対し、永禄五年（一五六二）以降の足利義輝《よしてる》の御所は二町四方、永禄十二年築城の足利義昭《よしあき》の御所は東西が三町もしくは二町、南北がおよそ三町半である。すなわち義輝御所は室町殿の二倍以上、義昭御所に至っては、少なくとも室町殿の三倍以上の規模となるのだ。この点から、一五六〇年代に、将軍御所の巨大化という動向が見られることは明白である。これは上京《かみぎょう》・下京《しもぎょう》の掌握という動きとかかわるものであろう。

このような規模の拡大はその後も続く。豊臣（羽柴《はしば》）秀吉《ひでよし》・秀次《ひでつぐ》の居城となった聚楽第《じゅらくだい》は、内郭だけでも、その四周がおよそ千間であった。これに外郭を加えると、その規模はさらに大きなものとなろう。また秀吉・おね夫婦の居城となった京都新城《きょうとしんじょう》は、東西三町、南北六町の規模を誇る城館であった。聚楽第も京都新城も、義昭御所を超える規模であったことは確かなのだ。

徳川家康《とくがわいえやす》が築いた二条城《にじょうじょう》は、当初は三町四方と、その規模は秀吉在世期の京都新城の半分程度にとどまっていた。しかし、一六二〇年代の改築以降、同城は今の東西六〇〇メートル《メートル》、南北四六〇メートル《メートル》の城館となり、京都新城に迫る規模となった。

聚楽第や京都新城が義昭御所を超える規模を誇ったのは、天下人が将軍を超える存在であることを示そうとしたためではなかろうか。一方、改築後の二条城が京都新城に迫る規模となったのは、豊臣家と肩を並べようとしたということであろうか。

このように見ると、一五六〇年代の京都で見られた城館の規模の拡大という動向は、豊臣政権のもとで加速し、江戸幕府にも引き継がれたと言えよう。

以上のような点、すなわち山城の消滅、将軍や天下人の城館の規模拡大を、中世京都から近世京都への移行という視点から見た場合、こうした動向が重なる十六世紀後半から十七世紀前半までの時期は、京都において、近世武家国家の形成が大きく進む時期と言えそうである。

参考文献

プロローグ・四〜八章・エピローグ

秋山国三　一九七五　「条坊制の『町』の変容過程」（秋山・仲村研『京都「町」の研究』法政大学出版局）
秋山国三　一九八〇　『近世京都町組発達史』法政大学出版局
朝尾直弘　一九八八　『大系日本の歴史八　天下一統』小学館
朝尾直弘　二〇〇四ａ　『朝尾直弘著作集第六巻　近世都市論』岩波書店
朝尾直弘　二〇〇四ｂ　『朝尾直弘著作集第七巻　身分制社会論』岩波書店
池上裕子　二〇一二　『織田信長』吉川弘文館
伊藤真昭　二〇〇三　『京都の寺社と豊臣政権』法蔵館
稲垣弘明　一九九三　「戦国期蹴鞠伝書の性格と機能」（『芸能史研究』一二〇）
稲垣弘明　二〇〇八　『中世蹴鞠史の研究』思文閣出版
井上宗雄　一九七二　『中世歌壇史の研究　室町後期』明治書院
井上宗雄　一九七四　「今川氏とその学芸」（観泉寺史編纂刊行委員会編『今川氏と観泉寺』吉川弘文館）
井上宗雄　一九八四　『中世歌壇史の研究　室町前期〔改訂新版〕』風間書房
今泉淑夫　一九七九　「文明二年七月六日付飛鳥井雅親書状案をめぐって」（『日本歴史』三六九）
今谷　明　一九七五　『季刊論叢日本文化二　戦国期の室町幕府』角川書店
今谷　明　二〇〇二　『戦国時代の貴族』（講談社学術文庫）
岩橋小弥太　一九二六　「足利義尚の和歌撰集（下）」（『歴史と地理』十七―四）
宇佐美英機　二〇〇八　『近世京都の金銀出入と社会慣習』清文堂出版

馬瀬智光　二〇〇五　「聚楽第跡の復元」（『古代文化』五七―一二）
及川　亘　二〇〇九　「町の経済」（高橋慎一朗・千葉敏之編『中世の都市』東京大学出版会）
小川剛生　二〇〇八　『武士はなぜ歌を詠むか』角川書店
小川剛生　二〇一二　「心珠詠藻の作者」（『文学』一三―五）
奥野高広　一九四二　『皇室御経済史の研究』正、畝傍書房
奥野高広　一九四四　『皇室御経済史の研究』続、中央公論社
奥野高広　一九六〇　『足利義昭』吉川弘文館
奥野高広　二〇〇四　『戦国時代の宮廷生活』続群書類従完成会
尾下成敏　二〇一六　「天正・文禄・慶長期における公家家臣の境涯」（細川涼一編『生活と文化の歴史学七　生・成長・老い・死』竹林舎）
尾下成敏　二〇一七　「戦国期の織田弾正忠家と和歌・蹴鞠・連歌」（『織豊期研究』一九）
尾下成敏　二〇一九　「戦国期今川氏と和歌・連歌」（『年報中世史研究』四四）
小野晃嗣　一九四一　「京都の近世都市化」（『社会経済史学』一〇―七）
金子　拓　二〇一四　『織田信長〈天下人〉の実像』（講談社現代新書）講談社
鎌田道隆　二〇〇〇　『近世京都の都市と民衆』思文閣出版
河内将芳　二〇〇〇　『中世京都の民衆と社会』思文閣出版
河内将芳　二〇〇四　「新在家声聞師」（世界人権問題研究センター編『散所・声聞師・舞々の研究』思文閣出版）
河内将芳　二〇〇六　『中世京都の都市と宗教』思文閣出版
河内将芳　二〇〇八　『秀吉の大仏造立』法蔵館
河内将芳　二〇一二　『祇園祭の中世』思文閣出版
河内将芳　二〇一三　『日蓮宗と戦国京都』淡交社

河内将芳　二〇一八　『宿所の変遷からみる　信長と京都』淡交社
川上　貢　一九七四　「二条城の規模と建築の変遷」（『元離宮　二条城』小学館）
川上　貢　二〇〇二　『日本中世住宅の研究〔新訂〕』中央公論美術出版
川嶋将生　一九九一　「町衆と京郊の生活」（林屋辰三郎責任編集『史料京都の歴史一　概説』平凡社）
川嶋将生　一九九二　『中世京都文化の周縁』思文閣出版
川嶋将生　一九九五　「皮革業者への成長と農民化」（秋定嘉和ほか編『京都の部落史一　前近代』京都部落史研究所）
川嶋将生　二〇〇八　『室町文化論考』法政大学出版局
神田裕理　二〇一一　『戦国・織豊期の朝廷と公家社会』校倉書房
岸田裕之　二〇一四　『毛利元就』ミネルヴァ書房
木藤才蔵　一九七一　『連歌史論考　上』明治書院
木藤才蔵　一九七三　『連歌史論考　下』明治書院
木下昌規編　二〇一七　『シリーズ室町幕府の研究三　足利義晴』戎光祥出版
京都市埋蔵文化財研究所監修　二〇一〇　『京都　秀吉の時代　つちの中から』ユニプラン
京都府教育委員会編　二〇一四　『京都府中世城館跡調査報告書　第三冊』
京都府教育委員会編　二〇一五　『京都府中世城館跡調査報告書　第四冊』
久野雅司　二〇一五　「足利義昭政権の研究」（久野編『シリーズ室町幕府の研究二　足利義昭』戎光祥出版）
黒田日出男　一九九六　『謎解き洛中洛外図』岩波書店
黒田基樹　二〇〇七　「武田氏と和歌・連歌」（『山梨県史通史編二　中世』山梨県）
源城政好　二〇〇四　「北畠散所と桜町散所」（前掲『散所・声聞師・舞々の研究』収録）
小泉義博　一九九〇　「洛中洛外屏風の農作業風景」（『日本史研究』三三七）
小島道裕　二〇〇九　『描かれた戦国の京都』吉川弘文館

五野井隆史　一九九〇　『日本キリスト教史』吉川弘文館
五野井隆史　二〇〇二　『日本キリシタン史の研究』吉川弘文館
小葉田淳　一九九三　『史林談叢』臨川書店
桜井英治　二〇一一　「書評　仁木宏著『京都の都市共同体と権力』」（『ヒストリア』二二五）
櫻井成広　一九七一　『豊臣秀吉の居城　聚楽第・伏見城編』日本城郭資料館出版会
清水克行　二〇〇四　『室町社会の騒擾と秩序』吉川弘文館
下坂　守　一九八三　「京都の復興」（『近世風俗図譜三　洛中洛外（一）』小学館）
下坂　守　二〇〇三　『描かれた日本の中世』法蔵館
下坂　守　二〇〇四　「声聞師村」（前掲『散所・声聞師・舞々の研究』収録）
下坂　守　二〇一四　『中世寺院社会と民衆』思文閣出版
下村信博　一九九六　『戦国・織豊期の徳政』吉川弘文館
新城常三　一九四三　『戦国時代の交通』畝傍書房
末柄　豊　二〇〇三　「室町文化とその担い手たち」（榎原雅治編『日本の時代史一一　一揆の時代』吉川弘文館）
末柄　豊　二〇一〇　「畠山義総と三条西実隆・公条父子」（『加能史料研究』二二）
末柄　豊　二〇一一　「大永五年に完成した将軍御所の所在地」（『東京大学史料編纂所附属画像史料解析センター通信』五四）
末柄　豊　二〇一八　『戦国時代の天皇』山川出版社
菅原正子　一九九八　『中世公家の経済と文化』吉川弘文館
菅原正子　二〇〇七　『中世の武家と公家の「家」』吉川弘文館
杉森哲也　二〇〇八　『近世京都の都市と社会』東京大学出版会
杉山美絵　二〇〇六　「戦国期の禁裏における声聞師大黒の存在形態」（『芸能史研究』一七五）

瀬田勝哉　一九六七「近世都市成立史序説」（宝月圭吾先生還暦記念会編『日本社会経済史研究（中世編）』吉川弘文館）
瀬田勝哉　二〇〇九『増補洛中洛外の群像』平凡社
高橋慎一朗　一九九六『中世の都市と武士』吉川弘文館
高橋昌明　二〇一四『京都〈千年の都〉の歴史』岩波書店
高橋康夫　一九八三『京都中世都市史研究』思文閣出版
高橋康夫　一九八八『洛中洛外』平凡社
高橋康夫　二〇一五『海の「京都」』京都大学学術出版会
竹内秀雄　一九六八『天満宮』吉川弘文館
武田恒夫　一九六六「洛中洛外図とその展開」（京都国立博物館編『洛中洛外図』角川書店）
谷口克広　二〇〇九『信長の天下所司代』中央公論新社
谷　徹也　二〇一九「豊臣政権の京都政策」（『日本史研究』六七七）
玉村登志夫　一九九六「発掘が語る信長二条城」（『歴史群像　名城シリーズ一一　二条城』学習研究社）
辻ミチ子　一九五九「京都における四座雑色」（『部落問題研究』四）
鶴崎裕雄　一九八八『戦国の権力と寄合の文芸』和泉書院
鶴崎裕雄　二〇〇〇『戦国を往く連歌師宗長』角川書店
鳥羽正雄　一九八二『近世城郭史の研究』雄山閣出版
富田正弘　一九八八「戦国期の公家衆」（『立命館文学』五〇九）
富田正弘　一九八九「室町殿と天皇」（『日本史研究』三一九）
登谷伸宏　二〇一五『近世の公家社会と京都』思文閣出版
内藤昌・大野耕嗣・中村利則　一九七一「聚楽第―武家地の建築」（『日本建築学会論文報告集』一八〇）

内藤昌・油浅耕三　一九七二「豊臣家京都新城」（『大会学術講演梗概集　計画系』〈日本建築学会〉四七）
中井　均　二〇〇一「城郭史からみた聚楽第と伏見城」（日本史研究会編『豊臣秀吉と京都　聚楽第・御土居と伏見城』文理閣）
中澤克昭　一九九九『中世の武力と城郭』吉川弘文館
仲村　研　一九八八『中世地域史の研究』高科書店
中村武生　一九九七「豊臣期京都惣構の復元的考察」（『日本史研究』四二〇）
中村武生　二〇〇一「豊臣政権の京都都市改造」（前掲『豊臣秀吉と京都　聚楽第・御土居と伏見城』収録）
仁木　宏　二〇一〇『京都の都市共同体と権力』思文閣出版
仁木　宏　二〇一九「戦国京都都市論」（『歴史評論』八三〇）
仁木宏・福島克彦編　二〇一五『近畿の名城を歩く　滋賀・京都・奈良編』吉川弘文館
新田一郎　二〇一一「「古典」としての天皇」（河内祥輔・新田『天皇の歴史四　天皇と中世の武家』講談社）
丹生谷哲一　一九九三『日本中世の身分と社会』塙書房
丹生谷哲一　二〇〇五『身分・差別と中世社会』塙書房
野地秀俊　二〇一三「中世後期京都における参詣の場と人」（『新しい歴史学のために』二八二）
野田泰三　二〇一六「東山殿足利義政の政治的位置付けをめぐって」（桃崎有一郎・山田邦和編『室町政権の首府構想と京都』文理閣）
芳賀幸四郎　一九六〇『三条西実隆』吉川弘文館
早島大祐　二〇〇六『首都の経済と室町幕府』吉川弘文館
福島克彦　二〇〇九『戦争の日本史一一　畿内・近国の戦国合戦』吉川弘文館
藤井讓治　二〇一二『近世史小論集』思文閣出版
藤井讓治編　二〇一六『織豊期主要人物居所集成［第二版］』思文閣出版

藤岡通夫　一九八七　『京都御所』中央公論美術出版
藤木久志　二〇〇五　『新版　雑兵たちの戦場』朝日新聞出版
藤田みどり　二〇〇五　『アフリカ「発見」』岩波書店
細川涼一　一九九四　『中世の身分制と非人』日本エディタースクール出版部
細川涼一　二〇一三　『日本中世の社会と寺社』思文閣出版
本田訓代　一九九八　「後奈良朝期の禁裏小番について」（『学習院史学』三六）
牧　知宏　二〇〇八　「近世京都における都市秩序の変容」（『日本史研究』五五四）
牧　知宏　二〇〇九　「近世都市京都における《惣町》の位置」（『新しい歴史学のために』二七五）
松薗　斉　二〇一八　『中世禁裏女房の研究』思文閣出版
三枝暁子　二〇〇八　「秀吉の京都改造と北野社」（『立命館文学』六〇五）
三枝暁子　二〇一一　『比叡山と室町幕府』東京大学出版会
三鬼清一郎　一九八七　「普請と作事」（『日本の社会史八　生活感覚と社会』岩波書店）
三鬼清一郎　二〇一二　『織豊期の国家と秩序』青史出版
水野智之　二〇〇五　『室町時代公武関係の研究』吉川弘文館
水本邦彦　二〇〇二　『絵図と景観の近世』校倉書房
村井康彦　一九七九　『茶の文化史』岩波書店
村山修一　一九八四　『日本都市生活の源流』国書刊行会
森島康雄　二〇〇一　「聚楽第と城下町」（前掲『豊臣秀吉と京都　聚楽第・御土居と伏見城』収録）
森田恭二　一九八二　「中世京都法華『寺内』の存在」（『ヒストリア』九六）
盛田嘉徳　一九七四　『中世賤民と雑芸能の研究』雄山閣
守屋　毅　一九七六　『季刊論叢日本文化五　「かぶき」の時代』角川書店

安国良一　一九八九　「京都の都市社会と町の自治」（岩崎信彦他編『町内会の研究』御茶の水書房）
山口和夫　二〇一七　『日本近世政治史と朝廷』吉川弘文館
山田邦和　二〇〇九　『京都都市史の研究』吉川弘文館
山田貴司　二〇一九　「大内義隆の『雲州敗軍』とその影響」（黒嶋敏編『戦国合戦〈大敗〉の歴史学』山川出版社）
山田康弘　二〇一六　『中世武士選書三三　足利義稙』戎光祥出版
山本啓介　二〇一一　「南北朝・室町・戦国時代の和歌」（鈴木健一・鈴木宏子編『和歌史を学ぶ人のために』世界思想社）
山本雅和　一九九五　「中世京都の堀について」（『研究紀要』〈財団法人京都市埋蔵文化財研究所〉二号）
山本雅和　二〇〇二　「中世京都の街路と街区」（仁木宏編『都市　前近代都市論の射程』青木書店）
湯川敏治　二〇〇五　「戦国期の女官と女房奉書」（『女性史学』一五）
横田則子　一九九一　「『物吉』考」（『日本史研究』三五二）
横田冬彦　一九九三　「城郭と権威」（『岩波講座日本通史　近世一』岩波書店）
横田冬彦　一九九六　「近世社会の成立と京都」（『日本史研究』四〇四）
横田冬彦　二〇〇一　「豊臣政権と首都」（前掲『豊臣秀吉と京都　聚楽第・御土居と伏見城』収録）
吉田伸之　一九九八　『近世都市社会の身分構造』東京大学出版会
米原正義　一九七六　『戦国武士と文芸の研究』桜楓社
脇田晴子　一九八一　『日本中世都市論』東京大学出版会
脇田晴子　二〇〇二　『日本中世被差別民の研究』岩波書店

一～三章

天野忠幸　二〇一六　『三好一族と織田信長』戎光祥出版

柴　裕之　二〇一六「永禄の政変の一様相」（『戦国史研究』七二）
木下昌規　二〇一八「足利義輝側近進士晴舎と永禄の変」（『戦国史研究』七六）
高橋　遼　二〇一六「三好本宗家と阿波三好家」（『日本歴史』八一四）
仁木　宏　二〇一〇『京都の都市共同体と権力』思文閣出版
馬部隆弘　二〇〇七「永禄九年の畿内和平と信長の上洛」（『史敏』四）
馬部隆弘　二〇〇九「信長上洛前夜の畿内情勢」（『日本歴史』七三六）
馬部隆弘　二〇一六「淀城と周辺の地域秩序」（『古文書研究』八一）
馬部隆弘　二〇一八『戦国期細川権力の研究』吉川弘文館
馬部隆弘　二〇一九a「柳本甚次郎と配下の動向」（『大阪大谷大学歴史文化研究』一九）
馬部隆弘　二〇一九b「丹波片山家文書と守護代内藤国貞」（『大阪大谷大学歴史文化研究』一九）
馬部隆弘　二〇一九c「足利義輝殺害前の三好義継」（『戦国史研究』七八）

九章

相田文三　二〇一六「徳川家康の居所と行動（天正十年六月以降）」（藤井讓治編『織豊期主要人物居所集成』第二版、思文閣出版）
跡部　信　二〇一六「豊臣政権の代替わり」（同著『豊臣政権の権力構造と天皇』戎光祥出版、初出二〇〇〇年）
伊藤真昭　二〇〇三「所司代の展開」（同著『京都の寺社と豊臣政権』法藏館、初出二〇〇〇年）
伊藤誠之　二〇一〇「近世伏見の土地・人の構造とその支配―伏見廻り村の視点を中心に―」（『資料館紀要』三八）
井上幸治　二〇一七「堀内村の桃林経営―桃山の誕生と消滅―」（『京都市歴史資料館紀要』二七）
上田　穣　一九七一「三雲家文書について」（『大阪市立博物館研究紀要』四）
籠谷真智子　一九七三「円光寺学校の研究」（『日本歴史』三〇六）

金子　拓　二〇一五「室町幕府最末期の奉公衆三淵藤英」（同著『織田信長権力論』吉川弘文館、初出二〇〇二年）
河内将芳　二〇一六『落日の豊臣政権』吉川弘文館
下村信博　一九九〇「松平忠吉家臣文書の一考察」（『名古屋市博物館研究紀要』一三）
白峰　旬　一九九八「文禄三年の伏見城普請」（同著『日本近世城郭史の研究』校倉書房、初出一九九七年）
谷　徹也　二〇一八a「豊臣政権の首都儀礼と大名」（『織豊期研究』二〇）
谷　徹也　二〇一八b「伏見城は「木幡山」にあったのか」（『日本歴史』八四七）
谷　徹也　二〇一九「豊臣政権の京都政策」（『日本史研究』六七七）
津田卓子　二〇一一「八曲一双洛中洛外図屛風について」（『名古屋市博物館研究紀要』三四）
内藤昌・大野耕嗣・高橋宏之　一九七一「伏見城（Ⅰ）―武家地の建築」（『日本建築学会論文報告集』一八一）
中井　均　二〇一〇「伏見城と豊臣・徳川初期の城郭構造」（『ヒストリア』二二二）
中部よし子　一九八六「徳川幕府初期の伏見・大坂の職制」（『日本歴史』四六〇）
名古屋市立博物館　一九九三『尾張清洲城主松平忠吉』特別展図録
橋本政宣　一九六六「結城秀康について」（『國學院雑誌』六七―四）
馬部隆弘　二〇一八「伏見の津田家とその一族」（『大阪大谷大学歴史文化研究』一八）
福島克彦　二〇一〇「伏見城の機能とその破却について」（『ヒストリア』二二二）
藤井讓治　二〇一一『天下人の時代』吉川弘文館
藤井讓治　二〇一二「徳川政権成立期の京都所司代」（同著『近世史小論集』思文閣出版、初出一九八三年）
藤田恒春　一九九三「慶長期近江国の支配―「国奉行」米津親勝をめぐって―」（『人文学報』七二）
松尾美恵子　一九七五「大坂加番制について」（『金鯱叢書』二）
松岡祐也　二〇一七「『大日本地震史料』採録史料の収集過程―文禄五年伏見地震関連史料を例として」（『歴史地震』
三二）

山田邦和　二〇〇一　「伏見城とその城下町の復元」（日本史研究会編『豊臣秀吉と京都』文理閣）
横井　清　二〇〇二　『室町時代の一皇族の生涯—『看聞日記』の世界—』講談社
横田冬彦　二〇〇一　「豊臣政権と首都」（日本史研究会編『豊臣秀吉と京都』文理閣）

略年表

西暦	和暦	事項
一五〇〇	明応九	6 祇園会が再興される。9 後土御門天皇崩御。
一五〇一	明応一〇・文亀元	この年 後柏原天皇の月次公宴御会が始まる。
一五〇四	文亀四・永正元	9 薬師寺元一の乱。
一五〇六	永正三	5 細川澄元、阿波より上洛。12 このころ、朝倉貞景が京都の景観を描いた屛風を制作させる。
一五〇七	永正四	6 細川政元が暗殺され、細川澄元が近江へ逃れる。8 澄元が細川高国の支援を得て細川澄之を滅ぼし、京都へ帰還する。
一五〇八	永正五	1 足利義稙が大内義興の支援を得て上洛戦を本格化させ、周防を発つ。3 細川澄元と細川高国が対立し、高国が伊賀へ逃れる。4 高国が上洛をはかり、澄元や将軍足利義澄が京都から近江へ逃れる。6 義稙が高国や義興に奉じられ帰京する。7 義稙、将軍に再任。このころ、義興が山城守護となる。
一五〇九	永正六	6 細川澄元方の軍勢が近江から京都に迫るが退却する。
一五一一	永正八	7 細川澄元、上洛戦を本格化させる。8 澄元方の軍勢が入京し、足利義稙・細川高国・大内義興らが丹波へ逃れる。8 足利義澄が近江で死去。8 船岡山の合戦。9 義稙帰京。
一五一五	永正一二	6 足利義稙、三条御所の築造を開始。
一五一七	永正一四	閏10 大内義興、京都から堺へ下向（翌年、周防へ帰国）。
一五一九	永正一六	9 細川澄元方の軍勢が京都進軍を開始。
一五二〇	永正一七	2 細川高国、細川澄元方の軍勢に敗れ近江へ逃れる。2 澄元方の三好之長らが入京

		する。5 足利義稙が澄元を細川京兆家の家督とする。5 高国、六角定頼らの支援を得て近江から京都へ迫り、之長らを滅ぼす。6 細川澄元死去。
一五二一	永正一八・大永元	3 足利義稙、細川高国と不和となり堺へ逃れる。3 後柏原天皇即位。7 足利亀王丸（後の義晴）入京。12 足利義晴、将軍に就任。
一五二三	大永三	4 足利義稙、阿波で死去。
一五二五	大永五	4 細川高国、嫡子稙国に細川京兆家の家督を譲る。4 足利義晴、柳の御所の築造を開始。10 稙国死去。
一五二六	大永六	4 後柏原天皇崩御。7 細川高国、香西元盛を殺害。11 高国方の軍勢が丹波の柳本賢治・波多野元清と戦うも敗れる。賢治らは細川晴元と提携する。11・12 晴元方の軍勢が上洛戦を本格化させる。
一五二七	大永七	2 足利義晴・細川高国らが桂川合戦で敗れて近江へ逃れ、柳本賢治らが京都の支配をになう。3 足利義維・細川晴元、堺へ入る。10 義晴、高国が六角定頼の支援を得て上洛する。11 晴元方の三好元長らが入京する。11・12 晴元方の軍勢が洛中の各所に乱入する。
一五二八	大永八・享禄元	5 足利義晴・細川高国らが近江へ逃れる。7 三好元長が下山城五郡の守護代となる。
一五三〇	享禄三	6 柳本賢治が播磨で暗殺される。11・12 細川高国や六角定頼の軍勢が京都に迫り、細川晴元方の木沢長政らがこれを防ぐ。
一五三一	享禄四	6 細川高国、摂津で敗死。
一五三二	享禄五・天文元	6 三好元長、堺で敗死。7 京都で法華一揆が台頭。8 細川晴元・六角定頼の軍勢と法華一揆が山科本願寺を焼き討ちする。9 足利義維、阿波へ逃れる。
一五三三	天文二	2 一向一揆が細川晴元を淡路に追う。5 細川晴国方の細川国慶が丹波から京都に迫る。

西暦	和暦	事項
一五三四	天文三	2 六町の結成。4 細川晴国方の軍勢が京都に迫る。8 晴国勢、木沢長政に敗れる。8 細川晴元、上洛する。9 足利義晴、上洛する。10 義晴、南禅寺の山上に城郭を構える。この年 上京・下京を囲む堀が築かれる。
一五三六	天文五	2 後奈良天皇即位。7 天文法華の乱。8 細川晴国、摂津で自刃。
一五三七	天文六	10 三条西実隆死去。
一五三八	天文七	10 細川国慶、丹波から京都に迫るが敗北。
一五三九	天文八	2 足利義晴、今出川御所の築造を開始。閏6 このころ、細川晴元と三好長慶が対立。
		10 六角定頼の仲介により晴元と長慶が和睦
一五四一	天文一〇	10 木沢長政が細川晴元と対立し京都に迫る。細川晴元は岩倉へ、足利義晴は近江へ退く。
一五四二	天文一一	3 木沢長政、河内で敗死。3 足利義晴帰京。この年、朝廷の月次公宴御会が沈滞する。
一五四四	天文一三	7 対立していた足利義晴と細川晴元が六角定頼の仲介で和睦。7 京都大洪水、このころ、京都の多くの町で釘貫や門が見られる。
一五四五	天文一四	2 細川殿で千句連歌の会が行われる。5 細川氏綱方の細川国慶が内藤国貞とともに京都をうかがうも敗れる。6 幕府、「三条町一町」を焼き払う。
一五四六	天文一五	9 細川国慶が入京し、京都の支配に着手する。細川晴元は京都から退く。11 足利義晴、東山に城郭（北白川城）を構える。12 義晴・義輝父子、一時近江へ退く。12 義輝、将軍に就任。
一五四七	天文一六	1 足利義輝、上洛する。3 足利義晴・義輝父子が北白川城に入る。6 六角定頼の仲介により、延暦寺が日蓮宗の京都還住を認める。7 義晴・義輝父子が北白川城に

一五四八	天文一七	籠城し、細川晴元と争う。7 定頼の仲介で、義晴・義輝父子と晴元が和睦。10 細川国慶敗死。この年 足利義維が堺への上陸を企てる。6 足利義晴・義輝父子帰京。冬 三好長慶が細川晴元と対立し、細川氏綱を細川京兆家の家督として推戴する。
一五四九	天文一八	6 江口合戦。細川晴元が足利義晴・義輝父子を伴い、近江へ逃れる。7 上冷泉為和、駿河で死去。10 義晴、慈照寺付近の山に城郭（中尾城）を構える。
一五五〇	天文一九	3 細川晴元・六角定頼の軍勢が京都に迫る。5 足利義晴死去。11 足利義輝が三好勢に中尾城で敗れ、近江へ逃れる。
一五五一	天文二〇	1 伊勢貞孝が細川氏綱・三好長慶方に寝返る。3 長慶の暗殺未遂事件起こる。
一五五二	天文二一	1 六角定頼死去。足利義輝が細川氏綱・三好長慶と和睦し帰京。2 長慶が御供衆に列せられる。10・11 細川晴元勢、丹波から京都をうかがうも敗北する。11 義輝、東山の正法寺跡に城郭（霊山城）を構える。
一五五三	天文二二	閏1 足利義輝と三好長慶が対立。2 細川晴元勢、丹波から京都をうかがう。3 義輝が霊山城に入り長慶と争う。8 三好勢の攻撃により霊山城が落城。船岡山城の義輝も三好勢に押され、晴元とともに近江へ退く。8 長慶、細川聡明丸（後の昭元）を摂津芥川山城に迎える。10 長慶、足利義維の上洛を模索する。
一五五七	弘治三	9 後奈良天皇崩御。
一五五八	弘治四・永禄元	5 足利義輝、京都奪還に乗り出す。6 東山近郊で義輝と三好勢の戦闘が行われる。11 六角義賢の仲介で義輝と三好長慶が和睦。12 義輝帰京。
一五五九	永禄二	2 織田信長上洛。4 このころ、斎藤（一色）義龍上洛。5 長尾景虎（後の上杉謙信）上洛。8 義輝、斯波氏の邸宅跡に御所（義輝御所）を築く。冬 イエズス会が京都での布教活動を本格化させる。

西暦	和暦	事項
一五六〇	永禄三	1 正親町天皇即位。1 三好長慶が御相伴衆に列せられる。6 イエズス会、姥柳町の家屋を教会とする。
一五六一	永禄四	3 足利義輝が京都の三好義興邸に御成する。5 細川晴元、三好長慶と和睦。7 長慶と六角義賢・畠山高政らが戦う。
一五六二	永禄五	3 六角勢が京都に迫り、足利義輝が三好勢とともに八幡に退く。6 三好長慶と六角義賢が和睦し、義輝が帰京する。
一五六三	永禄六	2 淀城で千句連歌の会が行われる。3 細川晴元死去 6 三好義興死去 12 細川氏綱死去
一五六四	永禄七	6 三好義継が家督を継ぐ。7 三好長慶死去。
一五六五	永禄八	5 三好義継らが足利義輝を殺害する（永禄の政変）。7 一乗院覚慶（後の足利義昭）が奈良を脱出し、幕府再興に乗り出す。秋ごろ 松永久秀が三好三人衆と対立。
一五六六	永禄九	6 足利義維・義栄父子、阿波を発つ。12 義栄、摂津富田へ入る。
一五六七	永禄一〇	2 三好義継、三好三人衆のもとを離れて松永久秀のもとへ奔り、のち義昭・信長と連携する。
一五六八	永禄一一	2 足利義栄、将軍に就任。7 義昭が美濃へ入り信長を頼る。9 織田勢、六角義賢・義治父子を破り、その後、京都へ入る。9 義栄死去。10 義昭、将軍に就任。
一五六九	永禄一二	1 三好三人衆が義昭と戦うも敗れる（本圀寺合戦）。1 信長が奉行となり、義昭の御所（旧二条城）の築造が始まる。4 信長、禁裏の修理に着手する。
一五七〇	永禄一三・元亀元	9 義昭・信長と朝倉義景・浅井長政・延暦寺大衆が京都争奪戦を開始する（志賀の陣）。12 信長と義景・長政が和睦する。
一五七一	元亀二	9 信長の延暦寺焼き討ち。12 細川昭元が上洛し、義昭に従う。

一五七三	元亀四・天正元	春 義昭と信長の対立が公然化。4 信長の上京焼き討ち。義昭と信長が和睦。このころまでに細川昭元が信長に従う。7 義昭が信長と再び対立し、山城槇島城に入る。7 義昭が河内へ逃れ、信長が京都を制圧する。10 足利義維死去。11 信長、河内の三好義継を滅ぼす。
一五七四	天正二	4 六角義賢・義治父子、信長に敗れ近江を退去。
一五七五	天正三	11 信長の権大納言・右近衛大将任官。この年 イエズス会、姥柳町の教会改築を始める（南蛮寺の築造）。
一五七六	天正四	4 信長、二条殿を接収し、自邸（二条屋敷）の築造を開始。9・10 義昭の御所（旧二条城）が破却される。
一五七九	天正七	1 三条西実枝（実澄）死去。5 安土宗論。11 信長、誠仁親王に二条屋敷を献上。
一五八〇	天正八	3 信長、本能寺を自邸（本能寺屋敷）に改造する。
一五八二	天正一〇	6 本能寺の変。7 羽柴（豊臣）秀吉の京都支配が始まる。
一五八三	天正一一	9 秀吉、妙顕寺城の築城を開始。
一五八四	天正一二	11 秀吉の権大納言任官。
一五八五	天正一三	7 秀吉、関白となる。
一五八六	天正一四	2 秀吉、聚楽第の築城を開始。7 誠仁親王死去。11 正親町天皇譲位、後陽成天皇即位。
一五八七	天正一五	6 バテレン追放令の発令（のち骨抜きとなる）。9 秀吉、聚楽第に正式に移徙。この年 義昭が京都へ帰還。
一五八八	天正一六	4 後陽成天皇が聚楽第に行幸する。5 東山で大仏の築造が始まる。
一五八九	天正一七	3 秀吉、新しい禁裏（天正度内裏）の築造を開始。
一五九一	天正一九	閏1 本願寺の京都移転が始まる。閏1 御土居の築造開始。12 秀吉、豊臣（羽柴）

西暦	和暦	事項
		秀次に関白の地位と聚楽第を譲る。
一五九二	天正二〇・文禄元	1 後陽成天皇、二度目の聚楽第行幸。8 秀吉、伏見の隠居屋敷築造に着手する。
一五九三	文禄二	1 正親町上皇崩御。冬 陰陽師狩りが行われる。
一五九四	文禄三	1 秀吉、伏見の隠居屋敷の拡張を開始（指月伏見城の築城）。8 このころ、盗賊石川五右衛門が処刑される。この年 フランシスコ会が京都での布教に着手する。
一五九五	文禄四	7 秀次事件。7 聚楽第が破却され、大名屋敷や聚楽町などが伏見へ移転。9 大仏千僧会が始まる。
一五九六	文禄五・慶長元	閏7 慶長大地震。閏7 秀吉、伏見山城の築城を開始。冬 二六聖人の殉教事件起こる。
一五九七	慶長二	3 このころ、上方で辻切・すり・盗賊が横行する。4 秀吉、京都新城の築城を開始。8 義昭が大坂で死去。
一五九八	慶長三	8 秀吉死去。
一五九九	慶長四	1 豊臣（羽柴）秀頼が伏見山城から大坂城へ移る。3 豊臣政権、朝廷に対し、秀吉を神として祝うことを申し入れる。閏3 徳川家康、伏見山城西丸に入る。4 秀吉を祀る豊国社の遷宮が行われる。9 家康、伏見山城から大坂城西丸へ移る。10 おねが京都新城に入る。
一六〇〇	慶長五	7 反家康方が挙兵する。8 伏見山城落城。8 おね、京都新城の一部を破却する。9 関ヶ原合戦。毛利勢が伏見に放火する。10 家康、伏見山城の再建に着手する。
一六〇一	慶長六	3 家康、大坂城西丸から伏見山城へ移る。5 家康、二条城の築造を開始。この年 盗賊の徘徊が目立つ。
一六〇三	慶長八	2 家康、将軍に就任。この年 盗賊の徘徊が目立つ。

一六〇四	慶長九	8 豊国社で盛大な臨時祭礼が行われる。
一六〇五	慶長一〇	4 家康、徳川秀忠に将軍の地位を譲る。
一六〇六	慶長一一	6 祇園林で茶屋清次・後藤光次の妻女が乱妨狼藉を受ける。
一六〇七	慶長一二	閏4 伏見山城の金銀や近習の屋敷・家財などの駿府移転が始まる。 7 家康、江戸城から駿府城へ移る。
一六〇八	慶長一三	10 豊臣家と江戸幕府が協力し、東山の大仏再建を進める。
一六一一	慶長一六	3 後陽成天皇譲位。 3 家康と秀頼が二条城で会見する。 3 江戸幕府、禁裏の改築に乗り出す（慶長度内裏の築造）。 4 後水尾天皇即位。
一六一三	慶長一八	12 江戸幕府、宣教師の国外追放を命じる。
一六一四	慶長一九	7 江戸幕府、大仏開眼供養の延期を命じる（方広寺鐘銘事件）。 10 大坂冬の陣勃発。
一六一五	慶長二〇・元和元	3 最後の大仏千僧会がおこなわれる。 5 大坂夏の陣。 8 江戸幕府、豊国社の廃絶に着手する。

あとがき

本書は馬部隆弘氏、谷徹也氏と私尾下の共著である。刊行に際しては、多くの方々にお世話になった。たとえば山田邦和氏には地図の作成でご助力をたまわり、中西裕樹氏には北白川城の遺構所在図や縄張図を作成していただいた。また元木泰雄先生をはじめとする企画編集委員の方々や、吉川弘文館の方々によるサポートにも随分と助けられた。馬部氏、谷氏をはじめ、刊行に関わられたすべての方々に、まずは謝意を表したい。

私が『京都の中世史』の企画にお誘いいただいたのは、職場の前期の授業が終わったころであった。それは、時間のあるときに行っていた京都史の論文の熟読と、十六・十七世紀の京都の古記録を読む作業を再開しようとしていたころでもあった。前者は京都で職を得たことにともなう勉強、後者は文化史の面白さがわかるようになって始めた勉強である。企画に参加するよう勧められたときは、熟慮もせずにお引き受けしたが、それは、何もしていないわけではないので、どうにかなるのでは、という意識がどこかにあったからではないか。

編集会議に出た後は、都市京都の変容や都鄙関係を念頭に置いて構成案を考え、馬部氏と谷氏に執筆をお願いし、両氏のご快諾を得た。そして、二年近くの時間をかけて、自身の担当箇所を少しずつ書き進めた。分厚い京都史研究の蓄積を頭の中に入れて執筆するというのは、想像以上に骨の折れることであったが、土地勘を養うために時々行った京都の史蹟めぐりや町《ちょう》めぐりは楽しく、よい息抜きになった。

私が執筆作業を進めていたころ、馬部氏と谷氏は、驚くばかりの速さで、京都をめぐる政治史や都市史の分野で次々と研究を公表されていた。本書の第一章〜第三章、第九章、コラム7では、こうした両氏の研究成果が活かされていると思う。

一方、私のほうは、時間的な制約から、これまでの自身の研究を本書の執筆にもう少し活かせないものかと考えるようになった。そして、『愛知県史通史編3　中世2・織豊』（愛知県、二〇一八年）の執筆中に学んだ東国の文芸史を、本書の文化史の記述に盛り込み、戦国時代の都鄙関係に言及することにした。不十分な内容ではあるが、和歌と連歌に着目して、この時代の都鄙の文芸史を追いかけた第七章やコラム3、コラム4などは、こうした思いつきから登場したものである。

第四章〜第六章、第八章は都市京都の展開を叙述した部分であり、本書を支える大きな柱の一つである。これらの章やコラム1、コラム2、コラム5、コラム6の執筆では、先行研究の成果（私の担当箇所であれば、二〇一九年六月以前の成果）をできるだけ活かす形の叙述を心がけたが、先学の主張を正しく踏まえているかと言われると、はなはだ心もとない。また本書の構成について言えば、戦国時代を扱うこと、近年の日本列島で災害が多発していることから、戦禍や災害をテーマに据えた章を設けるべきだった、と入稿時に後悔したこともあった。

奥深い京都の歴史を相手にしたことや、私の力不足から、本書で取り上げられなかったことはあまりにも多い。たとえば宗教史の叙述は少なすぎるし、商業史・流通史に関する言及はほぼ無い。また洛中洛外と伏見の歴史に焦点を絞ったため、これらの周縁部に存在した都市・村落に関する言及もほぼ無く、文化史の叙述は歌壇と連歌壇の動向を記すにとどまる。こうした問題点は、いつの日か新たな京都史の概説書が登場したときに克服されると思うが、そのとき、本書が踏み台の一つになることができれば、私としては望外の喜びである。

二〇二一年六月二十三日

尾下成敏

著者略歴／主要著書・論文

尾下成敏（おした　しげとし）　プロローグ・第四章〜第八章・エピローグ執筆
一九七二年　富山県に生まれる
一九九八年　富山大学大学院人文科学研究科修了
二〇〇一年　京都大学大学院文学研究科博士後期課程研究指導認定退学
現在　京都橘大学文学部教授
「戦国期今川氏と和歌・連歌」（『年報中世史研究』四四号、二〇一九年）
「戦国織豊期飛鳥井家の破子鞠の会について」（『藝能史研究』二三四号、二〇二一年）

馬部隆弘（ばべ　たかひろ）　第一章〜第三章執筆
一九七六年　兵庫県に生まれる
一九九九年　熊本大学文学部史学科卒業
二〇〇七年　大阪大学大学院文学研究科博士後期課程修了
現在　大阪大谷大学文学部准教授
『戦国期細川権力の研究』（吉川弘文館、二〇一八年）
『由緒・偽文書と地域社会—北河内を中心に—』（勉誠出版、二〇一九年）

谷　徹也（たに　てつや）　第九章執筆
一九八六年　京都府に生まれる
二〇一〇年　京都大学文学部人文学科卒業
二〇一五年　京都大学大学院文学研究科博士後期課程研究指導認定退学
現在　立命館大学文学部准教授
『蒲生氏郷（シリーズ・織豊大名の研究9）』〈編〉（戎光祥出版、二〇二一年）
「豊臣政権の「喧嘩停止」と畿内・近国社会」（『歴史学研究』九四二、二〇一六年）

京都の中世史

京都の中世史 6
戦国乱世の都

二〇二一年(令和三)九月十日 第一刷発行

著　者 尾《お》下《した》成《しげ》敏《とし》
馬《ば》部《べ》隆《たか》弘《ひろ》
谷《たに》徹《てつ》也《や》

発行者 吉川道郎

発行所 株式会社 吉川弘文館
郵便番号一一三—〇〇三三
東京都文京区本郷七丁目二番八号
電話〇三—三八一三—九一五一〈代表〉
振替口座〇〇一〇〇—五—二四四
http://www.yoshikawa-k.co.jp/

印刷=株式会社 三秀舎
製本=誠製本株式会社
装幀=河村 誠

ISBN978-4-642-06865-9